中华优秀传统文化系列读物

五经趣谈

孙中原　著

商務印書館
创于1897 The Commercial Press

2019年·北京

图书在版编目（CIP）数据

五经趣谈 / 孙中原著．—北京：商务印书馆，2019
（中华优秀传统文化系列读物）
ISBN 978-7-100-13239-8

Ⅰ．①五… Ⅱ．①孙… Ⅲ．①儒家②五经－通俗读物
Ⅳ．① B222.1-49 ② Z126.1-49

中国版本图书馆 CIP 数据核字（2017）第 064845 号

（中华优秀传统文化系列读物）
五经趣谈
孙中原 著

商 务 印 书 馆 出 版
（北京王府井大街36号 邮政编码 100710）
商 务 印 书 馆 发 行
三河市尚艺印装有限公司印刷
ISBN 978 - 7 - 100 - 13239 - 8

2019年1月第1版 开本 880×1230 1/32
2019年1月第1次印刷 印张 11 3/4

定价：58.00元

创转创发相融通

《中华优秀传统文化系列读物》丛书序

习近平总书记2014年9月24日在纪念孔子诞辰研讨会讲话时说，要“努力实现传统文化的创造性转化、创新性发展，使之与现实文化相融相通”。本丛书取名为《中华优秀传统文化系列读物》。以下简述本丛书著作的宗旨、缘起和内容。

一、宗旨

本丛书著作的宗旨，是弘扬中华优秀传统文化，阐发中华优秀传统文化“与现实文化相融相通”的意涵，推动中华优秀传统文化在新时代的“创造性转化、创新性发展”，为振兴中华，实现中华民族伟大复兴的中国梦，提供锐利的思想武器和强大的精神动力，致力于中华优秀传统文化的大众化、普及化，通俗易懂，有科学性、知识性和可读性，适合广大人民群众阅读。

二、缘起

本丛书著作，缘起于我跟商务印书馆多年良好的合作共事。经多年酝酿，编撰拙著《中国逻辑研究》，2006年由商务印书馆出版。2015年经全国哲学社会科学规划办公室组织专家评审，全国哲学社会科学规划领导小组批准，获2015年国家社科基金中华学术外译项目立项，译为英文，在国外刊行。合著《墨子今注今译》，2009年由商务印书馆出版，2012年第2次印刷更新。从2012年开始至今，我陆续跟商务印书馆签约，致力于本丛书的编撰。这是我1961—1964年奉调师从中国科学院哲学研究所汪奠基、沈有鼎教授，专攻古文献，历经数十年教学和研究积淀的成果。

三、内容

本丛书首批出版著作15种：

1.《五经趣谈》：趣谈《诗》、《书》、《礼》、《易》与《春秋》的义理。

2.《二十四史趣谈》：趣谈二十四史的启示借鉴。

3.《诸子百家趣谈》：趣谈诸子百家人物、流派、典籍与学说。

4.《古文大家趣谈》：趣谈古文大家的文学精粹。

5.《墨学趣谈》：趣谈墨学的知识启迪。

6.《墨子趣谈》：趣谈墨家的智慧辩术。

7.《墨学与现实文化趣谈》：趣谈墨学与现代文化的关联。

8.《墨学与中国逻辑学趣谈》：趣谈墨学与中国逻辑学的前沿课题。

9.《中国逻辑学趣谈》：趣谈中国逻辑学的精华。

10.《诡辩与逻辑名篇趣谈》：趣谈先秦两汉的诡辩与逻辑名篇。

11.《诸子百家逻辑故事趣谈》：趣谈诸子百家经典的逻辑故事。

12.《中华先哲思维技艺趣谈》：趣谈中华先哲的思维表达技巧。

13.《东方逻辑趣谈》：日本学者趣谈中印西方逻辑，著者授权译介。

14.《管子趣谈》：趣谈《管子》的治国理政智谋。

15.《墨经趣谈》：趣谈《墨经》的科学人文精神。

本丛书著作，由商务印书馆编审出版，谨致谢忱。不当之处请指正。

孙中原

2016年4月10日

前　　言

2015年7月16日，北京一家录音录像中心跟我签协议，出版由我主讲的《四库全书》录音光盘（60小时）。我写成百万字的录音讲稿。现把《四库全书》讲稿中经部的内容提要钩玄，精炼升华，改写为本书，列入《中华优秀传统文化系列读物》出版发行。

《诗》、《书》、《礼》、《易》和《春秋》，合称“五经”，是儒家的核心经典，中国传统学术的主流，中华民族的精神家园，长期影响中国社会，深入人心。本书宗旨是趣谈《五经》的深湛义理，希图对今人有重要的启迪作用。

本书从资料选择，到陆续成书，历时数年。商务印书馆编辑同仁多次审稿，认为本书主题非常有价值，内容对广大读者理解传统文化，具有非常重要的意义，值得细细打磨。编辑同作者密切合作，认真加工，调整内容，润色文字，突出元典的理趣情致、人文关怀，彰显传统文化转化创新的科学性和现实意义，有助于促进优秀传统文化的大众化、通俗化和普及化。在本书出版之际，谨向商务印书馆编辑同仁致以由衷谢意。

孙中原

2018年5月1日

目　　录

第一讲 《诗经》趣谈

一、孔鲤过庭小故事

《论语·季氏》说：

> 陈亢问于伯鱼曰："子亦有异闻乎？"对曰："未也。尝独立，鲤趋而过庭。曰：'学《诗》乎？'对曰：'未也。''不学《诗》，无以言！'鲤退而学《诗》。他日，又独立，鲤趋而过庭。曰：'学《礼》乎？'对曰：'未也。''不学《礼》，无以立！'鲤退而学《礼》。闻斯二者。"陈亢退而喜曰："问一得三：闻《诗》；闻《礼》；又闻君子之远其子也！"

意即，陈亢问伯鱼说："你在你父亲孔子那里，听到过不同的教诲吗？"伯鱼说："没有。有一次，我父亲曾独自站在庭院，我快步走过。父亲叫住我说：'学《诗》了吗？'我回答说：'没有。'父亲对我说：'不学《诗》，就不善于说话！’我便退下来学《诗》。另一天，父亲独自站在庭院，我快步走过，父亲叫住我说：‘学《礼》了吗？’我回答说：‘没有。’父亲对我说：‘不学《礼》，就无法立足社会！’我便退下来学《礼》。只听到过这两次教诲。”陈亢退回来，高兴地说：“我问孔鲤一个问题，却得到三个答案：听到了学《诗》的道理，学《礼》的道理，还听到君子并不特别照顾自己的儿子。”

陈亢（公元前511—？）是孔子的学生，陈国人。伯鱼是孔子儿子孔鲤（公元前532—前482）的字。孔鲤出生后，鲁昭公送鲤鱼祝贺，所以起名叫“鲤”。陈亢怀疑老师孔子给孔鲤“开小灶”，搞特殊化。孔鲤讲了两次跟父亲单独在一起的情况，说父亲叫他学《诗》，学《礼》。孔子指出，不学《诗》，就不善于说话。《诗经》知识包罗万象，在当时人际交往中常用。而不学《礼》，就无法立足社会。春秋时期重礼，不懂礼，会被人看不起。

陈亢听了孔鲤的回答，知道老师对儿子没有偏爱私心。对儿子，跟对其他学生的教导一样，说明孔子对受教育者一视同仁。孔鲤过庭的小故事，后来演变为成语“过庭之训”，意指父亲的训导。

孔子是伟大的教育家，有弟子三千人，其中杰出弟子七十二人。司马迁在《史记·孔子世家》中说：“孔子以

《诗》、《书》、《礼》、《乐》教弟子，盖三千焉，身通六艺者，七十有二人。”《史记·仲尼弟子列传》说：

> 孔子曰：“受业身通者七十有七人。”皆异能之士也。德行：颜渊，闵子骞，冉伯牛，仲弓。政事：冉有，季路。言语：宰我，子贡。文学：子游，子夏。师也辟，参也鲁，柴也愚，由也喭（粗鲁，卤莽），回也屡空。赐不受命而货殖焉，亿则屡中。[①]

意即，孔子说：“跟着我学习而精通六艺（礼、乐、射、御、书、数）的弟子，有七十七人。”他们都是有杰出才能的人。德行突出的，是颜渊、闵子骞、冉伯牛、仲弓。擅长处理政事的，是冉有、季路。能言善辩的，是宰我、子贡。熟悉文献的，是子游、子夏。颛孙师偏激，曾参迟钝，高柴愚笨，仲由粗鲁。颜回经常穷得一无所有。端木赐（即子贡）不听从命运摆布，经营商业，他判断行情，屡屡猜中。

明末清初程允升《幼学琼林》说：“孔子居杏坛，贤

① 本书元典资料选自《四库全书》和《四部丛刊》。清乾隆文渊阁《四库全书》，上海人民出版社和迪志文化出版公司 1999 年电子版。张元济编：《四部丛刊》，商务印书馆 1932 年至 1936 年版，北京书同文数字化技术公司 2001 年电子版。

人七十，弟子三千。”杏坛传说是孔子聚徒讲学的地方，后泛指聚众讲学的场所。孔子的大弟子，有姓名、年龄和事迹可考的，有三十五人。孔鲤过庭的小故事，是这三十五人事迹中的一个小花絮。

二、使我振奋就是《诗》

《论语》记载孔子论《诗》，说到《诗》的书名，共14次。孔子讨论了《诗》的作用。《论语·泰伯》载孔子说：“兴于《诗》，立于《礼》，成于《乐》。”意即，《诗》使人振奋，《礼》使人立足社会，《乐》使人完成所学。

《为政》载孔子说：“《诗》三百，一言以蔽之曰：思无邪。”“思无邪”三字引自《诗·鲁颂·駉》。意即，思想纯正，不为私欲扭曲，赞美讽刺，劝善惩恶。

《阳货》载孔子说：“小子何莫学夫《诗》？《诗》，可以兴，可以观，可以群，可以怨。迩之事父，远之事君。多识于鸟兽草木之名。”意即，读《诗》，可以培养联想力，提高观察力，培养合群性，融洽人际关系。读《诗》还可以学习讽劝法。近可以事奉父亲，远可以侍奉君主。可以多认识动物和植物的名称，了解自然。

《子路》载孔子说：“诵《诗》三百，授之以政，不达。使于四方，不能专对。虽多，亦奚以为？”意即，诵读了《诗》三百篇，让他治理政事，却完成不了任务。

让他出使四方，也不能独立应对。这样的人，诵《诗》虽多，又有什么用呢？

《述而》说："子所雅言（普通话），《诗》、《书》、执（行）礼，皆雅言也。"即孔子有用普通话的时候，读《诗》，读《书》，行礼仪，都用普通话。

孔子对儿子孔鲤说："不学《诗》，无以言。"即不学《诗经》，就不善于说话。孔子教弟子，通过学《诗》，训练说话的技艺，从《诗》中受到启发。后人说《诗》，可以不断发挥，结合新情况，进行创造性的诠释。在教育家孔子看来，《诗》有举一反三、触类旁通的认识功能和价值。

董仲舒《春秋繁露·精华》说："《诗》无达诂。"刘向《说苑·奉使》说："《诗》无通诂。""达"：通达。"诂"：解释。《诗经》是创作年代久远的文学著作，不可能对其文字意义做出通达完备、绝对确切的解释。《诗经》蕴涵的思想文化资源，有不断探索、挖掘的可能性。正如《易·系辞上》所说："仁者见之谓之仁，智者见之谓之智。"《论语·公冶长》说：

> 子谓子贡曰："女与回也孰愈？"
>
> 对曰："赐也何敢望回。回也闻一以知十，赐也闻一以知二。"

子曰："弗如也！吾与女弗如也。"

意即，孔子给子贡出了一个思考题："你跟颜回相比，谁更聪明？"子贡说："我怎么可以与颜回相比！颜回能闻一知十，我能闻一知二！"孔子说："你是不如他，我同意你说的话，你是赶不上他！"

子贡（公元前520—前456）姓端木，名赐，子贡是字号，春秋末卫国人。子贡师从孔子前，已从事经商，思路敏捷，理解力强，自称能"闻一知二"。子贡利口巧辞，善于外交，曾仕于鲁、卫，游说齐、吴、越、晋、楚等国。《先进》说子贡："货殖焉，亿则屡中。"即经商囤积，猜测行情，屡次猜中。《史记·货殖列传》说子贡："鬻财于曹、鲁之间。"《弟子列传》说子贡"家累千金"，赚了很多钱。《论语·学而》说：

子贡曰："贫而无谄，富而无骄，何如？"

子曰："可也。未若贫而乐，富而好礼者也。"

子贡曰："《诗》云：'如切如磋，如琢如磨。'其斯之谓与？"

子曰："赐也，始可与言诗已矣！告诸往而知来者！"

意即，子贡说："贫穷，却不巴结奉承；富贵，却不骄傲自大，这样说怎么样？"孔子说："可以。但是不如说贫穷却乐于道，有志气；富贵却谦虚有礼，有涵养。"子贡是从消极角度说的，孔子是从积极角度说的。

子贡引《诗·卫风·淇奥》"如切如磋，如琢如磨"，意即，加工骨角象牙玉石，精益求精。子贡引《诗》"切磋琢磨"的话，来类比当前的师徒对话，恰切适当。因此，孔子称赞子贡说："子贡呀，现在可以跟你谈论《诗》了。说到过去，你就能类比应用到未来。"这是成语"告往知来"的出典。《论语·八佾》说：

> 子夏问曰："'巧笑倩兮，美目盼兮，素以为绚兮。'何谓也？"
>
> 子曰："绘事后素。"
>
> 曰："礼后乎？"
>
> 子曰："起予者商也！始可与言诗已矣。"

上述对话中，子夏从《诗》中所引之语，见于《诗·卫风·硕人》。意即，有着酒窝的脸，笑得真美呀！黑白分明的眼睛，流转得真媚呀！也可翻译为："浅笑盈盈酒窝俏，晶莹如水眼波妙！"这是称赞卫庄公夫人庄姜的诗句。"素以为绚兮"，意即，"在洁白的底子上，勾画着绚烂的花卉呀！”孔子解释说：“绘事后素。”意即，先得有白色的底子，然后才能描绘花朵。子夏又问孔子说：“礼后乎？”意思是：先得有仁义，然后才能有礼乐。孔子评价说：“起予者商也！始可与言《诗》已矣。”意即，启发我的是子夏呀，这就可以跟他讨论《诗》了。

子夏（公元前 507—？），姓卜，名商，子夏是字号，春秋末晋国温地（今河南温县西南）人。家贫，以文学著称，才思敏捷。后讲学于黄河、济水之间，做过魏文侯的老师，是儒家经典的传授者。法家吴起、墨家禽滑厘，都是子夏的学生。

《论语·泰伯》记载：“曾子有疾，召门弟子曰：启予足！启予手！《诗》云：‘战战兢兢，如临深渊，如履薄冰。’而今而后，吾知免夫！小子！”意即，曾子得了重病，把学生召集起来说：“同学们，看看我的脚！看看我的手！看看我受过伤没有。我一生谨慎，总是小心翼翼，就像站在深渊边上，就像踩在薄冰上。现在，我能够免于刑戮祸害，身体不会受伤了！”

曾子（公元前 505—前 434），名参，与父亲曾点同时受业于孔子。《说苑·立本》说：“曾子衣弊衣以耕。”意即，穿破烂衣服，亲自耕种。曾子传授儒家经典，处事谨慎，以孝道著称，重视修身。《论语·学而》载曾子语：“吾日三省吾身。”

三、五经之首就是《诗》

汉代儒家把《诗经》尊为经典，列《诗经》为五经之一。汉初陆贾《新语·道基》说："后圣（孔子）乃定五经。"汉武帝设五经博士，五经成为汉代官方公认的儒家经典。五经包括《诗》、《书》、《礼》、《易》、《春秋》五种经典，《诗经》居首位。

《庄子·天运》说："（孔）丘治《诗》、《书》、《礼》、《乐》、《易》、《春秋》六经。"《庄子·天下》说："《诗》以道志，《书》以道事，《礼》以道行，《乐》以道和，《易》以道阴阳，《春秋》以道名分。"《诗》在"六经"中的顺序占第一位。《史记·孔子世家》说："孔子以《诗》、《书》、《礼》、《乐》教弟子，盖三千焉，身通六艺者，七十有二人。"《诗》在四经中的顺序，也居于首位。

传统六艺教育，较高深的内容，是《诗》、《书》、《礼》、《乐》、《易》、《春秋》。《史记·滑稽列传》载孔子语："六艺于治一也：礼以节人，乐以发和，书以道事，诗以达意，易以神化，春秋以义。"

《史记·太史公自序》说："《易》著天地阴阳四时五行，故长于变。《礼》经纪人伦，故长于行。《书》记先王之事，故长于政。《诗》记山川溪谷禽兽草木牝牡雌雄，故长于风。《乐》乐所以立，故长于和。《春秋》辩是非，故长于治人。是故《礼》以节人,《乐》以发和,《书》以道事,《诗》以达意,《易》以道化,《春秋》以道义。”

传统六艺教育,较初级的内容是礼、乐、射、御、书、数。《周礼·地官司徒·保氏》说:“养国子以道,乃教之六艺:一曰五礼,二曰六乐,三曰五射,四曰五御,五曰六书,六曰九数。”

后来,《乐经》失传,六经仅剩五经。《宋书·乐志》说:“秦焚典籍,《乐经》用亡。”《乐经》是依附于《诗经》的乐谱,是《礼经》的表现手段。孔子常把“礼乐”并提。《论语·泰伯》说:“子曰:兴于《诗》,立于《礼》,成于《乐》。”清邵懿辰《礼经通论》说:“《乐》之原在《诗》三百篇之中,《乐》之用在《礼》(《仪礼》)十七篇之中。”

班固《汉书·艺文志》整理国家图书馆的藏书目录,在《六艺略》中,《易》、《书》、《诗》、《礼》、《春秋》五类,都注明有多少卷,而《乐经》一类却没有注明卷数,也就是说班固看不到《乐经》的藏书了,下面只著录:“《乐记》二十三篇。”并说:“刘向校书,得《乐记》二十三篇。”《乐记》原为二十三篇,后以十一篇编入《礼记》。

《礼记·经解》载孔子说:“入其国,其教可知也:其为人也,温柔敦厚,《诗》教也。”“故诗之失愚。”“其为人也，温柔敦厚而不愚，则深于诗者矣。”意即，到了一个国家，可以看出那里施行教化的情况。如果人们为人温柔厚道，那是施行《诗》教的结果。《诗》教的缺陷会使人愚笨。百姓温柔敦厚，又不愚笨，说明深得《诗》教之理。

“五经”在流传过程中，对中国政治、经济、文化和社会生活等方面产生深远的影响。

“经”是对典范著作的尊称。“经”本义指编织的竖线。《说文·糸部》：“经，织纵丝也。从糸，坙声。”段玉裁注：“织之纵丝谓之经，必先有经，而后有纬。”织先以经为主，后加之以纬。纺织，先把竖线设置在织机两端的横杠，与横杠垂直排列，固定不动，然后用纬线编织。竖线是经线，经因竖（纵）向而得名。

上古书籍以竹简、木片为载体，用来书写的竹简、木片，需要用柔软坚韧的线绳编联，才能成篇。《论衡·量知》说：“截竹为简，破以为牒，加笔墨之迹，乃成文字，大者为经，小者为传记。”

章太炎《国学讲演录》说：“今人书册用纸，贯之以线。古代无纸，以青丝贯竹简为之。用绳贯穿，故谓之经。”春秋战国把书文称为“经”。经线是编织的枢纽、关键，“经”引申指常行的义理、准则。

《吕氏春秋·察传》说：“是非之经，不可不分。”高诱注：“经，理也。”《易》陆德明释文：“经者，法也。”经线固定不动。朱骏声《说文通训定声》说：“纵丝为经，衡丝为纬。凡织，经静而纬动。”“经”有“恒常”意。

《左传·襄公二十一年》说：“著诚去伪，礼之经也。”孔颖达疏：“经训常也、法也。”有权威性、典范性的书称为“经”。《庄子·齐物论》说：“六合之外，圣人存而不论。六合之内，圣人论而不议。春秋经世先王之志，圣人议而不辩。”成玄英疏：“经者，典诰也。”《春秋繁露·重政》说：“经传，大本也。”

诸子百家各有经书。道家有老子《道德经》，墨家有《墨经》，法家李悝作《法经》六篇，《韩非子·内储说》和《外储说》诸篇有“经”的部分，医家有《黄帝内经》，天文家有甘德、石申的《甘石星经》。汉代“罢黜百家，独尊儒术”后，“经”多指儒家经典，如“五经”和“十三经”。

四、妙不可言诗之祖

《诗经》是中国诗歌的鼻祖，众多诗歌妙不可言。如《国风·周南·关雎》诗：

关关雎鸠，在河之洲。窈窕淑女，君子好逑！
参差荇菜，左右流之。窈窕淑女，寤寐求之！

求之不得，寤寐思服。悠哉悠哉，辗转反侧！

参差荇菜，左右采之。窈窕淑女，琴瑟友之！

参差荇菜，左右芼之。窈窕淑女，钟鼓乐之！

关关：雌雄水鸟相应答的啼叫声。毛传云：“和声也。”雎（jū）鸠：水鸟名，生有定偶，常并游。河：黄河。洲：水中陆地。窈窕：文静漂亮，苗条美好。淑女：好姑娘。淑：善。好逑：好配偶。逑：配偶。参差：长短不齐。荇（xìng）菜：水草，可食。流：顺流捞取。寤寐：睡醒和睡着。思服：思念，牵挂。悠哉悠哉：深长思念，长相思。辗转反侧：翻来覆去。琴瑟：弦乐器。友：亲近。芼（mào）：择取，采摘。钟鼓乐之：敲钟击鼓，使她欢乐。钟鼓相应，比喻夫妻同乐。钟：金属打击乐器。鼓：皮革打击乐器。

这首诗见物起兴，表达男子渴望爱情的心情。雎鸠水鸟，雌雄相爱，形影不离，情真意专。据说，如果有一只先死，另一只则忧伤，不食不眠，憔悴而死。雎鸠声声和鸣，相亲相爱，成对成双，引发男子的情思。后邂逅少女，一见钟情，倾慕追求。

男子对少女，一见倾心，爱慕向往，积极追求。男子对少女，愁苦相思，长夜难眠。诗中波澜，鲜活激荡。男子日有所思，夜有所梦。琴瑟以爱，钟鼓以悦。

这首诗的主题，是表现痴情男子对少女的爱慕追求，讴歌青年男女纯真美好的爱情。诗作把爱情寄托于深沉的相思，通篇感情克制，行为谨慎。以婚姻的和谐为目标，启示合乎分寸，表达了中庸适度的爱情观。

这首诗的意境，是描述男子对少女的邂逅、追求、相思到美满婚姻的全部过程，是爱的渴求和升华，构建一座美丽的空中楼阁，希望有情人终成眷属，和谐美满。勾画成亲的场面，热闹而快乐，这首诗产生于两千多年前，是古老的民间情歌，细述一男子单相思，倾慕渴望的心情，反映亘古以来，人人心中对真挚爱情的热切期盼。

这首诗的教育作用，从德育、智育方面说，《论语·八佾》载孔子语："《关雎》，乐而不淫，哀而不伤。"意即，快乐，但不是毫无节制；悲哀，但不是伤害身心。淫：过分，失当。诗作渗透"和"即和谐的意境。全诗充满男子对美女的浪漫情怀，思慕向往，笔触深刻细致，理性平和，感情炽热，没有陷于痛苦呻吟，偏颇极端的境地，启发今人深省，正确对待爱情婚姻。

从美育方面说，《论语·泰伯》载孔子说："师挚之始，《关雎》之乱（指音乐结束时的大合奏，大合唱），洋洋乎盈耳哉！"意即，当鲁国太师挚开始演奏，当结尾演奏《关雎》之曲时，满耳朵都是音乐，真是好听极了。

《关雎》是《风》的开篇，亘古咏唱不衰。内容描绘男女相会，互相爱慕的心理，意境优美，含蓄典雅，真实再现西周时期的现实生活。诗文重章叠句，声调和谐，一唱三叹，余韵缭绕，是一席美的盛宴，是自然美和伦理美的结合，令人感同身受。

诗作的语言艺术是用双声、叠韵、叠字的语汇体现古代诗歌淳朴自然的风格，增强诗歌音调的和谐美，描写的人物声情并茂，鲜活逼真。支配两千多年来我国古典诗歌谐韵的形式，用韵参差变化，有效地增强了诗歌的节奏感。

“关关”叠字，形容水鸟叫声。“窈窕”（yǎotiǎo）叠韵，表现淑女美丽，模拟形象“窈窕淑女”。“参差”双声，描绘水草状态，描写景物“参差荇菜”。“辗转”双声叠韵，刻画因相思而不能入眠的情状，修饰动作“辗转反侧”。刘师培《论文杂记》说，“上古之时”，“谣谚之音，多循天籁之自然，其所以能谐音律者，一由句各叶韵，二由语句之间多用叠韵双声之字”。

《关雎》是《国风·周南》的第一篇。国：诸侯国。风：民歌，风俗。风吹草木发声。诸侯采风，考察民间风俗乐官编列。周：国名。周南：周时南国，岐山阳面，洛阳以南，到长江、汉水、汝水流域，今陕西、河南南部。

《周南》是《国风》的第一部分，包括《关雎》等 11

篇。周时南国的民歌用南国的乐调配乐，用南国方言歌唱。成王年幼即位，叔父是周公，武王弟，以周陕西岐山北为采邑，称周公，摄政为相，制礼作乐，采文王时周地以南的民歌。

《论语·阳货》载孔子对儿子孔鲤说："女为《周南》、《召南》矣乎？人而不为《周南》、《召南》，其犹正墙面而立也与！"意即：你读过《诗》的《周南》、《召南》篇了吗？一个人如果不读《周南》、《召南》，就好像面对墙站立，寸步难行呀！

宋沈括《梦溪笔谈》卷三说："《周南》、《召南》，乐名也。""有乐有舞焉，学者之事。""所谓'为《周南》、《召南》'者，不独诵其诗而已。"《召南》，包括《鹊巢》等14篇，采自周初召公奭采邑南部的民歌，地在陕西南部，长江上游，河南与湖北间。

《国风·召南·摽有梅》诗说：

摽有梅，其实七兮！求我庶士，迨其吉兮！
摽有梅，其实三兮！求我庶士，迨其今兮！
摽有梅，顷筐塈之！求我庶士，迨其谓之！

摽（biào）：坠落，抛掷。有：语助词。庶士：众多未婚男子。迨其吉兮：趁着好日子。迨：趁着，又写作“逮”。塈（jì）：给取。谓：说话，相聚，归嫁。这是一首大胆的求爱诗。暮春时节，梅子黄熟，纷纷坠落。姑娘见此情景，感到时光无情，青春流逝，但却嫁娶无期，不禁以梅子比兴，情急意迫，唱出怜惜青春、渴求爱情的诗歌。

关于《摽有梅》的意旨、艺术技巧和风俗背景，《毛诗序》说：“《摽有梅》，男女及时也。”《周礼·地官·媒氏》：说：“仲春之月，令会男女。于是时也，奔者不禁。若无故而不用令者，罚之。司男女之无夫家者而会之。”梅由盛而衰，比喻男女年龄。梅、媒音同，诗人见梅起兴。古代说男女大龄还没有配偶的，叫作“无夫家”。《周礼》说“司男女之无夫家者而会之”，陈奂解释说：“古者未三十男亦行娶，未二十女亦行嫁。三十、二十为年尽，若逾时无夫家，则为鳏寡矣。”男女大龄，没有配偶，就算“鳏寡”。“鳏”是男子老而无妻；“寡”是女子老而无夫。适时结婚，是人之常情。

《摽有梅》描写的主观心态、情感基调、旋律节奏、是“急”。急在青春流逝，夫婿还没着落。“庶士”一词三见，意谓众多小伙。姑娘尚无意中人，向整个男性世界寻觅、催促、呼唤。青春无价，流光易逝。如今梅子黄熟，嫁期将尽，夫婿无觅，令人情急意迫。青春流逝，以落梅为比。“其实七兮”，“其实三兮”，由繁茂而衰落，急于“顷筐塈之”，再三提醒众多小伙子。

《摽有梅》整篇的艺术结构，突出一个“急”字，急在三章复唱，一步紧逼一步。重章复唱，是《诗经》的基本结构。《摽有梅》重章，循序渐进。三章重唱，一层紧逼一层，生动表现主人公情急意迫的心情。首章“迨其吉兮”，从容相待吉日；次章“迨其今兮”，今天就想结婚；末章“迨其谓之”，真情毕露，迫不及待，立刻就想结婚；三章复唱，如闻其声、见其人。

珍惜青春，渴望爱情，是中国诗歌的永恒主题。《罗丹艺术论·女性美》说：“真正的青春，贞洁的妙龄的青春，周身充满了新鲜的血液，体态轻盈，而不可侵犯的青春，这个时期只有几个月。”

《摽有梅》是春思求爱诗之祖。该诗质朴清新，明朗深情，建构出一个抒情模式：以花木盛衰比喻青春流逝，由感慨青春易逝，而追求婚恋及时。北朝民歌《折杨柳枝歌》说：“门前一株枣，岁岁不知老。阿婆不嫁女，那得孙儿抱？”中唐无名氏《金缕衣》说：“花开堪折直须折，莫待无花空折枝！”明汤显祖《牡丹亭》中杜丽娘感慨：“良辰美景奈何天！”清曹雪芹《红楼梦》中林黛玉叹惜：“花谢花飞飞满天！”

现代诗人闻捷的名篇《苹果树下》：“淡红的果子压弯绿枝，秋天是一个成熟季节，姑娘整夜整夜地睡不着。”“姑娘踏着草坪过来了，她的笑容里藏着什么？说出那句真心的话吧！种下的爱情已该收获！”《葡萄成熟了》：“马奶子葡萄成熟了，坠在碧绿的枝叶间，小伙子们从田里回来了，姑娘们还劳作在葡萄园。”“小伙子们咬着酸葡萄，心眼里头笑咪咪：多情的葡萄！她比什么糖果都甜蜜！”可说是《摽有梅》原型模式艺术变奏的现代版。

《郑风·溱洧》诗说：

> 溱与洧，方涣涣兮！士与女，方秉兰兮！女曰观乎！士曰既且！且往观乎！洧之外，洵訏且乐。维士与女，伊其相谑，赠之以勺药。
>
> 溱与洧，浏其清矣！士与女，殷其盈兮！女曰观乎！士曰既且！且往观乎！洧之外，洵訏且乐。维士与女，伊其将谑，赠之以勺药。

这首诗表现男女间戏谑嬉戏、游戏玩笑的欢会。采兰赠药，比喻男女互赠礼物，相互示爱。兰是兰花，花味清香。药是芍药，妩媚艳丽，药名与形容美好容貌的“婥约”谐音。

《邶风·静女》诗说：

静女其姝，俟我于城隅。爱而不见，搔首踟蹰。

静女其娈，贻我彤管。彤管有炜，说怿女美。

自牧归荑，洵美且异。匪女之为美，美人之贻。

这是采自邶地（今河南淇县）的爱情诗。《秦风·蒹葭》诗说："蒹葭苍苍，白露为霜。所谓伊人，在水一方。"意即，河边芦苇青苍苍，秋深露水结成霜。意中人儿在哪里？正在河水那一方。该诗表现男女之间如梦的追求。"蒹葭"：芦苇。

《卫风·木瓜》诗说：

投我以木瓜，报之以琼琚。匪报也，永以为好也！

投我以木桃，报之以琼瑶。匪报也，永以为好也！

投我以木李，报之以琼玖。匪报也，永以为好也！

这是采自卫地（今河南北部）的爱情诗，表现男女爱恋时的相互馈赠。

《国风·墉风·相鼠》诗说：

相鼠有皮，人而无仪？人而无仪，不死何为？
相鼠有齿，人而无止？人而无止，不死何俟？
相鼠有体，人而无礼？人而无礼，胡不遄死？

该诗用“鼠有皮”比喻“人有礼仪”。“仪”即礼仪，仪表，外表。“鼠有齿”，“齿”是门牙。汉字“齿”，上半部是“止”，比喻“人有止”。“人有止”的“止”，指举止，行止，规矩，界限。人们常说“令行禁止”，不合伦理和法律的事，应该停止，不要做。“遄”即“快”。

《说文》解释：“礼，履也，所以事神致福也。”《释名》：“礼，体也，得其事体也。”“相鼠有体”的“体”字，繁体写作“體”，右半部是“豊”。“人而无礼”的“礼”字，繁体写作“禮”，右半部也是“豊”。“豊”，是古代祭祀用的礼器。《说文·豊部》：“豆之丰满者也，从豆，象形。”徐铉说：“五礼莫重于祭，故从示。豊者，其器也。”

该诗用“皮”、“仪”、“齿”、“止”、“体”、“礼”6个古汉语字词遣词造句，构成诗篇。所用方法，是借助谐音比喻、拆字联想，尽情发挥。“相鼠有皮，人而无仪？”这句是借助谐音比喻。“相鼠有齿，人而无止？”“相鼠有体，人而无礼？”这两句是借助拆字联想，尽情发挥。作者是诗人、古汉语教师和礼学家，比喻贴切，浮想联翩，发挥适度，合辙押韵，宜读易记。令人回味无穷，发人深省，启人心智，寓德育、智育于美育之中。

该诗采自墉（今河南汲县北），讲礼貌、礼节、礼仪，讥讽做人无礼，不配做人。不懂礼貌礼节，破坏礼仪规范，还不如老鼠，不如早死。尽情怒斥，感情激越，言辞尖刻。宋苏辙《诗集传》卷三说："人之所以为人者，岂以其面，亦以其礼也。苟无礼，则亦鼠矣。"

该诗三章重叠，以鼠起兴，反复类比，意思并列，各有侧重。第一章"无仪"，指外表。第二、三章"无止"、"无礼"，指行为。每章前两句押韵，二三句重复，末句反诘进逼，一气贯注，回流激荡，极具讽刺力量。

五、说古论今谈《诗经》

（一）孔子删诗弦歌之

《诗经》，原名《诗》。汉代儒家把《诗》尊为经典，改称《诗经》。《诗经》是中国最早的诗歌总集。收入西周初年到春秋中叶500多年的诗歌305篇，取其整数，称为"诗三百"。

诗，当初是配乐的歌词，是诗歌、音乐和舞蹈的结合。后来乐谱、舞蹈失传，只剩下歌词。《毛诗大序》说："诗者，志之所之也。在心为志，发言为诗。情动于中而形于言。言之不足，故嗟叹之，嗟叹之不足，故咏歌之。咏歌之不足，不知手之舞之，足之蹈之也。"但诗跟乐舞终将会分离，因为进入文明时代之后，艺术必然趋向于细化、特化、专门化，诗歌便从歌词转化为独立的文体。

《史记·孔子世家》说，孔子把“古者《诗》三千余篇”，“去其重，取可施于礼义”。“三百五篇，孔子皆弦歌之，以求合韶、武、雅、颂之音，礼乐自此可得而述，以备王道，成六艺。”即孔子把《诗经》三百零五篇诗都配上弦乐，用弦乐器弹奏出来，张嘴歌唱出来，以求合于《韶》（舜乐曲名）、《武》（周武王乐曲名）、《雅》（周朝朝会饮宴乐曲）、《颂》（周朝宗庙祭祀乐歌曲）的音调。先王的乐制度，从此才恢复旧观，而得以称述，王道完备了，孔子也完成了被称为“六艺”的《诗》、《书》、《礼》、《乐》、《易》、《春秋》的编修。《汉书·艺文志》说，“孔子纯取周诗”，“凡三百五篇”。孔子把《诗经》三百零五篇诗歌乐舞曲都能用弦乐器弹奏出来，并开口歌唱，显示孔子多方面的才华，高雅的艺术素养和境界。

《论语·子罕》载孔子说：“吾自卫反鲁，然后乐正，《雅》、《颂》各得其所。”孔子既规范《诗经》文字，又规范跟《诗经》文字匹配的乐舞曲调。孔子是权威的编定《诗经》文字的经学家，又是优秀的《诗经》乐舞曲的作曲家、演奏家。如果孔子配乐演奏的《诗经》乐舞曲也流传下来，由演奏家演奏，演员演唱，那将是十分高雅美妙的艺术盛宴和艺术享受。

孔子是音乐迷，醉心音乐，既会弹奏，又会歌唱。《论语·述而》说："子在齐闻《韶》，三月不知肉味。曰：不图为乐之至于斯也（没想到欣赏音乐，竟到如此境界）！"《论语·八佾》说："子谓《韶》，尽美矣（声音美），又尽善也（内容好）。"尽美是声音美，尽善是内容好，这是"尽善尽美"成语的出典。

《乐》是《诗》的乐谱。《论语·泰伯》说："子曰：兴于《诗》，立于《礼》，成于《乐》。"即《诗》使我振奋，《礼》使我立足于社会，《乐》使我所学得以完成。音乐是孔子教学的最高和最后阶段。

《诗经》是周朝的配乐诗歌，有的来自民间，有的出自朝廷。《周礼》载，周时朝廷设有采诗官，有太师教诗文，大司乐教乐曲。诗歌的创作地点，包括黄河流域、长江流域，纵横数千里，由官方组织，有目的、大规模地采集整理。内容包括各国使臣来往，宴会时的奏乐唱歌，有搜集来的本国和别国民歌，有太师保存的民歌，贵族为祭祖、宴客、房屋落成、出兵打猎作的典礼诗，有臣下作的献诗、讽刺诗，乐工唱给君王听的政治诗等。

在中国几千年的文学长廊里，《诗经》是璀璨夺目的明珠，让我们进入《诗经》这座艺术的殿堂，领略、品味、欣赏它的优秀思想、优美语言、高尚情操和艺术美感。

（二）百世楷模是《诗经》

《诗经》在中国和世界文学史上占有重要地位，对后世文学有不可磨灭的影响，被称为“百世楷模”。《诗经》的影响，超越国界，走向世界。日本、朝鲜、越南，很早就传入汉语《诗经》，18世纪开始，出现法、德、英、俄等外文译本。

《诗经》的乐歌，一是作为典礼的组成部分，二是娱乐，三是表达对社会问题的看法，是传统文化教育的教材，修辞学的课本。修辞学是学人必备的文化素养，有美化语言的作用。

《诗经》是当时外交官的必读之书，屡为学者引用的经典，在外交场合可以引用《诗经》论证自己的观点，诸子百家都乐引《诗经》来论证自家学说。

例如，墨子提倡“兼爱”，主张不分亲疏贵贱，普遍平等，相爱互助，对等互报。引《诗·大雅·抑》说：“无言不雠，无德不报。”“投我以桃，报之以李。”墨子《尚同中》讲集中众人智慧说：“使人之耳目，助己视听。使人之唇吻，助己言谈。使人之心，助己思虑。使人之股肱，助己动作。助之视听者众，则其所闻见者远矣。助之言谈者众，则其德音之所抚循者博矣。助之思虑者众，则其谋度速得矣。助之动作者众，则其举事速成矣。"《尚同下》说："一目之视也，不若二目之视也。一耳之听也，不若二耳之听也。一手之操也，不若二手之强也。"墨子引用《诗·小雅·皇皇者华》说："我马维骆，六辔沃若。载驰载驱，周爰咨度。""我马维骐，六辔若丝。载驰载驱，周爰咨谋。"意即，我骑的马，白毛黑鬃。六条缰绳，柔美光滑。快快奔跑，到处访查。我骑的马，毛色青黑。六条缰绳，丝样光滑。快快奔跑，到处谋划。"周爰咨度"、"周爰咨谋"，即普遍地询问商量，调查研究。

《诗经》的特色和影响：第一，以抒情诗为主，表现思乡、爱情、失意厌战等感情。第二，反映现实人间世界、日常生活经验；特征是日常性、现实性。素材是日常生活中的事件、人物。第三，发扬文学改造社会的功能，关心政治伦理，批判腐败现象，批判治理失当、道德败坏，寻求治理的适度，使人民能安居乐业，对社会的发展有调节润滑作用。

《诗经》还有教育作用。孔子把讲授《诗经》看作是培养人格、移风易俗、推行教化的工具，肯定《诗经》对思想教育、德智美育、艺术感化的功能、作用、价值和意义。

六、《诗经》内容全方位

《诗经》的内容全方位、多角度地反映了周代社会生活，以下分类叙述。

（一）劳动情景变歌唱

《周南·芣苢》说：

> 采采芣苡，薄言采之。采采芣苡，薄言有之！
> 采采芣苡，薄言掇之。采采芣苡，薄言捋之！
> 采采芣苡，薄言袺之。采采芣苡，薄言襭之！

这首诗刻画妇女采集车前子的劳动过程。叠章重复，一唱三叹，强化感情的抒发；三章十二句，用6个动词写采摘车前子的过程，重复韵律，生动活泼。东汉何休《公羊传注》说："饥者歌其食，劳者歌其事。"清方玉润《诗经原始》说："恍听田家妇女，三三五五，于平原旷野，风和日丽中群歌互答，余音袅袅，忽断忽续。"

采采：茂盛。芣苢（fúyǐ）：车前草，种子可榨油，全草可喂猪，入药。药理作用：性寒味甘，清热明目，止咳止痛。薄言：动词词头，句首语气词。掇（duō）：拾取。捋（lǚ）：取车前草的子实。袺（jié）：提起衣襟兜着。襭（xié）：把衣襟掖在腰带上兜着。

（二）铺叙劳动写真实

《豳风·七月》说：

七月流火，九月授衣。一之日觱发，二之日栗烈。无衣无褐，何以卒岁！三之日于耜，四之日举趾。同我妇子，馌彼南亩。田畯至喜。

七月流火，九月授衣。春日载阳，有鸣仓庚。女执懿筐，遵彼微行，爰求柔桑。春日迟迟，采蘩祁祁。女心伤悲，殆及公子同归。

七月流火，八月萑苇。蚕月条桑，取彼斧斨。以伐远扬，猗彼女桑。七月鸣鵙，八月载绩。载玄载黄，我朱孔阳，为公子裳。

四月秀葽，五月鸣蜩。八月其获，十月陨萚。一之日于貉，取彼狐狸，为公子裘。二之日其同，载缵武功。言私其豵，献豜于公。

五月斯螽动股，六月莎鸡振羽。七月在野，八月在宇，九月在户，十月蟋蟀入我床下。穹窒熏鼠，塞向墐户。嗟我妇子，曰为改岁，入此室处。

六月食郁及薁，七月亨葵及菽。八月剥枣，十月获稻。为此春酒，以介眉寿。七月食瓜，八月断壶。九月叔苴，采荼薪樗，食我农夫。

九月筑场圃，十月纳禾稼。黍稷重穋，禾麻菽麦。嗟我农夫！我稼既同，上入执宫功。昼尔于茅，宵尔索绹。亟其乘屋，其始播百谷。

二之日凿冰冲冲，三之日纳于凌阴。四之日其蚤，献羔祭韭。九月肃霜，十月涤场。朋酒斯飨，曰杀羔羊。跻彼公堂，称彼兕觥："万寿无疆！"

这首诗反映民众生产劳动的艰辛，家庭生活的穷困悲伤。诗中"无衣无褐，何以卒岁？"意即，连粗布衣服都没有，怎么支撑到年根？诗作叙述农人全年劳动，绝大部分收成归公家领主王侯，小部分归自己。

《豳风·七月》是《诗经·国风》中最长的一首。《汉书·地理志》说，"公刘处豳"，"其民有先王遗风，好稼穑，务本业，故豳诗言农桑衣食之本甚备"，此篇作于西周初期，即公刘处豳时期。

豳是周代先祖公刘立国处，在今陕西旬邑、彬县一带，公刘时代，周先民是一个农耕部落。《七月》反映部落一年四季的劳动生活，涉及衣食住行各方面。作者当是部落成员，口吻酷肖，角度极准，从各侧面展示当时社会的风俗。

清姚际恒《诗经通论》说："鸟语虫鸣，革荣木实，似《月令》。妇子入室，茅绹升屋，似《风俗书》。流火寒风，似《五行志》。养老慈幼，跻堂称觥，似庠序礼。

田官染职，狩猎藏冰，祭献执宫，似国家典制书。其中又有似采桑图、田家乐图、食谱、谷谱、酒经。一诗之中，无不具备，洵天下之至文也！”凡春耕、秋收、冬藏、采桑、染绩、缝衣、狩猎、建房、酿酒、劳役、宴飨，无所不写。“无体不备，有美必臻，晋唐后陶、谢、王、孟、韦、柳田家诸诗，从未臻此境界”，评价符合实际。

该诗从七月写起，按农事活动顺序，以平铺直叙手法逐月展开画面。首章以鸟瞰式手法概括劳动者全年生活，把读者带进那凄苦艰辛的岁月，也为以后各章奠定基调，提示总纲。南宋朱熹《诗集传》说：“此章前段，言衣之始。后段，言食之始。二章至五章，终前段之意。六章至八章，终后段之意。”

此诗结构安排相当严谨。“衣之始”、“食之始”，指农业社会耕织两大主要事项，是贯穿全篇的主线。九月妇女“桑麻之事已毕，始可为衣”。十一月后，进入朔风凛冽的冬天，农夫连一件粗布衣裳也没有，怎么度过年关，发出“何以卒岁”的哀叹。春天一到，农夫又整理农具，到田里耕作，老婆孩子到田里送饭。田官见劳动卖力，面露喜色。民间诗人以粗线条勾勒框架，当时社会生活的整体风貌，呈现在读者面前。以后各章从各侧面细致刻画。

该诗第二、三章，情绪逐渐昂扬，色调逐渐鲜明。

明媚的春光照着田野，莺声呖呖。背筐妇女结伴沿田间小路采桑。劳动愉快，心中隐忧："女心伤悲，殆及公子同归。"首章"田畯至喜"，轻轻一笔点到当时社会阶级关系，这里慢慢展开。"公子"，豳公之子。豳公占有土地、农奴，他的儿子对农家美貌女子享有与其"同归"的特权。姑娘的美貌，使她们担心自己无人身自由。姑娘的灵巧智慧，使她们担心劳动果实为他人占有。"八月载绩，载玄载黄，我朱孔阳，为公子裳。"她们织出五颜六色的丝绸，最终都成为公子身上的衣裳，这令人想起宋张俞《蚕妇》诗说："遍身罗绮者，不是养蚕人！"

该诗第四、五章，从"衣之始"一条线发展而来。"秀葽"、"鸣蜩"，有起兴意，下文重点写狩猎。他们打下狐狸，要"为公子裘"。他们打下大猪，要献给豳公，留下小的自己吃。再一次描写了当时阶级关系。五章着重写昆虫，反映季节变化。由蟋蟀依人，写到寒之将至。笔墨工细，绘影绘声，饶有诗意。《诗集传》说："斯螽、莎鸡、蟋蟀，一物随时变化，而异其名。动股，始跃而以股鸣也。振羽，能飞而以翅鸣也。"咏物之作如此细腻，令人惊叹。"穹窒熏鼠"以下四句，写农家打扫室内，修补破屋，准备过冬，在结构上"亦以终首章前段御寒之意"。

该诗第六、七、八章，承“食之始”一条线而来，好像一组连续的电影镜头，表现农家朴素安详的生活。六七月，“食郁（郁李）及薁”、“亨（烹）葵（葵菜）及菽（豆子）”。八月打枣，十月收稻，酿造美酒，自己靠拾野菜充饥。

粮食刚进仓，又给王侯修宫室，与自己居室的破烂简陋形成鲜明对比。“筑场圃”、“纳禾稼”，写一年农事完成。第八章，写冬季为领主储冰防暑，准备宴会，去祝福领主万寿无疆。

中国古代诗歌一向以抒情为主，叙事较少。这首诗以叙事为主，在叙事中写景抒情，形象鲜明，诗意浓郁。通过诗中人物娓娓动听的叙述，真实展现当时的劳动场面、生活图景、各种人物风貌、农夫与公家关系，从而构成西周早期社会一幅男耕女织的风俗画。这首诗采用赋体，铺叙三千年前农夫一年四季的劳动，反映真实生活。

（三）觉醒意识向理想

《魏风·伐檀》和《硕鼠》，显示劳动群体的觉醒意识，向往理想生活，揭示贵族不劳而获、贪婪成性，喊出民众反抗声音。

《伐檀》诗说：

坎坎伐檀兮，寘之河之干兮。河水清且涟猗。不稼不穑，胡取禾三百廛兮？不狩不猎，胡瞻尔庭有县貆兮？彼君子兮，不素餐兮！

坎坎伐辐兮，寘之河之侧兮。河水清且直猗。不稼不穑，胡取禾三百亿兮？不狩不猎，胡瞻尔庭有县特兮？彼君子兮，不素食兮！

坎坎伐轮兮，寘之河之漘兮。河水清且沦猗。不稼不穑，胡取禾三百囷兮？不狩不猎，胡瞻尔庭有县鹑兮？彼君子兮，不素飧兮！

这首诗是《诗经》中深为今人熟悉的篇目，其讽刺锋芒所向的是不劳而获、尸位素餐的剥削者。《诗序》说："《伐檀》，刺贪也。在位贪鄙，无功而受禄。"伐木者倾泻激愤，怒火中烧，揭露剥削者不劳而获的寄生本性。

这首诗句式灵活多变，从四言到八言，抒发感情，措辞尖锐，生动灵活，富有感染力，是杂言诗最早的典型。其中嘲骂剥削者不劳而食，反映劳动者对统治者的怨恨，是反剥削、反压迫最有代表性的诗篇。

坎坎：象声词，伐木声。寘：置。干：水边。涟：水波纹。漪：同兮，语气助词。穑：播种收获。胡：为什么。禾：谷物。貆：猪獾。素餐：白吃饭，不劳而获，无功而食。辐：辐条。特：小兽。漘：水边。沦：

小波纹。囷：圆仓。飧：吃饭。

《硕鼠》诗说：

硕鼠硕鼠，无食我黍！三岁贯女，莫我肯顾。逝将去女，适彼乐土。乐土乐土，爰得我所？

硕鼠硕鼠，无食我麦！三岁贯女，莫我肯德。逝将去女，适彼乐国。乐国乐国，爰得我直？

硕鼠硕鼠，无食我苗！三岁贯女，莫我肯劳。逝将去女，适彼乐郊。乐郊乐郊，谁之永号！

这首诗主旨在于“刺重敛”，鼓舞劳动人民挣脱压迫剥削，憧憬美好生活，向往乐土，《毛诗序》说：“国人刺其君重敛，蚕食于民，不修其政，贪而畏人，若大鼠也。”朱熹《诗序辨说》说：“此亦托于硕鼠，以刺其有司（当官的）之词。”

黍：黄米。三岁贯女：多年侍奉。逝将去女：发誓离开你。爰：于是。德：恩惠。直：职所。劳：慰劳。号：呼。

（四）战争题材兼抒情

《诗经》部分诗作写征夫辛苦、夫妻离别、相互思念之情，具有很高的艺术成就。

《豳风·东山》诗说：

我徂东山，慆慆不归。我来自东，零雨其濛。我东曰归，我心西悲。制彼裳衣，勿士行枚。蜎蜎者蠋，烝在桑野。敦彼独宿，亦在车下。

我徂东山，慆慆不归。我来自东，零雨其濛。果蠃之实，亦施于宇。伊威在室，蟏蛸在户。町畽鹿场，熠耀宵行。不可畏也？伊可怀也。

我徂东山，慆慆不归。我来自东，零雨其濛。鹳鸣于垤，妇叹于室。洒扫穹窒，我征聿至。有敦瓜苦，烝在栗薪。自我不见，于今三年。

我徂东山，慆慆不归。我来自东，零雨其濛。仓庚于飞，熠耀其羽。之子于归，皇驳其马。亲结其缡，九十其仪。其新孔嘉，其旧如之何？

该诗写征人解甲归途，抒发思乡之情。全诗四章，首四句重叠咏叹，构成全诗的主旋律，情景交融，感人至深。每章后四句叙事，有广泛的社会意义。《东山》最大的艺术特色是想象力丰富，是《国风》中想象力最丰富的一首。久离家乡，久别亲人，风雨侵凌，饥渴困顿，家园荒废，家人怨思的情貌刻画，令人深思。章首反复咏叹，如特写镜头，串起诗中断续的想象，最终形成浑圆完美的艺术整体。

《东山》以周公东征为背景从普通战士的视角叙述征人

东征后，归家前的复杂感受，发出对战争的思考，对人民的同情，周公东征，时在公元前1040年。该诗有“于今三年”句，说明该诗写作在公元前1038年，文人采集润色又在其后。

该诗开门见山，直赋其事，简明直接地表述故事的背景缘由。“慆慆不归”，对离家久战的直接表述，是离人思乡的间接流露。

“我来自东，零雨其濛”，叙事中插入景物描写，是情景交融的写作手法。“零雨其濛”，点出当时天气，描写细致，使人如临其境，感同身受，定下全诗凄美感人的基调，表现主人公的心理活动。

“我心西悲”，直抒胸臆，战后归家，指日可待，思乡之情一涌而起，萦绕心头，挥之不去。“制彼裳衣，勿士行枚”，战争结束，赶紧解下军装，穿上平时衣裳。这一细节描写，把战士喜形于色、期盼早日回家的情绪表现得淋漓尽致。以“行枚”的典型行为代指军旅生活，是借代的艺术手法。

主人公用比兴手法回忆三年军旅生活。“蜎蜎者蠋，烝在桑野”，用桑虫比喻军旅生活的艰辛，使人对战士产生同情。“敦彼独宿，亦在车下”，描写军人风餐露宿、枕戈待旦的生活。“独”字是主人公内心孤独的体现，叙事抒情融为一体，天衣无缝。

《东山》每段回环往复，音节重复，情节情感逐层推进。第一节回忆艰辛生活；第二节猜测家乡变化。从“果赢之实”到“熠耀宵行”，说明家破屋残，动植相生，田园荒芜，鬼火熠耀，是主人公内心挥之不去的担忧，控诉战争破坏生产，使人民陷入水深火热的困境。《东山》的主人公是士兵，参加周公东征的正义战争，既以胜利者的身份凯旋，又以受难者的身份出现，说明战争对双方都是灾难。

第三节写主人公和家中妻子的互相思念，两者感情交相辉映，打动读者心弦，“有敦瓜苦，烝在栗薪”，女主人公看到结婚时的器物，勾起对丈夫深深的思念，反映他们新婚不久，被迫分开，更突显悲剧色彩。

第四节写男主人公沉湎于对往事的甜蜜回忆。想当年新婚时，扮相夺目的皇驳马，派头十足的接亲队，光彩照人的衣饰，多么甜美幸福！接着从美好回忆回到现实。“其新孔嘉，其旧如之何？”新婚不久便分离，三年来家中怎样，三年孤独何难当，三年苦水何说起。“其旧如之何？”留下问号悬念，唤起读者的无限遐想。

《小雅·何草不黄》诗说：

何草不黄？何日不行？何人不将？经营四方！
何草不玄？何人不矜？哀我征夫，独为匪民！

匪兕匪虎，率彼旷野！哀我征夫，朝夕不暇！
有芃者狐，率彼幽草！有栈之车，行彼周道！

此诗主旨，《毛诗序》说："下国刺幽王也。四夷交侵，中国皆叛，用兵不息，视民如禽兽。君子忧之，故作是诗也。"宋朱熹《诗集传》说："周室将亡，征役不息，行者苦之，故作是诗。"全诗用征人口吻凄惨道来，别有一份无奈和苦楚。

该诗第一、二章，以"何草不黄"、"何草不玄"比兴征人，无日不在行役。"经营四方"，是征夫命运。草木要黄、要玄，征人注定要"苦苦经营走四方"。草黄草玄，是草的自然本性，人却不是为行役而生。人非草木，不能以草木视。"何人不将"，把这一人的宿命扩展到整个社会。此诗所写，不是一身飘然旷野的个人悲剧，是众多征人的社会悲剧。家国在征人眼里，只有连天的衰草，无止的出征。

该诗第三、四章，发出征夫连天的怨怼：我们不是野牛老虎，不是那穿越林莽的狐狸，为何跟野兽一样长年奔波在旷野幽草？难道我们生来跟野兽同命？我们不是野兽，而是人！命如草芥，生同禽兽的征夫，没有改变自己命运的能力，注定在征途中结束一生。征夫之所以过着非人的行役生活，是因为在统治者眼中，不把他们看作人，而是看作战争的工具。其结局仍是“有栈之车，行彼周道！”

《王风·君子于役》诗说：

君子于役，不知其期，曷至哉？鸡栖于埘，日之夕矣，羊牛下来。君子于役，如之何勿思！

君子于役，不日不月，曷其有佸？鸡栖于桀，日之夕矣，羊牛下括。君子于役，苟无饥渴？

君子：丈夫。役：苦役，差使。曷：通何，何时。至：回家，到家。埘（shí）：鸡舍，鸡窝。如之何勿思：叫我如何不想他。佸：聚会，相会。桀：鸡窝木架。括：聚集，牛羊进栏。苟：希望。

《君子于役》以战争徭役为题材，表现思妇对征人的怀念，反映战争徭役给民众带来的苦难。全诗第一章叙述丈夫在外面服役，妻子盼望丈夫归来之情。“君子于役，不知其期”，用赋的手法点明所要吟咏的事，极言役期之长，直抒胸臆，盼夫归来。从“鸡栖于埘”，到“羊牛下来”，从侧面烘托，家里禽畜尚且出入有时，丈夫外出却无归期。“君子于役，如之何勿思”，极言思念之深。

第二章承上章，妻子希望能和丈夫相见，表达对服役丈夫的惦念。从“君子于役”，到“曷其有佸”，重申役期漫长。“曷其有佸”，承上章“曷至哉”。从“鸡栖于桀”，到“羊牛下括”，跟第一章语意相同。“君子于役，苟无饥渴”，传达妻子的矛盾心理，既然丈夫归期不明，不如后退一步，希望他在外面，不要忍饥挨饿，能吃饱肚子。

诗中写妻子的心理，细致真实。她看到牛羊归来，自然联想到久役不归的丈夫。她极力抑制思念之情：“君子于役，不知其期。”思念无济于事，不如暂不思念。但又做不到，她深爱丈夫，时刻惦念，无可奈何，只能以“苟无饥渴”寄托深情。

这首诗风格细腻委婉，虽然没一个“怨”字，却句句是“怨”。从一个侧面描写战争徭役给民众带来的苦难。

《小雅 · 采薇》诗说：

> 昔我往矣，杨柳依依。今我来思，雨雪霏霏。行道迟迟，载渴载饥。我心伤悲，莫知我哀！

该诗写戍卒出征，正是春天，杨柳迎风摇曳，似乎在为他送行，又似乎表示挽留。最后盼到回家的一天，正是冬天，归途雪花纷纷扬扬，似乎表示欢迎，又似乎表示冷漠。路远难行，又饥又渴，心里充满悲伤，只能独自承受。

七、表达方式风雅颂

《诗经》的表达方式有“诗六义”的说法。《周礼·春官·太师》说：“太师教六诗：曰风，曰赋，曰比，曰兴，曰雅，曰颂。”《毛诗序》称“六义”。“风、雅、颂”，指诗的体裁、体例、体制。“赋、比、兴”，指诗的表达手法。孔颖达《毛诗正义》说：“风、雅、颂者，诗篇之异体。赋、比、兴者，诗文之异辞耳。”“赋、比、兴是诗之所用，风、雅、颂是诗之成形。用彼三事，成此三事，是故同称为义。”

（一）民间小调是国风

《诗经》有十五国风，160篇，占《诗经》全部作品的大半，是春秋时期收集的15个诸侯国的民歌，出自今陕西、山西、河南、河北、山东和湖北北部一带，从黄河流域扩展到江汉流域。绝大部分是春秋初期到中期的诗，小部分是西周后期的诗，《豳风》中有从西周初期流传的少数作品，反映社会生活、人民思想感情，最富思想性和艺术性。语言质朴，韵律和谐，节奏鲜明。用方言歌唱，配地方乐舞，其中恋歌占多数。黄河流域，平原千里，桑间陌上，青年男女在劳作中产生爱情，互相热恋。朱熹《诗经集传》：“（风诗）多出于里巷歌谣之作，所谓男女相与咏歌，各言其情者也。”这是古典诗歌的典范。

“风”本义是乐调，“国风”，即诸侯国的风土民情、民俗歌谣、乐调舞姿。《左传·成公九年》记载晋侯见楚囚钟仪：“使与之琴，操南音。”“南音”，即南国方音。“乐操土风，不忘旧也。”“土风”，即地方乐调，朱熹《诗集传》说：“风则闾巷风土。”“国者，诸侯所封之域。”

（二）雅言正声唱华夏

诗经《雅》的部分分《大雅》31 篇，《小雅》74 篇，共 105 篇，是朝会的乐歌，贵族饮宴的乐歌，出自史官、太师（乐官）、公卿列士之手。《大雅》是西周作品，有部分政治讽喻诗，《小雅》是西周后期作品，有许多不满现实、抒发悲愤的怨刺诗。

“雅”的本义是“正”。“雅”、“夏”通用，周王畿一带是夏人旧地，周人也自称夏人，其地为夏地，王畿是政治中心，其言称为正声、雅言，即标准语。《论语·述而》说：“子所雅言，《诗》、《书》、执礼，皆雅言也。”意即，孔子有时候用雅言，读《诗》、读《书》、行礼仪，都是用雅言。

宫廷贵族唱诗歌、奏诗乐、跳诗舞，用这种正声、正乐、雅言、雅乐。古时原本有一种乐器，名叫“雅”，硕大笨重，为正乐、雅乐所用。后来在发展中接受土乐影响，改进乐器，使其变得小巧灵活，用改进后的雅奏出新的“雅乐”叫“小雅”，旧的“雅乐”叫“大雅”。如《诗·大雅·大明》描写武王伐纣，牧野之战时说：

> 殷商之旅，其会如林。
> 矢于牧野：“维予侯兴。上帝临女，无贰尔心！”
> 牧野洋洋，檀车煌煌，驷騵彭彭。
> 维师尚父，时维鹰扬，凉彼武王。
> 肆伐大商，会朝清明。

会：同“旝”，军旗。其会如林，比喻殷商军队多。矢：同“誓”，誓师。牧野：地名，在今河南淇县，距商都朝歌七十余里。予：我，我们，指周王朝。侯：乃，才。兴：兴盛。临：监临。女：同“汝”，指武王率领的将士。无：同“勿”。贰：同“二”。檀车：檀木兵车。驷騵：四匹赤毛白腹的驾辕骏马。彭彭：强壮有力。师：官名，又称太师。尚父：姜太公，周朝东海人，姓姜，其先封于吕，因而姓吕，名尚，字子牙，年老隐钓渭水，文王访得，载与俱归，立为师，号太公望，辅佐文王、武王伐纣。时：是。鹰扬：如雄鹰飞扬，奋发勇猛。凉：辅佐。会朝：恰逢黎明。

这是叙事诗，但不平铺直叙，有情势烘托、景象渲染。描绘牧野之战，规模盛大，有声有色。“牧野洋洋，檀车煌煌，驷騵彭彭。”用一连三个排比句把战争威严和紧迫气势和盘托出。“殷商之旅，其会如林。”敌军虽盛，武王誓师更坚强有力，斗志更坚。在姜尚辅佐下，一举灭殷。“维师尚父，时维鹰扬”一句尽显姜太公的雄武英姿。叙述详略得宜，前呼后应，跌宕起伏，气势恢宏。

（三）颂诗赞歌咏德政

《颂》分《周颂》31篇，《鲁颂》4篇，《商颂》5篇，共40篇，是西周王室的祭祀乐歌，歌颂神明，赞美祖先。西周庙堂歌颂神明，已不是殷商贵族敬奉的上帝与祖先合一的祖先神、暴力神，而是关心民生疾苦的救世主、道德神、神能选择代天保民的仁德者，授予治理万邦万民的大命。神憎恨违背天心、虐民害民的暴君，于是夺回天命，降给惩罚。贯穿天命不常，德治重要的思想，要求以殷为鉴，牢记殷王暴政亡国的教训。《诗·大雅·荡》说：“殷鉴不远、在夏后之世。”

颂诗赞美祖先，歌颂周朝先王，歌颂文王有20篇。文王执政50年，奠定西周建国的经济政治基础，制定灭商的战略方针和建国方略，是西周开国之父，西周国家的缔造者。诗歌歌颂文王的文治武功，开国伟绩，非凡人格，高尚道德。歌颂武王有6篇，歌颂武王伐纣胜利的业绩。

《周颂》制作于西周前期，即周公制礼作乐后的百年间，出自史官、太师（乐官）之手，地点在镐京。《鲁颂》是春秋时期鲁国的宗庙祭祀乐歌，鲁僖公四年（前656）齐桓公率八国之师伐楚时制作。《商颂》是宋国的宗庙祭祀乐歌。

"颂"通"庸"、"镛"，原本是一种大钟。"颂"是诗歌、乐曲和舞蹈的三合一。祭祀歌舞，大钟伴奏，声调缓慢，其音庄重，余音袅袅。

《诗经》三百篇，原本是乐歌，以"风"、"雅"、"颂"三类不同乐调编排。十五国的《国风》，按十五个国家不同地方乐调编排。《大雅》、《小雅》按雅乐新旧编排。

（四）艺术手法赋比兴

"赋"，是铺陈直叙，抒发感情。朱熹《诗集传》说："赋者，敷陈其事，而直言之者也。"朱熹《周礼注疏》说："赋者，直抒其情。"《豳风 · 七月》是赋体，铺叙农夫春耕、采桑、纺织、田猎、酿酒、贮藏和准备过冬，一年四季的全部劳动生活，表现阶级对立，农夫悲愤之情。《卫风 · 氓》，倒叙弃妇与氓由恋爱到结婚，直至被氓遗弃的悲惨遭遇，表现弃妇的哀怨和决绝。《诗 · 邶风 · 击鼓》说："执子之手，与子偕老。"即牵着你的手，和你一起变老。

"比"，是比喻、比拟、打比方。用浅显常见事物说明抽象道理，使人容易理解。朱熹《诗集传》说："比者，以彼物比此物也。"朱熹《周礼注疏》说："比者，结物兴志。"如《邶风·新台》，讽刺淫乱无耻的卫宣公好比是癞蛤蟆。原文是：

新台有泚，河水弥弥。燕婉之求，蘧篨不鲜！
新台有洒，河水浼浼。燕婉之求，蘧篨不殄！
鱼网之设，鸿则离之。燕婉之求，得此戚施！

新台：位于今山东甄城县黄河北岸，卫宣公为纳宣姜所筑。泚：鲜明貌。河水弥弥：黄河水茫茫。燕婉：安顺，和好。蘧篨：蛤蟆。鲜：善。洒：高峻。浼：水盛。殄：善。鸿：鸿雁。戚施：蛤蟆。

卫宣公，淫昏国君，与其后母夷姜乱伦，生子名伋。伋长大，卫宣公为他儿子伋聘娶齐女，卫宣公见儿媳妇是美人，于是改变主意，在河上高筑新台，把齐女截留，霸为己有，即宣姜。卫国人对宣公看不惯，编歌挖苦。《诗序》说："《新台》，刺卫宣公也，纳伋之妻，作新台于河上，而要之，国人恶之，而作是诗也。"

卫宣公想夺娶未婚儿媳，先造新台，表示合法，是障眼法。好比唐明皇想夺娶其子寿王妃，先让她入道观，做女冠，是正言欲反的写作手法。

封建道德虚伪不公，严下宽上。要百姓遵从礼教，自己却寡廉鲜耻。要百姓忠贞不二，自己却两面三刀。要百姓规规矩矩，自己却为所欲为。要百姓克己奉公，自己却道德沦丧，卫宣公是一典型。《新台》这首讽刺诗，有普遍意义和一般的认识价值。

《小雅·鹤鸣》说："他山之石，可以为错。他山之石，可以攻玉。"用"他山之石"比喻治国要用贤人。《魏风·硕鼠》，是比体，讽刺剥削者好比贪婪的大老鼠。

"兴"，本义是"起"，多称"起兴"。渲染气氛，创造意境，借助其他事物作为所咏内容的铺垫。往往用于诗的开头。朱熹《诗集传》说："兴者，先言他物，以引起所咏之辞也。"朱熹《周礼注疏》说："兴者，托物兴辞也。"

《周南·关雎》是兴体，以贞鸟雎鸠的关关叫声起兴，联想男女之情。《关雎》开头"关关雎鸠，在河之洲"，借眼前景物，兴起下文"窈窕淑女，君子好逑"。关雎和鸣，比喻男女求偶，和谐恩爱。

《周南·桃夭》"桃之夭夭，灼灼其华"，即桃树蓓蕾，缀满枝杈，鲜艳明丽，一树桃花，写春天桃花开放时的美丽景象，比喻新娘美貌，烘托结婚的热烈气氛。《魏风·伐檀》，以农奴的坎坎伐木声起兴，联想农奴主的不劳而获。

《诗经》赋、比、兴手法并用。明谢榛《四溟诗话》说："予尝考之三百篇，赋七百二十，兴三百七十，比一百一十。"赋、比、兴各有作用，用赋最多，兴、比次之，有时赋、比、兴交替运用。如《卫风·硕人》用铺陈的手法描写庄姜的美貌，但其中"手如柔荑，肤如凝脂，齿如瓠犀，螓首蛾眉"，传神地表现出庄姜的天生丽质，是"赋而比"。赋、比、兴手法的运用，使《诗经》民歌气息浓厚。

八、妙语积淀三千年

孔子说："不学《诗》，无以言。"在中国传统文化中，有很多优美词汇、典故、成语出自《诗经》。假如没有这些出自《诗经》的优美词汇、典故、成语，我们现在的语言将大为失色。

（一）成语满篇是《诗经》

《诗经》四言诗，大量直接地演变为四字成语。《论语·学而》载子贡引《诗》说："如切如磋，如琢如磨。"此诗出自《诗·卫风·淇奥》。《论语·述而》引《诗》说："不敢暴虎，不敢冯河。人知其一，莫知其他。战战兢兢，如临深渊，如履薄冰。"

意即，不敢赤手空拳地打老虎，不敢徒步蹚黄河；这种危险人略知，却忽略其他危险。心中戒备战战兢兢，如临万丈深渊，如踩薄薄一层冰。《论语·述而》记载孔子对颜渊说过“暴虎冯河”的成语。《论语·泰伯》记载对门人弟子引《诗》说：“战战兢兢，如临深渊，如履薄冰。”此语出自《诗·小雅·小旻》。

《卫风·氓》说“夙兴夜寐”意即，早起晚睡，形容勤劳。又说：“二三其德”即三心二意，没有操守，形容心意不专，反复无常。《小雅·鹤鸣》说：“他山之石，可以为错”、“他山之石，可以攻玉”意即，其他山上更硬的石头，可以作为磨石，来琢磨这座山上的玉石。比喻借他人之长补己之短。

《大雅·抑》说“投我以桃，报之以李”意即，你送我一个桃子，我报答你一个李子，比喻相互赠答，礼尚往来，此语也简化为“投桃报李”。又说“匪面命之，言提其耳”意即，不仅当面施以教诲，更须提起耳朵，让你注意听。比喻殷切教诲，要求严格。也简化为“耳提面命”。

《大雅·板》说“不可救药”意即，病情严重，无药可救，比喻事态严重，无法挽救。《大雅·云汉》说“兢兢业业，如霆如雷”即谨慎戒惧的样子，如同惧怕霹雳响雷。《唐风·杕杜》说“独行踽踽”意即，孤零零地一个人走路。原意是说没有兄弟的人独立无助。下文说：“岂无他人？不如我同父。”意即，难道没有其他人吗？究竟比不上同胞兄弟亲近。杕（dì）：树木挺立的样子。

《小雅·十月之高》：“高岸为谷，深谷为岭。”即岸谷之变，高岸深谷，比喻变化巨大。《小雅·天保》：“如日之升。”《大雅·桑柔》：“人亦有言：进退维谷。”谷：山谷，比喻坠谷，穷困。

《小雅·蓼莪》：“父兮生我，母兮鞠我。”“欲报之德，昊天罔极！”父母养育恩德深广，报答不完。《大雅·荡》：“靡不有初，鲜克有终。”事情都有个开头，但很少能到终了，后来演变成“善始善终”，指把事情从始到终都做得很好。

（二）缩略概括是方法

原句非四字，缩略为四字成语。《周颂·小毖》：“惩而毖后患。”惩前毖后：批判以前所犯的错误，吸取教训，以后不致再犯。惩：警戒。毖：谨慎。《郑风·将仲子》：“人之多言，亦可畏也。”人言可畏：流言蜚语可怕。

从原句中概括四字成语。《小雅·鸿雁》：“鸿雁于飞，哀鸣嗷嗷。”哀鸿遍野：比喻在天灾人祸中，到处都是流离失所、呻吟呼号的饥民。哀鸿：哀鸣的鸿雁，比喻啼饥号寒的灾民。嗷嗷待哺：饥饿急于求食，受饥饿的悲惨情景。嗷嗷：哀鸣声。待：等待。哺：喂食。《豳风·鸱鸮》："迨天之未阴雨，彻彼桑土，绸缪牖户。"未雨绸缪：比喻事前做好准备。

《大雅·卷阿》："凤凰于飞，翙翙其羽。"凤凰相谐而飞，比喻夫妻相亲相爱，常用来祝人婚姻美满。"凤凰鸣矣，于彼高冈。梧桐生矣，于彼朝阳。"丹凤朝阳：比喻贤才逢明时。《小雅·车辖》："高山仰止，景行行止。"高山景行，比喻德行高尚，行为正当，应该仰慕效法。

《郑风·风雨》："风雨潇潇，鸡鸣胶胶。""风雨如晦，鸡鸣不已。"风潇雨晦：风急雨骤，天色昏暗，比喻形势险恶。风雨如晦：比喻恶劣环境中仍不改变气节操守。《大雅·烝民》："爱莫助之。"爱莫能助：虽然关切同情，却无力帮助。爱：爱惜；莫：不。"既明且哲，以保其身。"明哲保身：原指明智的人，善于回避危险，保全自身，后多指为了个人利益，回避原则斗争。

《大雅·瞻卬》："妇有长舌，维厉之阶。"长舌之妇：常用来指多嘴多舌，喜欢说长道短、搬弄是非的女人。《邶风·柏舟》："我心匪石，不可转也。"匪石之心：比喻坚贞不屈。《秦风·无衣》："修我戈矛，与子同仇。"同仇敌忾：全体一致痛恨打击敌人。

《小雅·天保》："南山之寿，不骞不崩。"寿比南山：

祝福长寿，祝颂语。《小雅·伐木》：“出自幽谷，迁于乔木。”乔迁之喜：贺人迁居。《王风·采葛》：“一日不见，如三秋兮！”一日不见，如隔三秋：形容思念殷切。

第二讲 《尚书》趣谈

一、编辑流传有故事

《尚书》，先秦人称《书》，汉朝人始称《尚书》，是我国上古典章文献汇编，收载虞夏商周相关史料。《尚书》记事，从原始社会末期的尧舜时代到春秋时期的秦穆公，内容涉及政治、思想、宗教、哲学、法律、军事、地理、历法等领域。汉代儒学兴盛，《尚书》被列为儒家“五经”，尊称为《书经》，是必读史书之一。

东汉王充《论衡·正说》称：“《尚书》者，以为上古帝王之书。”唐陆德明《尚书序音义》说：“以其上古之书，谓之《尚书》。”唐孔颖达《尚书序疏》说：“尚者，上也。言此上代以来之书，故曰《尚书》。”这里所谓“上古”、“上代”，指虞夏商周四代。

相传孔子编订《尚书》。《史记·孔子世家》说：“孔子之时，周室微，而《礼》、《乐》废，《诗》、《书》缺，追迹三代之礼，序书传，上纪唐虞之际，下至秦穆，编次其事。”“故《书传》、《礼记》自孔氏。”据说当时文献很多，经孔子编订，留百篇，作为教授学生的教材。《论语·述而》说：“子所雅言，《诗》，《书》，执《礼》，皆雅言也。”孔子作为教师，向学生传授《诗》、《书》、《礼》，都讲雅言。《论语》有两条引用《书》，并明说是引用《书》；有五条引用《书》，而没说是引用《书》；有七条根据《书》说话，而没引用《书》。可证孔子跟《书》关系之密切。

《书》在先秦就被奉为经书。《庄子·天运》说：“丘治《诗》、《书》、《礼》、《乐》、《易》、《春秋》六经。”这是明确把《书》称为“六经”，即儒家的六种经典。

《荀子·劝学》说：“《书》者，政事之纪也。”“纪”，通“记”，记载。《书》是对上古政事的记载。荀子说学术“始乎诵经，终乎读礼”，把《书》和《诗》归为“经”（经典）一类，是君子的基本学术素养，诵习研究学问的起点。

汉代官方刊定《诗》、《书》、《礼》、《易》、《春秋》为五经，《书》被奉为国家的官方经典。在宋明时代，被官方规定为科举应试的必读书。

《尚书》的传承，有两位关键性人物，即伏生（又作伏胜，公元前268—前178）和晁错（公元前200—前154）。伏生作为西汉经学家（原为秦博士），曾口授《尚书》。晁错作为汉文帝的九卿之一、太史官的部属，曾被汉文帝派到伏生家里，听伏生口授《尚书》，抄录《尚书》。

《史记·儒林列传》说："伏生者，济南人也，故为秦博士。孝文帝时，欲求能治《尚书》者，天下无有，乃闻伏生能治，欲召之，是时伏生年九十余，老不能行。于是乃诏太常使掌故晁错往受之。秦时焚书，伏生壁藏之，其后兵大起，流亡，汉定，伏生求其《书》，亡数十篇，独得二十九篇，即以教于齐鲁之间。学者由是颇能言《尚书》，诸山东大师无不涉《尚书》以教矣。"

据说伏生是孔门弟子伏不齐的后裔。秦统一六国后，朝廷设博士，以备顾问，伏生为其一。公元前 213 年，秦始皇焚书坑儒，伏生冒死将述录唐尧、虞舜、夏、商、周史典的《尚书》藏在墙壁夹层。秦亡汉立，儒家渐兴。汉惠帝四年（前 191），废除"挟书律"，即解除私藏、私议《尚书》算犯罪的禁令。于是，伏生掘开墙壁，发现尚存 28 篇。伏生壁藏《尚书》并将其传播的事迹传到朝廷，得到汉文帝的重视，欲召他进宫。此时伏生年逾九十，不能远行。文帝派时任太常掌故之职的晁错到伏生家中当面请教。

《史记·袁盎晁错列传》说："晁错者，颍川人也。""以文学为太常掌故。""孝文帝时，天下无治《尚书》者，独闻济南伏生，故秦博士，治《尚书》，年九十余，老不可征，乃诏太常使人往受之，太常遣错受《尚书》伏生所，年九十余，不能正言，言不可晓，使其女传言教错。齐人语多与颍川异，错所不知者凡十二三，略以其意属读而已也。”

意即，伏生因为年迈，说话不利索，别人听不懂。据说老人齿豁音微，加上说齐鲁方言和方音，使得颍川人晁错有十分之三内容听不懂，只能“略以其意”，跟着读写。这中间，还要增加一个传话者，因为伏生说话，只有他女儿能听懂，所以只好先由伏生对他女儿说，再由他女儿转述给晁错，伏生让女儿临时做老师，传话教给晁错。这就必然增加《尚书》传授过程中出现讹传的可能性。

就在这多重困难中，晁错用汉朝通行的隶书把伏生口授的《尚书》28 篇记录下来，使伏生拼命保护的《尚书》得以流传，这部《尚书》称《今文尚书》。后来，在民间发现了一篇《泰誓》，合成为流传的《今文尚书》29 篇。

王充认为伏生口授，晁错手记《尚书》之事是在汉景帝年间，《论衡·正说》说：“盖《尚书》本百篇，孔子以授也。遭秦用李斯之议，燔烧《五经》，济南伏生抱百篇藏于山中。孝景皇帝时，始存《尚书》，伏生已出山中，景帝遣晁错往从受《尚书》二十余篇。伏生老死，《书》残不竟。晁错传于倪宽。至孝宣皇帝之时，河内女子发老屋，得逸《易》、《礼》、《尚书》各一篇，奏之。宣帝下示博士，然后《易》、《礼》、《尚书》各益一篇，而《尚书》二十九篇始定矣。”

班固《汉书·艺文志》简明概括《尚书》的渊源流变过程：“书之所起远矣，至孔子纂焉，上断于尧，下讫于秦。”“秦燔书禁学，济南伏生独壁藏之。汉兴亡失，求得二十九篇。以教齐鲁之间。”

二、佶屈聱牙上古史

（一）佶屈聱牙是成语

成语“佶屈聱牙”，本意是特指《尚书》文句艰涩，语句拗口，出自唐韩愈的《进学解》：“周《诰》殷《盘》，佶屈聱牙。”佶屈聱牙，是韩愈为晦涩拗口的《尚书》量身打造的形容词。

《尚书》佶屈聱牙的原因，首先跟上古语言的特殊性有关。《尚书》语言，属于商周上古汉语系统，比常见的战国以后文言文更古，词汇古老，使用古义，与后代语汇不同。语法、词序排列与后代不同。虚词少，语法关系不明，难以断句，语义艰涩。《尚书》语言语法、语汇和语义的特殊差异性造成《尚书》的难懂难治。

其次，《尚书》佶屈聱牙，也跟《尚书》流传过程的具体情况有关。元刘埙《隐居通议·文章三》说："商《盘》周《诰》，佶屈聱牙，则以秦火之余，出以伏生口授而然。齐语固异，而况九十之老，齿豁而音微，又杂以方言，安得不佶屈聱牙？"

《尚书》是屡被秦始皇点名要焚烧的主要文献。《史记·秦始皇本纪》说，秦始皇三十四年（公元前213），丞相李斯向秦始皇建议："史官非秦记皆烧之。非博士官所职，天下敢有藏《诗》、《书》、百家语者，悉诣守、尉杂烧之。有敢偶语《诗》、《书》者弃市。"这是秦始皇批准实行的"挟书律"，秦代命令禁止私人收藏和传授《尚书》，违者有生命危险。

汉惠帝四年（前191），废除"挟书律"后，秦博士伏生复出口授《尚书》。但伏生操持齐地的方言方音，又因伏生已是九十岁老人，牙齿稀少跑风，声音微小嘶哑，中间还需要伏生女儿翻译传话，晁错在倾听记录时，又只能听懂一部分，其他部分靠猜测臆想，这都是《尚书》流传过程中导致其佶屈聱牙的具体原因。

韩愈所谓佶屈聱牙的"周诰"，指《尚书·周书·大诰》、《康诰》、《酒诰》、《召诰》、《洛诰》等篇，"诰"，意即，上告下。《大诰》记周公兴师，征讨武王兄弟管叔、蔡叔，串通纣子武庚的叛乱。《康诰》和《酒诰》，记周公告诫弟康叔，明德慎罚，爱民戒酒。《洛诰》记洛邑修成，周公跟成王的对答。

周公（？—前1095），名旦，武王弟，封地在周（今陕西岐山北），助武王灭殷纣，建立周朝，又辅佐武王子成王，制礼作乐，建立典章制度。主张“以德配天”、“敬德保民”和“明德慎罚”，是儒家德治的依据。康叔，周代卫国的始祖。名封，武王之弟。初封于康（今河南禹州），所以叫康叔。周公攻灭武庚，把殷民和商旧都地区封给康叔，国号卫，成王任命康叔为周的司寇。

《尚书·周书·康诰》，是周公分封他时告诫他的文告。《酒诰》是周公命令康叔在卫国宣布禁酒的诰词。周公平定武庚叛乱，把幼弟康叔封为卫君，统治殷民。卫国地处黄河、淇水间，是殷商旧地。商末以殷纣王为首的部分人有酗酒的恶习。周公汲取殷商灭亡的历史教训，怕酗酒恶习蔓延，酿成大乱，于是命令康叔在卫国宣布戒酒令，严禁官员酗酒。把戒酒的重要性、禁止官员饮酒的条例详告康叔。史官记录周公诰词，写成《酒诰》。《酒诰》反映了周公改造社会恶习的思想，值得重视。比较《酒诰》原文和现代解释，可以体会韩愈所说的《尚书》“佶屈聱牙”：

王若曰："明大命于妹邦。乃穆考文王，肇国在西土。厥诰毖庶邦庶士越少正御事朝夕曰：'祀兹酒。'惟天降命，肇我民，惟元祀。天降威，我民用大乱丧德，亦罔非酒惟行。越小大邦用丧，亦罔非酒惟辜。文王诰教小子有正有事，无彝酒。越庶国，饮惟祀，德将无醉。惟曰我民迪小子，惟土物爱，厥心臧。聪听祖考之彝训，越小大德！""小子惟一。妹土，嗣尔股肱，纯其艺黍稷，奔走事厥考厥长。肇牵车牛，远服贾用，孝养厥父母。厥父母庆，自洗腆，致用酒。庶士有正越庶伯君子，其尔典听朕教！尔大克羞耇惟君，尔乃饮食醉饱。丕惟曰尔克永观省，作稽中德，尔尚克羞馈祀。尔乃自介用逸，兹乃允惟王正事之臣。兹亦惟天若元德，永不忘在王家。"

王曰："封！我西土棐徂邦君御事小子，尚克用文王教，不腆于酒，故我至于今，克受殷之命。"

王曰："封！我闻惟曰：在昔殷先哲王迪畏天显小民，经德秉哲。自成汤咸至于帝乙，成王畏相惟御事，厥棐有恭，不敢自暇自逸，矧曰其敢崇饮？越在外服，侯甸男卫邦伯；越在内服，百僚庶尹，惟亚惟服，宗工越百姓里居，罔敢湎于酒。不惟不敢，亦不暇，惟助成王德显越，尹人祗辟。"

“我闻亦惟曰：在今后嗣王，酣，身厥命，罔显于民祇，保越怨不易。诞惟厥纵，淫泆于非彝，用燕丧威仪，民罔不衋伤心。惟荒腆于酒，不惟自息乃逸。厥心疾很，不克畏死。辜在商邑，越殷国灭无罹。弗惟德馨香祀，登闻于天。诞惟民怨，庶群自酒，腥闻在上。故天降丧于殷，罔爱于殷，惟逸。天非虐，惟民自速辜。”

王曰：“封！予不惟若兹多诰。古人有言曰：‘人无于水监，当于民监。’今惟殷坠厥命，我其可不大监抚于时！”“予惟曰汝劼毖殷献臣，侯甸男卫，矧太史友、内史友、越献臣百宗工，矧惟尔事、服休服采，矧惟若畴，圻父薄违、农父若保、宏父定辟：‘矧汝刚制于酒！’”“厥或诰曰：‘群饮。’汝勿佚，尽执拘以归于周，予其杀。又惟殷之迪诸臣惟工，乃湎于酒，勿庸杀之，姑惟教之。有斯明享，乃不用我教辞，惟我一人弗恤弗蠲，乃事时同于杀。”王曰：“封！汝典听朕毖，勿辩乃司民湎于酒！”

意即，摄政周公用成王的口吻说：“要在卫国宣布一项重大教命。当初，穆考文王在西方创立国家。他早晚告诫各国诸侯、各位卿士和各级官员说：‘祭祀时，才饮酒。’上帝降下教令，劝勉我们臣民，只在大祭时才饮酒。

上帝降下惩罚，我们臣民平常大乱失德，也都是因为酗酒造成。大小诸侯国灭亡，也都是因为酗酒造成的罪过。

文王还告诫在王朝担任大小官职的子孙，不要经常饮酒。告诫在诸侯国任职的子孙，只有在祭祀时才可以饮酒，并要用道德约束，不要喝醉。文王告诫臣民，要教导子孙爱惜粮食，心地善良。我们要听清前辈的常训，发扬大大小小的美德，殷民要专心一意，开辟卫国土地。用尽手足力量，专心种植黍稷，勤勉侍奉父兄。农事完毕，勉力牵牛赶车，外出从事贸易，孝顺赡养父母。父母高兴，自己置备丰盛膳食，才可以饮酒。

各级官员们，你们要经常听从我的教导，你们都能进献酒食给老人和君主，你们就能喝醉吃饱。我想你们能够长久地观察自己，使自己的言行符合中正的美德，你们还能够参加国君举行的祭祀。你们如果自己限制行乐饮酒，这样就能长期成为王家的治事官员，这些是上帝所赞赏的大德，将永远不会被王家忘记。”

王说：“封啊，我们西土辅导帮助诸侯官员，常能遵从文王教导，不多饮酒，所以我们到今天，能够接受重大使命。”

王说：“封啊，我听到有人说：过去殷的先人明王畏惧天命和百姓，施行德政，保持恭敬。从成汤延续到帝乙，明君贤相都考虑着治理国事，他们颁布政令很认真，不敢自己安闲逸乐，何况敢聚众饮酒呢？在外地的侯、甸、男、卫的诸侯，在朝中的各级官员、宗室贵族以及退住在家的官员，没有人敢酣乐在酒中。不但不敢，他们也没有闲暇，他们只想助成王德，使它显扬，助长官重视法令。”

我还听到有人说：“近世的商纣王好酒，以为有命在天，不明白臣民的痛苦，安于怨恨而不改。他大作淫乱，游乐在违反常法的活动之中，因宴乐而丧失了威仪，臣民没有不悲痛伤心的。商纣王只想放纵于酒，不想自己制止其淫乐。他心地狠恶，不能以死来畏惧他。他作恶在商都，对于殷国的灭亡没有忧虑过。没有明德芳香的祭祀升闻于上天；只有老百姓的怨气、只有群臣私自饮酒的腥气升闻于上。所以，上帝对殷邦降下了灾祸，不喜欢殷国，就是淫乐的缘故。上帝并不暴虐，是殷民自己招来了罪罚。”

王说：“封啊，我不想多说了。古人有话说：‘人不要只从水中察看，应当从民情上察看。’现在殷商已丧失了他的福命，我们难道可以不大大地省察这个事实！以吸取周公告诉康叔饮酒的历史教训。我想告诉你，你要慎重告诫殷国的贤臣，侯、甸、男、卫的诸侯，朝中记事记言的史官，贤良的大臣和许多尊贵的官员，还有你的治事官员，管理游宴休息和祭祀的近臣，你的三卿，讨伐叛乱的圻父，顺保百姓的农父，制定法度的宏父：‘你们要强行断绝饮酒！’假若有人检举说：‘有人群聚饮酒！’你不要放纵他们，要全部逮捕起来，送到京城，我要杀掉他们。殷商的辅臣百官酣乐在酒中，不用杀，暂且先教育。有这样明确的劝诫，如果还有人不遵从教令，我不怜惜，不赦免，处治他们，跟对待群聚饮酒者一样，要杀。”

王说：“封啊！你要经常听从我的告诫，不要使你的官员沉湎于酒！”以上是周公教导康叔强制官员戒酒。周初严禁群饮，违者杀。《周礼·地官》说：“司暴掌宪市之禁令，禁其属游饮食于市者。若不可禁，则搏而戮之。”

韩愈所谓“殷盘”，指《尚书·商书·盘庚》，内容记殷王盘庚迁都于殷，对臣民发布的号令讲话，篇幅较长。《尚书·多士》说：“唯殷先人，有册有典。”甲骨文长者仅百字以上，而《尚书·盘庚》有千余字。上、中两篇各五六百字，下篇三百字。周初人根据殷商档案文献整理而成的殷商资料是研究商代政治、经济、文化的宝贵文献。

自盘庚迁殷，到纣亡，经历八代十二王，二百多年。盘庚，商汤第九代孙，祖丁儿子，继承哥哥阳甲王位。为避免水患，复兴殷商，盘庚率众，把国都从奄（今山东曲阜）迁到殷（今河南安阳西北），但遭到反对。盘庚告谕臣民，极言迁都的好处，不迁的害处。史官追记盘庚诰词，写成《盘庚》。

盘庚迁殷，“行汤之政”，政治稳定、社会经济文化发展，使衰落的商朝出现复兴的局面。以后的两百多年没再迁都，殷成为全国政治、经济和文化发展的中心，所以商朝又称殷商、殷朝。

伏生口传的《盘庚》作一篇。古文《尚书》，把《盘庚》分为上、中、下三篇。中篇有“今予将试以女迁”，记迁都前。上篇有“盘庚迁于殷”，记迁都后。下篇有“盘庚既迁”，记迁都定居后。但按照逻辑顺序，应将原来的篇目顺序做一下调整，即原来的中篇应为上篇，下篇应为中篇，上篇应为下篇，这样才符合“未迁—始迁—迁后”的顺序。以下按《盘庚》中、下、上的时间顺序，比较《尚书》原文和现代解释，再来感受韩愈所说的《尚书》“佶屈聱牙”：

【《盘庚》中（上）】盘庚作，惟涉河以民迁。乃话民之弗率，诞告用亶。其有众咸造，勿亵在王庭。盘庚乃登进厥民曰：“明听朕言，无荒失朕命！呜呼！古我前后，罔不惟民之承保，后胥戚鲜，以不浮于天时。殷降大虐，先王不怀厥攸作，视民利用迁。汝曷弗念我古后之闻？承汝俾汝，惟喜康共，非汝有咎比于罚。予若吁怀兹新邑，亦惟汝故，以丕从厥志。

今予将试以汝迁，安定厥邦。汝不忧朕心之攸困，乃咸大不宣乃心，钦念以忱动予一人。尔惟自鞠自苦，若乘舟，汝弗济，臭厥载。尔忱不属，惟胥以沈。不其或稽，自怒曷瘳？汝不谋长，以思乃灾，汝诞劝忧。今其有今罔后，汝何生在上？

今予命汝，一无起秽，以自臭，恐人倚乃身，迂乃心。予迓续乃命于天，予岂汝威，用奉畜汝众。予念我先神后之劳尔先。予丕克羞尔，用怀尔。然失于政，陈于兹，高后丕乃崇降罪疾，曰：‘曷虐朕民？’汝万民乃不生生，暨予一人猷同心，先后丕降与汝罪疾，曰：‘曷不暨朕幼孙有比？’故有爽德，自上其罚汝，汝罔能迪。

古我先后既劳乃祖乃父，汝共作我畜民。汝有戕则在乃心。我先后绥乃祖乃父，乃祖乃父乃断弃汝，不救乃死。兹予有乱政同位，具乃贝玉。乃祖乃父丕乃告我高后曰：‘作丕刑于朕孙！’迪高后丕乃崇降弗祥。

呜呼！今予告汝：不易！永敬大恤，无胥绝远！汝分猷念以相从，各设中于乃心。乃有不吉不迪，颠越不恭，暂遇奸宄，我乃劓殄灭之，无遗育，无俾易种于兹新邑！往哉生生！今予将试以汝迁，永建乃家！”

意即，盘庚即位，谋划渡过黄河，带领臣民迁移。于是集合不愿跟随迁移的民众，用诚恳态度尽力劝告。有许多民众惴惴不安，站在王庭。盘庚招呼他们靠前说：“你们听明白我说的话，不要轻视我的命令！从前我们先王，没有谁不想顺承和安定人民。君王清楚，大臣明白，因此没有被上天惩罚遭灾。从前上天痛降大灾，先王不安居于自己所造作的都邑，考虑民众利益而迁都。你们为什么不思念我们先王的远见卓识？我顺从你们喜欢安乐和稳定的心愿，并不是你们有过错，而是我在惩罚你们。我呼吁你们安居在新都，也是为了你们的缘故，从根本上满足你们希望安乐的心愿。（以上盘庚指出，迁都是继承先王遗志，考虑民众利益。）

现在我打算率领你们迁都，使国家安定。你们不体谅我内心的困苦，你们的心竟然都很不和顺，很想用错误的话动摇我。你们自取困窘，自寻苦恼。就像坐船，你们不摆渡过去，将坐等朽败。你们诚心不合作，那就只有一起沉沦。不能协同一致，只是自己怨怒，有什么好处？你们不做长远打算，不想避免灾害，你们普遍安于忧患。这样下去，将会只有今天，而没有明天，你们怎能生活在这土地上？现在我命令你们同心同德，不要传播谣言，败坏自己，恐怕有人会使你们身子不正，心地歪邪。我向上天劝说，延续你们的生命，我哪里是威胁你们，我是要帮助养育你们众人。（以上盘庚指出，迁徙是为了安定国家，拯救民众。）

我想到我们神圣的先王，曾经劳烦你们的祖先，我将好好的供养你们，时刻记挂你们。然而政事失误，长久住在这里，先王就会重重地降罪责问：‘为什么虐待我的民众？’你们如果不自行谋生，不和我同心同德，先王也会对你们降下罪责：‘为什么不同我的幼孙亲近友好？’因此，有了过错，上天就会惩罚你们，你们不能逃脱。

从前我们先王，已经劳烦过你们的祖先父辈，你们都作为被我所养育的民众，你们内心却又怀着贼害恶念！我们的先王将会告诉你们的祖先父辈，你们祖先父辈就会断然抛弃你们，不会顾及你们的死活。现在我的同僚搅乱政事，聚敛钱财。你们祖先父辈就会告诉我们先王说：‘对我们的子孙动用大刑！’于是先王就会重降刑罚。（以上盘庚指出，离心失德，就会遭先祖惩罚。）

啊！现在我告诉你们：迁都的计划不会改变！要永远重视大的忧患，不要互相疏远！你们应当考虑相互依从，各人心里想着和衷共济。假如有人行为不善，不走正道，违法不规，欺诈奸邪，胡作非为，我就要消灭他们，不让他们留有后代，不让他们的家族在这新国都里延续。去吧，去谋生吧！现在我将率领你们迁都，在新国都上建设你们永久的家园！”

本篇首尾两次说“今予将试以汝迁”这句话，口气较为和缓，劝导胜于威压。

【《盘庚》下（中）】盘庚既迁，奠厥攸居，乃正厥位，绥爰有众，曰：“无戏怠，懋建大命！今予其敷心腹肾肠，历告尔百姓于朕志。罔罪尔众，尔无共怒，协比谗言予一人。

古我先王将多于前功，适于山。用降我凶，德嘉绩于朕邦。今我民用荡析离居，罔有定极，尔谓朕‘曷震动万民以迁？’肆上帝将复我高祖之德，乱越我家。朕及笃敬，恭承民命，用永地于新邑。肆予冲人，非废厥谋，吊由灵各。非敢违卜，用宏兹贲。

呜呼！邦伯师长百执事之人，尚皆隐哉！予其懋简相尔念敬我众。朕不肩好货，敢恭生生。鞠人谋人之保居，叙钦。今我既羞告尔于朕志若否，罔有弗钦！无总于货宝，生生自庸。式敷民德，永肩一心！”

意即，盘庚把国都迁殷，确定居所，设定社稷宗庙大位，盘庚安抚随迁民众说：“大家不可游戏怠慢，要勉力重建家园！今天我开诚布公，推心置腹，向大家倾诉衷肠，说心里话，把我的心意遍告天下百姓。我不追罪你们民众，你们不要相承恼恨，绝不许结党营私，勾结一气，毁谤我。

从前我们先帝建立超越前辈的功勋，依山建国，因应自然，减少灾害影响，创佳绩，施德政于国。今天，我效法先帝，把你们迁徙到这里，免得你们妻离子散，流离失所，国家免遭没有稳定基础的窘境。你们说：‘何必这样兴师动众迁都？’我如今秉承天命，复兴先帝成汤的德政，治理我们商朝的国家。我急于忠厚笃敬，恭敬地承受民命，在新的都城建立永久的国家。因此我这个年轻人不能无视各位的良谋。迁都的善事，必须听由灵验的专职占卜家判断，借以传达上帝的命令。我不敢违背占卜的结果，要大力弘扬灵龟占卜的吉兆。

啊！邦国之长、诸侯、公卿大臣，各位负责具体事务的官员们，希望大家仔细思量各自的职责！我努力考察你们，心存念敬，爱我民众。我不任用喜好财货的官员，胆敢举用关注民生的官员。敬重养护人民、谋求民众安居的官员。现在我已经把我赞成和反对的意向告诉你们，你们不可掉以轻心！不要聚敛货宝，要关注民生，永远一心一意，为民普施恩德！”

【《盘庚》上（下）】盘庚五迁，将治宅殷，民咨胥怨。作《盘庚》三篇。盘庚迁于殷，民不适有居，率吁众戚出，矢言。曰：“我王来，既爰宅于兹，重我民，无尽刘。不能胥匡以生，卜稽，曰其如台？先王有服，恪谨天命，兹犹不常宁。不常厥邑，于今五邦。今不承于古，罔知天之断命，矧曰其克从先王之烈？若颠木之有由蘖，天其永我命于兹新邑，绍复先王之大业，底绥四方。”盘庚斆于民，由乃在位，以常旧服、正法度。曰：“无或敢伏小人之攸箴！”

王命众，悉至于庭。王若曰：“格汝众，予告汝训汝，猷黜乃心，无傲从康。古我先王，亦惟图任旧人共政。王播告之修，不匿厥指。王用丕钦。罔有逸言，民用丕变。今汝聒聒，起信险肤，予弗知乃所讼。非予自荒兹德，惟汝含德，不惕予一人。

予若观火，予亦拙谋作，乃逸。若网在纲，有条而不紊。若农服田，力穑乃亦有秋。汝克黜乃心，施实德于民，至于婚友，丕乃敢大言汝有积德。乃不畏戎毒于远迩，惰农自安，不昏作劳，不服田亩，越其罔有黍稷。汝不和吉言于百姓，惟汝自生毒，乃败祸奸宄，以自灾于厥身。乃既先恶于民，乃奉其恫，汝悔身何及！相时憸民，犹胥顾于箴言，其发有逸口，矧予制乃短长之命！汝曷弗告朕，而胥动以浮言，恐沈于众？若火之燎于原，不可向迩，其犹可扑灭？则惟汝众自作弗靖，非予有咎。

迟任有言曰：'人惟求旧，器非求旧，惟新。'古我先王暨乃祖乃父胥及逸勤，予敢动用非罚？世选尔劳，予不掩尔善。兹予大享于先王，尔祖其从与享之。作福作灾，予亦不敢动用非德。

予告汝于难，若射之有志。汝无侮老成人，无弱孤有幼。各长于厥居，勉出乃力，听予一人之作猷。无有远迩，用罪伐厥死，用德彰厥善。邦之臧，惟汝众。邦之不臧，惟予一人有佚罚。凡尔众，其惟致告：自今至于后日，各恭尔事，齐乃位，度乃口。罚及尔身，弗可悔！"

意即，盘庚第五次迁都，将要在殷建都城，人们都埋怨盘庚。后人作《盘庚》三篇。盘庚把都城迁到殷邑。民众不适应住在这里。因此，盘庚呼吁一些亲近的贵戚大臣，请他们直抒己见。贵戚大臣说："我们的君王迁来，居住在这里，是看重我们臣民，使我们不致都受到伤害。如果我们不能相互救助，只能稽考占卜，将会怎么样呢？先王有事，都恭敬谨慎地遵从天命。这样尚且不能长久安宁。不能长久住在一个地方，到现在已经迁徙了五个国都了！如果现在不继承先王恪谨天命的传统，就不知道上天所断定的命运，更何况说能继承先王的事业呢？好像倒伏的枯树又长出新枝，被砍伐的树桩又发出新芽一样，上天将使我们的国运在这个新国都延续下去，继续复兴先王的大业，安定天下。”盘庚教导百姓、亲近大臣们要恪守旧的制度，匡正法规和制度。他说：“不许有人用小人的见识规劝我！”盘庚命令大臣们都到朝堂里。说：“来吧！你们各位，我要告诉你们，教训你们，并打算去掉你们的私心，不要傲慢、放纵和追求安逸。从前我们的先王也只是打算任用长期在位的旧人，共同管理政事。先王发布政令，在位的旧人都不隐瞒布告的旨意。先王很敬重他们。旧人没有错误的言论，因此民风大变。现在你们拒绝别人的好意，而自以为是，又申述邪恶肤浅的言论，我不知道你们在争辩些什么。

并不是我自己废弃了任用旧人的美德，而是你们接受了我的好处，却不肯回报给我。我对你们的行为，像看火一样的清楚。我的谋略拙劣，则是过错。就好像把网系在纲绳上，才能有条不紊。就好像农民从事田间劳动，只有努力耕种，才有望有好收成。你们如果能去掉私心，把实实在在的好处给予百姓以及亲戚朋友，才敢大言不惭地说你们有积德。如果你们不怕将来或眼前会有大灾害，像懒惰的农民一样去寻求安逸，不努力劳作，不从事田间劳动，就会没有农作物收获。

你们不向百姓宣布吉祥的言论，是自己给自己制造毒害，即将发生内患外祸，是自己害自己。你们先对百姓做坏事，就要承受作恶带来的痛苦，你们自己后悔又怎么来得及？看看这些小人吧，他们尚且顾及规劝的话，顾及避免错误言论出自你们的口中，何况我掌握着你们的命运呢？你们为什么不亲口告诉我，却用些无稽之谈相互鼓动、恐吓煽动民众呢？好像大火燎原一样，不能接近，还能够扑灭吗？这都是你们众人自己做得不好，不是我有过错。（以上是盘庚责备在位官员，不守旧制，傲慢，贪图安逸，谣言惑众。）

迟任说过：‘用人要寻求老臣，器物不要寻求旧的，要用新的。’过去我们的先王同你们的祖辈父辈共同勤劳，共享安乐，我怎么敢对你们施行不恰当的刑罚呢？世世代代都会说到你们的功劳，我不会掩盖你们的好处。现在我要祭祀我们的先王，你们的祖先也将跟着享受祭祀。虽然我能给你们赐福或降灾，我也不敢动用不恰当的赏赐或惩罚。

我把困难的事情告诉你们，要像射箭要有箭靶一样，你们不能偏离我。你们不要轻视成年人，也不要看不起年幼的人。你们各人要长期住在这里，努力使出你们的力量，听从我的谋划。不管将来还是现在，我用刑罚惩处那些作恶的，用赏赐表彰那些好的。国家治理得好，是你们众人的功劳。国家治理得不好，是我的罪错。你们众人，要思考我告诫的话。从今以后，各人恭敬地做好你们的事情，迅速布置你们的工作，闭上你们的嘴，不许乱说。否则，惩罚到你们身上，可不要后悔！”（以上是盘庚对在位的大臣，申明赏罚。）

就语言艺术、写作技巧和修辞特征而言，《盘庚》运用了引证和譬喻。《盘庚》说：“迟任有言曰：‘人惟求旧，器非求旧，惟新。’”即古代史官迟任说过：“人要寻求旧的，器物不要寻求旧的，要新。”这是引证古代权威，论证当前做法的合理性。

《盘庚》说：“予若观火。”宋蔡沈《集传》解释说：“我视汝情，明若观火。”这是成语“明若观火”的出典。《盘庚》又说：“若网在纲，有条而不紊。”即好像把网结在纲上，才能有条不紊。这是成语“有条不紊”的出典。“若火之燎于原，不可向迩。”即好像大火燎原，不能面向接近，比喻煽动群众的“浮言”。这是成语“星火燎原”的出典。“若射之有志”，即射箭要有箭靶。这是成语“有的放矢”的出典。这些由譬喻转化的成语，至今仍广泛流传，显示其生命的活力。

（二）文献汇编上古史

《尚书》，即上古之书，记载上古历史的书。“尚”、“上”通用。“尚”又有崇尚、尊重的意思。“书”是史。上古，史是记事的官，书是史官所记的史。上古有文字以来，国家雏形具备，为记载君王的言行和历史事件，史官分门别类地记录。

《汉书·艺文志》说：“古之王者，世有史官。君举必书，所以慎言行，昭法式也。左史记言，右史记事。事为《春秋》，言为《尚书》。”君主的言语与做事分别由专人记录。实际上，《尚书》记言，也记事，言事并存。

王充《论衡·正说》：“尚书者，以为上古帝王之书，或以为上所为，下所书。”陆德明《尚书序音义》：“济南伏生，年过九十，失其本经，口以传授，裁二十余篇，以其上古之书，谓之尚书。”孔颖达《尚书序疏》：“尚者，上也，言此上代以来之书，故曰尚书。”

殷商已建立保存文字档案的制度。《尚书·多士》记周公姬旦向殷遗民训话说：“惟殷先人，有典有册。殷革夏命。”即你们商朝典册记载，你们夺取夏的政权上台。现在我们打败你们，夺取政权，有先例可循，你们不要怨恨！周武王灭商，商遗民不服，周公托王命训诫，可知商周有史官记录、档案保存。

“惟殷先人，有典有册”，就是殷商已有历史档案文献保存。周代设专职史官，任务是记载本朝历史文献，并整理前代遗留档案。记载国家号令、誓词、谈话纪要、专题事件，作为档案文献保存。《尚书》就是这些档案文献的汇编。

三、疏通知远是书教

孔子整理并用作教学的《诗》、《书》、《礼》、《易》、《春秋》，保存中国历史资料，具有治理教化，即有治国安民、文化教育的功能。一般称为“六艺”或“五经”，是春秋战国至清代中国传统教育的基本内容和教材。

（一）疏通知远看历史

关于《书》的治理教化功能，《礼记·经解》引孔子说：“入其国，其教可知也。”“疏通知远，《书》教也。”“《书》之失，诬。”“疏通知远而不诬，则深于《书》者也。”汉郑玄《礼记》注说：“《经解》者，以其记六艺政教得失。”这在刘向《别录》的著作分类中属于“通论”，即总论的性质。

知古鉴今，前车之鉴。对《尚书》教化作用“疏通知远”的解释。郑玄解释说：“观其风俗，则知其所以教。”唐孔颖达《礼记》疏说：“‘疏通知远，《书》教也’者，《书》录帝王言诰，举其大纲，事非繁密，是疏通上知帝皇之世，是知远也。”

综合《礼记·经解》假托孔子的说法，包括后世郑玄、孔颖达等儒学大师的解释发挥，概括要义是：观察民间风俗，可知教化的效果。“疏通知远”，“广知久远”，借助《尚书》经典的媒介传播作用，让人民知晓远古帝王贤臣的政治史实，体现《尚书》的教化作用。

“疏通”即沟通。孔颖达疏：“《书》录帝王言诰，举其大纲，事非繁密，是疏通上知帝皇之世，是知远也。”意指“《书》录帝王言诰，举其大纲”，疏通古今，使后世能“疏通上知帝皇之世”，达到“知远”的历史教育效果。这里语有双关，因“《书》录帝王言诰，举其大纲，事非繁密”，不是展开论述的历史教科书，只能使后世略知远古，有疏而不密、粗而不精的弊端。

兴利除弊，扶正破邪，需要可否相济，节制合宜。对“《书》之失诬”，“疏通知远而不诬，则深于《书》者也”的解释，郑玄《礼记》注说：“‘失’，谓不能节其教者也。”“《书》知远，近诬。”“言‘深’者，既能以教，又防其失。”

孔颖达《礼记》疏说：“‘《书》之失，诬’者，《书》广知久远，若不节制，则失在于诬。”“此皆谓人君用之教下，不能可否相济，节制合宜，所以致失也。”《书》教的不足，导致夸张不实，言过其实。通达古先圣王政事，知晓远古帝王历史，不夸张不实，言过其实，是深知《书》教的意义。

作为《书》教功能的“疏通知远”，意味着正确发挥历史教育的作用，“以往知来”，“温故知新”，从历史经验引出现实教训，摆正未来发展方向。《周书·召诰》记周公说：“我不可不监于有夏，亦不可不监于有殷。”周代官方，十分注意吸取夏、商两代先盛后衰的历史经验教训，注意教育各级官员，实现国家的长治久安。

《战国策·赵策一》说：“前事之不忘，后事之师。”《史记·秦始皇本纪》引“野谚”说：“前事之不忘，后事之师也。”贾谊《新书·过秦论下》引“鄙谚”说“前事之不忘，后之师也。”《后汉书·光武十王列传》说：“前事之不忘，来事之师也。”成语有“前车之鉴”。《说苑·善说》说：“前车覆，后车戒。”《荀子·成相》说：

> 前车已覆，后未知更何觉时？
> 不觉悟，不知苦，迷惑失指易上下。
> 中不上达，蒙掩耳目塞门户。
> 门户塞，大迷惑，悖乱昏暮不终极。
> 是非反易，比周欺上，恶正直。
> 正直恶，心无度，邪枉辟回失道途！

《荀子·成相》，类似快板书，一边打竹板，击节拍，一边念唱词，诵韵文。《汉书·艺文志·诗赋略》统称之为《孙卿赋十篇》。《荀子·成相》在古代属于赋，是念诵的文体。为了便于念诵，词句押韵，句式凝炼，跟诗相近。《荀子·成相》的文辞形式，是后世说唱文学的开端，在中国文学史上有重要地位。《荀子·成相》以通俗形式回顾历史，是《书》教功能“疏通知远”的形象说明。

（二）六经六艺智慧源

“六经”之说，首见于《庄子》。《庄子·天运》说：“（孔）丘治《诗》、《书》、《礼》、《乐》、《易》、《春秋》六经。”《庄子·天下》说：“《诗》以道志，《书》以道事，《礼》以道行，《乐》以道和，《易》以道阴阳，《春秋》以道名分。其数散于天下，而设于中国者，百家之学时或称而道之。”百家之学，称道儒家经典。儒家经典，是诸子百家的共同渊源。

司马迁总论六艺的形成、流传和影响。《史记·伯夷列传》说：“夫学者载籍极博，犹考信于六艺。《诗》、《书》虽缺，然虞夏之文可知也。”《史记·封禅书》说：“其后百有余年，而孔子论述六艺。”《史记·孔子世家》说：“礼乐自此可得而述，以备王道，成六艺。”“孔子布衣，传十余世，学者宗之。自天子王侯，中国言六艺者折中于夫子，可谓至圣矣！”《史记·太史公自序》：“仲尼悼礼废乐崩，追修经术，以达王道，匡乱世反之于正，见其文辞，为天下制仪法，垂六艺之统纪于后世。”“夫儒者以六艺为法。六艺经传以千万数，累世不能通其学。”

六艺在秦代几遭毁灭。《史记·李斯列传》说：“斯知六艺之归，不务明政，以补主上之缺。”《史记·儒林列传》说：“及至秦之季世，焚《诗》、《书》，坑术士，六艺从此缺焉。”六艺在汉代逐渐复兴。《史记·平津侯主父列传》说：“孝宣承统，纂修洪业，亦讲论六艺。”《史记·司马相如列传》说：“游乎六艺之囿，骛乎仁义之涂，览观春秋之林。”

司马迁分别论述六艺的具体内容。《史记·滑稽列传》说：“孔子曰：六艺于治一也。《礼》以节人，《乐》以发和，《书》以道事（记载历史事件），《诗》以达意，《易》以神化，《春秋》以道义。”

《史记·太史公自序》：“《易》着天地阴阳四时五行，故长于变。《礼》经纪人伦，故长于行。《书》记先王之事，故长于政（记载历史事件，所以长于政治）。《诗》记山川溪谷草木牝牡雌雄，故长于风。《乐》乐所以立，故长于和。《春秋》辩是非，故长于治人。”

西汉扬雄治经，明训诂，通大义。校书天禄阁，以著述为事。尊儒宗孔，拟《论语》作《法言》说：“说天者莫辩乎《易》。说事（历史事件）者莫辩乎《书》。说体者莫辩乎《礼》。说志者莫辩乎《诗》。说礼者莫辩乎《春秋》。”

班固《汉书·艺文志·诸子略》列儒、道、阴阳、法、名、墨、纵横、杂、农、小说家，共“九流十家”。班固《汉书·艺文志》说：

> 凡诸子一百八十九家四千三百二十四篇。诸子十家，其可观者九家而已。皆起于王道既微，诸侯力征。时君世主，好恶殊方，是以九家之说蜂出并作，各引一端，崇其所善，以此驰说，取合诸侯。其言虽殊，譬犹水火，相灭亦相生也。仁之与义，敬之与和，相反而皆相成也。《易》曰：“天下同归而殊涂，一致而百虑。”今异家者各推所长，穷知究虑，以明其指。虽有蔽短，合其要归，亦六经之支与流裔。使其人遭明王圣主，得其所折中，皆股肱之材已。仲尼有言：“礼失而求诸野。”方今去圣久远，道术缺废，无所更索，彼九家者，不犹愈于野乎？若能修六艺之术，而观此九家之言，舍短取长，则可以通万方之略矣。

意即，诸子著作189家4324篇。诸子分类，共有十家，其中值得观赏的不过九家而已。都是起于王道政治已经衰微以后，诸侯以武力相征伐。当时的国君，喜好厌恶的不一样，所以九家的学术，就像蜜蜂轰然飞出，纷纷兴起。各自引申一个极端，推崇他们的好处，用这样的学说奔走游说，迎合诸侯。他们的言论虽然不一样，譬如水火，是互相消灭，也是互相生长的。就像仁与义，敬与和，虽然性质相反，却又是互相生成的。《易经》说："天下学问，途径不一，归趋相同，思虑繁杂，目标一致。"现在各家学者，各自推崇他们学说的长处，用尽智慧，费心思虑，阐明学说要旨。虽然各自有偏见短处，但综合主要归趋，他们都是六经的分支流别。假使让他们遇到圣明君王，能折中他们的主张，他们都可以成为辅佐的人才。孔子说过："礼仪散失，要到乡野寻找。"现在距离圣人时代很久远，道术残缺废弃，没有地方再去追求，他们九家的学术，不是胜过去乡野找来的吗？如果能修明六艺的学术，观察这九家的言论，舍弃短处，取其所长，就可以通达治理国家的全部方略。

从班固的说法，可知诸子百家，原从儒家六经分出，是六经的不同分支流别，待其各自充分发展后，又可在新的基础上从儒家六艺的观点出发，把诸子百家学说，综合为一个新的"万方之略"，即体现多样统一，囊括万有的更大思想体系。其所经由历史阶段的客观辩证路径，贯穿“肯定—否定，再到新的肯定，即否定之否定”，螺旋式上升的规律。反映为思维形态的脉络模式，是“综合—分析—综合”，即“合—分—合”，所谓合久必分，分久必合。

《尚书》是春秋战国时代，儒墨两家共同尊奉的典籍，传本不尽相同。孔子以《书》教弟子。《论语·为政》说：“《书》云：孝乎惟孝，友于兄弟，施于有政。”即孝呀，只有孝顺父母，友爱兄弟，把这种风气影响到政治上去。这是《尚书》逸文。

《论语·述而》说：“子所雅言，《诗》、《书》、执礼，皆雅言也。”《论语·宪问》说：子张曰：“《书》云：‘高宗谅阴，三年不言。’何谓也？”子曰：“何必高宗？古之人皆然。君薨，百官总已，以听于冢宰三年。”

《墨子·非命中》说：“在于商夏之《诗》、《书》曰：命者暴王作之。”《公孟》两次说：“孔子博于《诗》、《书》。”墨子言谈常引《书》中的篇目字句，引《夏书》5 次，《周书》4 次，《商书》4 次，《殷书》1 次。

《尚书》传为孔子编订。孔子是儒家学派创始人，《尚书》体现儒家思想的精髓。儒家思想，以仁为核心，以礼为手段。主张为政以德，反对苛政滥刑，做人要注重仁德。《尚书·尧典》开宗明义，叙述尧的政绩，渗透孔子仁政、王道和德治的思想。这是儒家编订《尚书》

的结果、影响。原文说：

> 曰若稽古：帝尧曰放勋。钦明文思安安。允恭克让。光被四表，格于上下。克明俊德，以亲九族，九族既睦。平章百姓，百姓昭明。协和万邦，黎民于变时雍。

意即，考察古代传说，帝尧叫放勋。他敬事节用，照临四方，经天纬地，思虑通敏，安定柔和，恭谨礼让，光照四方，达至天地，彰显德才，和睦亲族，明察百官，和谐诸侯，万民和善。

《尚书·尧典》结篇，叙述尧舜禅让的史实，体现孔子“礼让孝悌”的思想。原文说：

> 帝曰：“咨！四岳。朕在位七十载，汝能庸命，巽朕位？”岳曰：“否德忝帝位。”曰：“明明扬侧陋。”师锡帝曰：“有鳏在下，曰虞舜。”帝曰：“俞，予闻，如何？”岳曰：“瞽子。父顽，母嚚，象傲。克谐，以孝烝烝，乂不格奸。”帝曰：“我其试哉！女于时，观厥刑于二女。”厘降二女于妫汭嫔于虞。帝曰：“钦哉！”
>
> 慎徽五典，五典克从。纳于百揆，百揆时叙。

宾于四门，四门穆穆。纳于大麓，烈风雷雨弗迷。帝曰："格！汝舜。询事考言，乃言砥可绩。三载，汝陟帝位。"舜让于德，弗嗣。正月上日，受终于文祖。

意即，尧帝说："四方部落首领，我在位七十年，你们谁能顺应天命，取代我的帝位？"四方部落首领说："我们德行鄙陋，不配取代帝位。"尧帝说："你们可以明察贵戚，推举地位卑微的贤良。"众人提议说："民间有个处境困苦的人，叫虞舜。"尧帝说："是的，我听说过，这人怎么样？"四方部落首领回答说："他是乐官瞽瞍的儿子。父亲顽劣，后母嚣张，弟象傲慢。舜能同他们和谐相处，以孝行美德感化他们，不流于邪恶。"尧帝说："让我试试吧！我把两个女儿嫁给舜，从他对我两个女儿运用法度的情况，观察舜的德行。"于是命令两个女儿到妫水拐弯的地方，嫁给虞舜。尧帝说："严谨处事吧！"

舜谨慎地推行父义、母慈、兄友、弟恭、子孝五种美德，臣民顺从。管理百官，百官服从。他在明堂四门迎接来朝诸侯，诸侯仪容严整。他到深山老林经受风雨，狂风暴雨，电闪雷鸣，也不迷失方向。尧帝说："来吧，舜啊，谋划政事，考察言论，按你说的做，都绩效可观。经过三年考验，你登帝位。"舜希望把帝位让给更有德行之人，不愿就位。正月吉日，在尧的太庙，举行大典，舜继承帝位。

儒家忠孝相连。《论语·为政》载孔子说："孝慈则忠。"忠以孝为基础。《尚书》可见忠于人民的汤武革命。《易·革·彖辞》统论卦义说："汤武革命，顺乎天而应乎人。"商汤推翻夏桀，建立商王朝；武王推翻商纣，建立西周王朝。"革命"意即，天命变革。

在《尚书》中，可见商周初提倡德治的伊尹和周公二位贤臣。伊尹，是商汤的大臣，奴隶出身，商汤妻有莘氏女陪嫁的奴仆，庖人。汤举荐他治理国政，帮助汤攻灭夏桀，建立商王朝，并辅佐商汤以后的三位国王。

周公帮助周武王攻灭殷纣王，建立西周王朝，辅佐武王儿子成王，制礼作乐，建立典章制度，孔子崇拜周公，做梦也"梦见周公"。

《论语·述而》载孔子说："甚矣，吾衰也！久矣，吾不复梦见周公！"意即，我衰老得多么厉害呀！我已经好长时间没再梦见周公了！周公是孔子心目中的圣人，向往周公制定的礼乐典章制度。孔子感叹自己很久没有梦见周公，言外之意，当时礼乐典章制度已遭破坏，表达其政治理想是恢复西周盛世的典章制度。

四、中华一统留青史

（一）虞夏商周大一统

《尚书》保存了虞、夏、商、周的史料。虞、夏、商、周时期，开始形成中华大一统观念。“中华”、“华夏”、“中国”，是中华民族历经夏商周数千年沉淀积聚的概念，有丰富的族群、地理和文化内涵。古汉族自称“华夏”、“中国”。“华”，即光辉、光彩、文采、精华。“夏”，渊源于传说中的夏代，后指古代中原部族地区。

《荀子·儒效》说：“居夏曰夏。”“夏”即中国。《正韵》：“中国曰华夏。”《说文》：“华，荣也。”“夏，中国之人也。”清段玉裁注：“夏引申之义为大。”《书·舜典》唐孔颖达疏：“夏，训大也。中国有文章光华礼仪之大。”

中国称“中华”，略称“华”。“中”，即四方之中。“中华”，即文化发达的民族和地区，与中国、中原、中夏、中州、中土同义，也叫诸夏，即中华文化发达地区的各部分。《荀子·正名》说：“散名之加于万物者，则从诸夏之成俗曲期。”万物各种名称，其命名依据中华文化发达地区各部分人民的现成习俗和普遍认识。宋叶适《水心集》卷五说：“中原者，我之地。中华者，我之名。”

《尚书》有四个分部，即《虞书》、《夏书》、《商书》和《周书》。其中，《虞书》和《夏书》，是商周人据远古传说和部分相传于夏代资料编辑。《商书》是据商代流传文献和后人加工而成。《周书》是周代档案文献。在西周时期，这些文献已分别汇编流行。

（二）唐尧虞舜佳话传

《虞书》记唐尧、虞舜时代的历史。包括唐尧禅位给虞舜；虞舜和他的大臣禹、皋陶的谈话，以虞舜为中心，春秋战国时常被引用。唐，是远古部落陶唐氏，居住在平阳（今山西临汾），尧是其首领。

《虞书·尧典》记鲧治水九年不成的史实说：

> 帝曰："咨！四岳，汤汤洪水方割，荡荡怀山襄陵，浩浩滔天。下民其咨，有能俾乂？"佥曰："于！鲧哉！"帝曰："吁！咈哉，方命圮族。"岳曰："异哉！试可乃已。"帝曰："往，钦哉！"九载，绩用弗成。

意即，尧帝说："啊！四方诸侯之长，滔滔洪水普遍危害，水势奔腾漫上山岭，浩浩荡荡，弥漫接天。臣民百姓叹息忧愁，有谁能治理洪水？"人们都说："啊！鲧吧。"尧帝说："唉，他违背人意，违背教令，祸害族人。"四方诸侯之长说："可尝试用他。"尧帝说："去吧，鲧！可要谨慎啊！"过了九年，不见成效。

《虞书·大禹谟》记述舜对禹的夸奖、期待和嘱咐说：

帝曰："来，禹！降水儆予，成允成功，惟汝贤。克勤于邦，克俭于家，不自满假，惟汝贤。汝惟不矜，天下莫与汝争能。汝惟不伐，天下莫与汝争功。予懋乃德，嘉乃丕绩。天之历数在汝躬，汝终陟元后。人心惟危，道心惟微，惟精惟一，允执厥中。无稽之言勿听，弗询之谋勿庸。可爱非君？可畏非民？众非元后，何戴？后非众，罔与守邦？钦哉！慎乃有位，敬修其可愿，四海困穷，天禄永终。惟口出好兴戎。朕言不再。"

意即，舜帝说："来，禹！天降洪水来警告我们，而你信守承诺，治水成功，只有你贤能；能勤劳于国，能节俭于家，不自满，不夸大，只有你贤能；你不自夸才能，天下没有人与你争能；你不自夸有功，天下没有人与你争功。我赞美你的德行，褒奖你的大功。上天大命，落到你的身上，你终当升为大君。但人心危险，道心精微，你要精心专一，保持中道。无稽之谈不听，独断之谋不用。可爱的不是君主吗？可畏的不是人民吗？众人除非大君，他们拥戴什么？君主除非众人，谁跟他守国。要恭敬啊！慎重对待你的大位，敬行人民可愿的事。如果四海人民困穷，天福就将永远终止。口能说出好话，也能兴起战端。我的话不再多说了。”

《墨子·尚同中》引“先王之书”（即《尚书》）说：“唯口出好、兴戎。”则此言善用口者出好，不善用口者以为谗贼寇戎。则此岂口不善哉？用口则不善也，故遂以为谗贼寇戎。

《虞书·益稷》记禹自述治水的史实说：

> 帝曰：“来，禹！汝亦昌言！”禹拜曰：“都，帝！予何言？予思日孜孜。”皋陶曰：“吁！如何？”禹曰：“洪水滔天，浩浩怀山襄陵，下民昏垫。予乘四载，随山刊木。暨益奏庶鲜食。予决九川距四海，浚畎浍距川。暨稷播，奏庶艰食。鲜食，懋迁有无化居。烝民乃粒，万邦作乂。”皋陶曰：“俞！师汝昌言。”

意即，帝舜对禹说：“来！禹，请发表高见！”禹拜谢说：“啊！帝啊，我说什么呢？我只想每天孜孜不倦地工作。”皋陶说：“唉！您如何孜孜不倦地工作呢？”禹说：“洪水滔天，浩浩荡荡，包围山岗，淹没丘陵，百姓溺水，被浪吞没。我换乘四种运载工具，循行山岳，砍削树木。和益一起，送给百姓新宰的禽兽。我疏通九川，导入大海。疏通沟渠，导入大河。和稷一起，教民播种，生产粮食。粮食缺少，调余补缺，迁徙定居。众民有食，万国安居。”皋陶说：“好，这真是您的高见！”

虞，是远古部落有虞氏，居住在蒲阪（今山西永济西蒲州镇），舜是其首领。禹，即夏禹，大禹，姒姓，鲧之子，居住在阳城（今河南登封），后都阳翟（今河南禹州）。原为夏后氏部落首领。禹奉舜的命令，治理洪水，疏通江河，兴修沟渠，发展农业，治水十三年，三过家门而不入。

《孟子·滕文公上》说：“当尧之时，天下犹未平，洪水横流，泛滥于天下。草木畅茂，禽兽繁殖，五谷不登，禽兽逼人。兽蹄鸟迹之道交于中国。尧独忧之，举舜而敷治（总领治理）焉。舜使益掌火，益烈山泽而焚之，禽兽逃匿。禹疏九河，瀹济漯，而注诸海。决汝汉，排淮泗，而注之江，然后中国可得而食也。当是时也，禹八年于外，三过其门而不入。”

《史记·夏本纪》利用《尚书》的史料，叙述鲧禹父子治水，从失败到成功的史实说：

> 当帝尧之时，洪水滔天，浩浩怀山襄陵，下民其忧。尧求能治水者，群臣四岳皆曰鲧可。尧曰：“鲧为人负命毁族，不可。”四岳曰：“等之未有贤于鲧

者，愿帝试之。”于是尧听四岳，用鲧治水，九年而水不息，功用不成。于是帝尧乃求人，更得舜。舜登用，摄行天子之政，巡狩。行视鲧之治水无状，乃殛鲧于羽山以死。天下皆以舜之诛为是。于是舜举鲧子禹，而使续鲧之业。

尧崩，帝舜问四岳曰：“有能成美尧之事者使居官？”皆曰：“伯禹为司空，可成美尧之功。”舜曰：“嗟，然！”命禹：“女平水土，维是勉之。”禹拜稽首，让于契、后稷、皋陶。舜曰：“女其往视尔事矣！”禹为人敏给克勤。其德不违，其仁可亲，其言可信。声为律，身为度，称以出。亹亹穆穆，为纲为纪。

禹乃遂与益、后稷奉帝命，命诸侯百姓兴人徒以傅土，行山表木，定高山大川。禹伤先人父鲧功之不成受诛，乃劳身焦思，居外十三年，过家门不敢入。薄衣食，致孝于鬼神。卑宫室，致费于沟淢。陆行乘车，水行乘船，泥行乘橇，山行乘檋。左准绳，右规矩，载四时，以开九川，通九道，陂九泽，度九山。令益予众庶稻，可种卑湿。命后稷予众庶难得之食。食少，调有余相给，以均诸侯。禹乃行相地宜所有以贡，及山川之便利。

意即，当尧帝在位的时候，洪水滔天，浩浩荡荡，包围高山，漫上丘陵，民众为此忧虑。尧寻找能治理洪水的人，四岳群臣都说鲧可以。尧说："鲧这个人违背天命，毁败同族，不可用。"四岳都说："比较起来，众大臣还没有谁比他更强，希望您让他试试。"于是尧听从四岳建议，任用鲧治理洪水。九年过去，洪水仍泛滥，治水没取得成效。尧帝寻找继承帝位的人，找到舜。舜被举用，代行天子政务，巡视四方。舜看到鲧治水无功，把鲧诛杀在羽山。天下人认为舜诛杀鲧是正确的。舜举用鲧的儿子禹，继续鲧治水的事业。

尧逝世，舜帝问四岳说："有谁能光大尧帝的事业，让他任官职呢？"大家都说："伯禹当司空，可以光大尧帝的事业。"舜说："嗯，好！"然后命令禹："你平时治水土，要努力做好！"禹叩头拜谢，谦让给契、后稷、皋陶。舜说："你还是快去办理你的公事吧！"禹为人聪敏机智，吃苦耐劳，遵守道德，仁爱可亲，言语可信。他的声音是标准音律，身躯是标准尺度，凭声音和躯体，校正音律高低，尺度长短。勤勤恳恳，庄重严肃，是百官典范。

禹与益、后稷一起，尊奉舜帝命令到任，命令诸侯百官，发动百姓，分工治土。穿山越岭，立木为标，测定高山大川。禹感伤于父亲鲧因治水无功而受罚，就不顾劳累，苦苦思索，在外面生活十三年，几次从家门前路过，都没敢进去。节衣缩食，尽力孝敬鬼神。居室简陋，资财均用于治理河川。地行乘车，水行乘船，泥行乘橇，山行穿齿鞋。左手拿准绳，右手拿规矩，车载测定四时方位的仪器，开通九川，疏导九条河道，修治九个大湖，测量九座大山。让益给民众发稻种，可以种植在低洼潮湿的土地。让后稷赈济吃粮艰难的民众，粮食匮乏，调剂余粮给缺粮地区，均衡各诸侯国的粮食。禹走遍各地，考察各地适宜库存的物产，以便向天子纳贡，考察各地山川地形，弄清交通情况。

唐司马贞《史记索隐·述赞》说："尧遭鸿水，黎人阻饥。禹勤沟洫，手足胼胝。言乘四载，动履四时。"意即，尧遭洪水，民人困饥。禹通河川，劳顿身体。换乘车船，忙碌四季。大禹治水的业绩，在中华民族历史上，树起一座不朽的丰碑。十三年在外，三过家门而不入，这种舍己为公的奉献精神，传颂千古，垂范后世。

尧舜时，洪水泛滥，使得民不聊生，成为当时困扰中华民族生存发展的尖锐问题。夏禹记取鲧治水九年不成的教训，通过艰苦卓绝的努力，治水成功，在中国巍然树立了一个艰苦奋斗、奋发图强、积极有为、功绩卓著的英雄形象。

司马迁以虔敬的笔调，叙说夏禹的业绩。夏禹励精图治，在全国范围形成众河朝大海，万方朝天子的统一安定、欣欣向荣的大好局面，对中华民族的形成壮大，有不可磨灭的贡献。墨子创立墨家学派，以夏禹为最高样板。

夏是古老部落，由包括夏在内的十多个部落联合发展而来，与古代其他部落交错分布于中原。唐尧虞舜时，夏族首领禹因治水有功，取得帝位，传给其子启，建立我国历史上第一个奴隶制王朝。

《史记·夏本纪》利用《尚书》资料，叙述由夏禹到夏桀的兴衰史，展示由原始部落联盟，向奴隶制社会过渡时期的政治、经济、军事、文化和社会概貌，讴歌了远古部落首领和帝王夏禹的英雄形象和丰功伟绩。夏禹兴起，是由于治理洪水，拯民于难，勤勤恳恳，为民公仆，受人拥护，众望所归。

《尚书·虞书》插进舜论艺术功能，皋陶论“九德”，舜和皋陶关于元首股肱的歌词，反映古人对天子、诸侯和大臣行为规范的设想。《虞书·舜典》记舜论艺术功能说：

> 帝曰：“夔！命汝典乐，教胄子。直而温，宽而栗，刚而无虐，简而无傲。诗言志，歌咏言。声依咏，律和声。八音克谐，无相夺伦。神人以和。”夔曰：“于！予击石拊石，百兽率舞！”

意即，舜说："夔，任命你为典乐官，教导贵族子弟歌诗舞蹈，要耿直而又温和，宽宏而又严肃，刚毅而不粗暴，简朴而不傲慢。诗表达思想感情，歌咏唱表达思想感情的语言，声调依照咏唱的需要，音律和谐声调，金、石、丝、竹、匏、土、革、木各种乐器的演奏，互相和谐，秩序井然，不互相干扰，神人欢愉和乐。"夔说："啊！我有节奏地敲击石磬，扮演百兽的舞蹈队，跟随音乐，相继起舞！"

舜关于艺术功能的论点，被儒家视为诗教的经典言论，为历代官方所推崇。音乐、诗歌和舞蹈等艺术形式，是人类思想感情的表达。其最高标准是和谐美，足以陶冶情操，培育德性，促进人际和谐，感天动地，泣鬼神是重要的教育手段，也是文化艺术的盛宴。

舜说"直而温，宽而栗，刚而无虐，简而无傲"四条道德纲目，被皋陶继承、修改和扩展为九条道德纲目，即"九德"："宽而栗，柔而立，愿而恭，乱而敬，扰而毅，直而温，简而廉，刚而塞，强而义。"《虞书·皋陶谟》说：

> 皋陶曰："都！亦行有九德。亦言其人有德，乃言曰，载采采。"禹曰："何？"皋陶曰："宽而栗。柔而立。愿而恭。乱而敬。扰而毅。直而温。简

> 而廉，刚而塞，强而义。彰厥有常，吉哉！日宣三德，夙夜浚明有家。日严祗敬六德，亮采有邦。翕受敷施，九德咸事。俊乂在官，百僚师师，百工惟时。抚于五辰，庶绩其凝。无教逸欲，有邦兢兢业业。一日二日万几，无旷庶官。”

意即，皋陶说：“啊！检验行为，有九种道德规范。言说某人有某种德性，就要考察这种言说，举出很多事实，以为证明。”禹问道：“那是怎么样呢？”皋陶说：“宽宏而又严肃，柔和而又独立，诚实而又庄重，理乱而又敬业，灵和而又刚毅，耿直而又温和，简易而又廉正，刚正而又充实，强大而又仁义。彰明光大这些德行，持之以恒，美好吉祥啊！每天能践行三种德行，日夜恭敬努力，就能做公卿。每天严格遵守六种德行，就能辅佐帝王做诸侯。集合三德六德，普遍施行，符合九德的人都给予官职。才能杰出的人担当官职，百官学习仿效，百官惟善是从。顺从五行四季自然规律，众多事业绩效显著。不许安逸纵欲，诸侯兢兢业业。日理万机，处理公务。不要空设官位，委任冗官。”

舜四德和皋陶九德的元典表述，都是运用辩证法对立统一规律的思想，表现原则性和灵活性的对立统一，在对立面中寻求统一和谐，行为适度，恰到好处。舜四德和皋陶九德的纲目，是辩证法对立统一规律的应用，是中华民族传统伦理道德规范的精华。舜四德和皋陶九德比较，可见其相同、同中有异和相异三种情况，如表1所示。

表1 舜四德和皋陶九德比较

舜四德	直而温	宽而栗	刚而无虐	简而无傲					
翻译	耿直而又温和	宽宏而又严肃	刚毅而不粗暴	简朴而不傲慢					
皋陶九德	直而温	宽而栗	刚而塞	简而廉	乱而敬	扰而毅	柔而立	愿而恭	强而义
翻译	耿直而又温和	宽宏而又严肃	刚正而又充实	简易而又廉正	理乱而又敬业	灵和而又刚毅	柔和而又独立	诚实而又庄重	雄强而又仁义
评价	继承：相同		修改：同中有异		扩展：相异				

皋陶，是舜帝大臣，掌管刑法狱讼。谟，即谋。一次，帝舜和大臣讨论国家大计，由史官记录讨论的情况。以部分代全体，篇名《皋陶谟》。后段记录讨论后奏乐舞蹈的盛况，舜和皋陶吟诗唱和的欢乐情绪。该篇是我国最早最完整的政务会议记录，内容重要，很有文采，十分可贵。该篇说：

夔曰："戛击鸣球、搏拊琴瑟以咏。祖考来格，虞宾在位，群后德让。下管鼗鼓，合止柷敔，笙镛以间。鸟兽跄跄，《箫韶》九成，凤凰来仪。"夔曰："于！予击石拊石，百兽率舞，庶尹允偕。"帝庸作歌曰："敕天之命，惟时惟几。"乃歌曰："股肱喜哉，元首起哉，百工熙哉！"皋陶拜手稽首飏言曰："念哉！率作兴事，慎乃宪，钦哉！屡省乃成，钦哉！"乃赓载歌曰："元首明哉，股肱良哉，庶事康哉！"又歌曰："元首丛脞哉，股肱惰哉，万事堕哉！"帝拜曰："俞，往钦哉！"

意即，夔说："敲打玉磬，打起搏拊，弹起琴瑟，唱起歌吧！祖先亡父灵魂降临，前代帝王后裔舜帝宾客就位，各诸侯国君登临礼让。庙堂下吹起管乐，打着小鼓，敲柷作为演奏乐曲的开始，笙和大钟交替演奏，敲敔作为演奏乐曲的结束。扮演飞禽走兽舞队踏着节奏跳舞，韶乐变换演奏九曲，扮演凤凰舞队成双成对跳舞。"夔说："唉！我轻敲重击石磬，扮演百兽舞队都跳起舞来，各位长官随乐曲一同跳起来吧！"舜帝因此作歌："勤劳天命，就是这样。"于是唱道："大臣乐意，君王奋发，一切事情兴旺发达！"皋陶跪拜叩头说："念念不忘，统率你兴办的事业，谨慎地对待法度，要认真！经常考察你的成就，要认真！”于是接着歌唱：“元首英明，大臣贤良，万事康宁！”继续作歌：“君王琐碎，大臣懒惰，万事懈怠！”舜帝拜谢道：“对啊，让我们去认真做事吧！”以上记录了庙堂乐舞的盛况，以及君臣唱和，相互勉力的场面。

禹因为治水有功，被舜选为继承人。舜死后，禹任部落联盟大酋长，曾铸九鼎，他的儿子启建立夏朝。皋陶是东夷族首领，被舜任为管刑法的官，后被禹选为继承人，因早死，故未能继位。伯益，善畜牧狩猎，被舜任用，助禹治水有功。《墨子·尚贤下》说：“是故昔者尧有舜，舜有禹，禹有皋陶。”《墨子·所染》和《吕氏春秋·当染》都说：“禹染于皋陶、伯益。”禹受贤臣皋陶、伯益的熏染襄助。

（三）甘誓禹贡夏代史

《夏书·甘誓》是夏王启征伐有扈氏，在甘地作战的誓师词。启是禹的儿子，夏朝开国君主。启与有扈氏决战于甘地（今西安鄠邑）。《史记·夏本纪》说：“有扈氏不服，启伐之，大战于甘。将战，作《甘誓》。”《书序》说：“启与有扈战于甘之野，作《甘誓》。”《甘誓》说：

> 大战于甘，乃召六卿。王曰：“嗟！六事之人，予誓告汝：有扈氏威侮五行，怠弃三正，天用剿绝其命，今予惟恭行天之罚。左不攻于左，汝不恭命。

右不攻于右，汝不恭命。御非其马之正，汝不恭命。用命赏于祖，弗用命戮于社，予则孥戮汝！”

意即，在甘地大战，王于是召集六军将领前来。王说：“啊！六军全体将士们，我告诉你们，有扈氏蔑视仁义礼智信五种德行，背弃天地人三大正道，天因此断绝他的天命。现在我奉行天对他的惩罚。左弓手不用箭射死敌人，就是不奉行命令。右矛手不用戈矛刺死敌人，就是不奉行命令。御手如果没有把车驾驭好，就是不奉行命令。奉行命令，在先祖神位前可获得奖赏。不奉行命令，在土地神位前惩罚，并罚及亲属！”

《甘誓》开始是招呼军队将士听誓词，接着宣布敌方罪状，是“威侮五行，怠弃三正”，违背天道，背弃天德，而“天用剿绝其命”，现在我“恭行天之罚”。最后申明军纪，在祖先和社神前，用祖宗和社神的名义施行赏罚。这是把国家机器的功能和帝王个人的权威，披上宗教的外衣，假托天地祖宗神祇的权威，用天命鬼神观论证讨伐有扈氏战争和对内行赏罚的正义性和合理性。《甘誓》原文 87 字，作为征伐战争誓词的要素，业已齐全，具有战争动员的作用。《墨子·明鬼下》和《史记·夏本纪》曾引用其中文字，大同小异。

（四）汤善纣恶商代史

《商书·汤誓》记载商汤攻伐夏桀的誓师词说：

> 王曰："格尔众庶，悉听朕言，非台小子，敢行称乱！有夏多罪，天命殛之。今尔有众，汝曰：'我后不恤我众，舍我穑事而割正夏？'予惟闻汝众言，夏氏有罪，予畏上帝，不敢不正。今汝其曰：'夏罪其如台？'夏王率遏众力，率割夏邑。有众率怠弗协，曰：'时日曷丧？予及汝皆亡！'夏德若兹，今朕必往。尔尚辅予一人，致天之罚，予其大赉汝！尔无不信，朕不食言。尔不从誓言，予则孥戮汝，罔有攸赦。"

意即，王说："来吧，各位都来听我说。不是我小子敢于发动暴乱！是夏王犯了许多罪行，上天命令我诛杀他。现在，你们大家有的说：我们国君不体恤我们众人，舍弃我们种庄稼的事，为什么去征讨夏王？我听到你们说的话了。夏桀有罪，我敬畏上帝，不敢不征讨。现在你们要问：夏桀的罪行到底是什么？夏桀穷竭民力，宰割夏民。民众懈怠，离心离德，都说：这个太阳什么时候才能消失？我们宁可和你同归于尽！夏桀的德行败坏到这种程度，现在我一定要去讨伐他。你们只要辅佐我，接受上天对夏桀的惩罚，我将大大赏赐你们！你们不要不相信我，我决不会自食诺言。如果你们不听从我的誓言，我就把你们和你们的妻子儿女杀的杀，做奴隶的做奴隶，决不赦免一个！”

从《汤誓》可知，商汤军队的主力，是“舍我穑事”的平民，说明农业生产在当时已占重要地位。商汤设问：“我后不恤我众，舍我穑事而割正夏？”表现体恤民众，关心生产，出师目的是为惩罚“夏王率遏众力，率割夏邑”。夏民“有众率怠弗协”，同声咒骂夏桀“这个太阳何时完蛋”，“人民情愿跟夏桀同归于尽”。夏桀失德害民，人民对其痛恨至极，誓不两立。汤伐桀，等于解夏民于水火，解除夏民苦难。

孔传说：“众下相率为怠惰，不与上和合，比桀于日，曰：‘是日何时丧，我与汝俱亡！’欲杀身以丧桀。”《汤誓》144字，用“众”字6次，有“众庶”、“有众”、“我众”、“众力”等组词匹配，用意是争取夏商民众对其征伐战争的支持。誓词在一定程度上，承认人民群众的作用，表达重视人民群众的观点，是夏商人本、民本思想的萌发。

同时，商汤说“有夏多罪，天命殛（诛杀）之”，又说“夏氏有罪，予畏上帝，不敢不正”，伐桀是“致天之罚”，借助、假托天、天命和上帝的权威，以强化、壮大自己的权威，获得人民群众对其伐桀战争的支持。

《书序》说："伊尹相汤伐桀，升自陑（孔传：陑在河曲之南。孔颖达疏：盖今潼关左右。《太平寰宇记》说即雷首山，今山西永济南），遂与桀战于鸣条（今山西运城安邑镇北）之野。"汤在伊尹的辅佐下，越雷首山，自风陵渡（今山西芮城西南）登岸，跟夏桀在鸣条会战。汤选车七十乘，敢死队战士六千人，攻伐夏桀，夏桀战败逃走，汤灭夏，建商朝。

商朝原是黄河下游的一个古老部落。商的始祖契，曾佐禹治水，是禹主管文教的官员，传十四代到汤。夏桀居洛阳，暴虐无道，耗尽民力，劳民伤财，大修宫室，穷兵黩武。商汤攻灭夏桀，建立商朝。

商朝从商汤到殷纣王，共传17代，31王，从公元前17世纪，到公元前11世纪，历时五百多年。夏末，黄河下游的商部落，向黄河中上游发展，终于灭夏，取而代之。商族畜牧业发达，经常迁徙。从契到汤14代，曾8次迁都。

商族武力强盛。《诗经·商颂·长发》说："相土烈烈，海外有截。"契孙相土威名震，海外归服共一家。商族中心，由河南中部偏东黄河两岸，向四方伸展，势力达山东、湖北、河北。从盘庚迁殷（今河南安阳小屯村），到纣亡，共历八代十二王。殷墟出土有王宫遗址、墓地、作坊、大批有文字的龟甲兽骨。

武丁，是盘庚之弟小乙之子，盘庚之侄。年幼时，小乙让他到民间生活，知“稼穑之难”，兢兢业业，励精图治。武丁死，称高宗。《尚书·无逸》记周公赞高宗之治，告诫成王。

周公说：“呜呼！君子所，其无逸。先知稼穑之艰难，乃逸，则知小人之依。相小人，厥父母勤劳稼穑，厥子乃不知稼穑之艰难，乃逸乃谚。既诞，否则侮厥父母曰：‘昔之人无闻知。’”

周公说：“其在高宗，时旧劳于外，爰暨小人。作其即位，乃或亮阴，三年不言。其惟不言，言乃雍。不敢荒宁，嘉靖殷邦。至于小大，无时或怨。肆高宗之享国五十年有九年。其在祖甲，不义惟王，旧为小人。作其即位，爰知小人之依，能保惠于庶民，不敢侮鳏寡。肆祖甲之享国三十有三年。自时厥后立王，生则逸，不知稼穑之艰难，不闻小人之劳，惟耽乐之从。自时厥后，亦罔或克寿。或十年，或七八年，或五六年，或四三年。”

意即，周公说：“啊！做官的人，不要过于放纵自己的快乐。首先要知道农业生产的艰难，知道人民的痛苦。看那些平民，他们的父母很勤劳地干农活，而儿子们却不知道农业生产的艰难，于是过着舒适的生活，并变得俗野。时间长了，就看不起父母，并说：‘这些跟不上时代的老年人，真没有见识！’”

高宗长时间在外，跟民众一起劳动，生活在一起。到他执掌国家，要为先王服丧，三年不谈论政事，但一说起政事来就很好。他为政不敢怠慢，国家安定和睦。从民众到大臣，没有人怨恨他。高宗在位五十九年。祖甲时，他认为做帝王，是对他哥哥不义的行为，长期以平民身份生活。等到他执掌国家，知道民众的疾苦，能保护民众，对它们施加恩惠，不敢看不起鳏夫寡妇。祖甲在位33年。以后所立帝王，生下来就安逸，不知道农业生产的艰难，不关心民众的劳苦，只会放纵逸乐。从这以后，就没有长久在位的国君，有十年、七八年、五六年、三四年。

傅说，出身版筑奴隶，被武丁举为相，辅佐武丁中兴。武丁要重用傅说做宰相，自称梦见圣人，叫说，画出面貌，令百官到处寻找。最后在奴隶罪徒中找到。殷人信鬼，贵族不敢反对。傅说辅佐武丁，改善政治，促使商朝复兴。

《墨子·尚贤中》：“傅说被褐带索，庸筑乎傅岩，武丁得之，举以为三公，与接天下之政，治天下之民。”《尚贤下》：“是故昔者尧之举舜也，汤之举伊尹也，武丁之举傅说也，岂以为骨肉之亲，无故富贵，面目美好者哉？”

据《尚书》用词，在商王之下，地位最高，权势最大的有冢宰或师尹。稍次于冢宰而常置的高级官尹称为卿士，有司徒、司空、司寇、司马等，都是重要的政务官。他们各有僚佐，总称为“多尹”或“百僚”。在“多尹”以下，还有分掌各项具体事务的“多宰”、“小臣”，他们直接为王室管理各项具体事务。他们与“多尹”并列，合称为“百执事之人”。以下列举《尚书》用词的含义。

“予一人”。据《尚书·盘庚》，商王6次自称“予一人”，意谓与众不同的最高统治者。甲骨文称作“余一人”。国家事务叫“王事”：王跟国家二位一体。“百姓”，即贵族，只有贵族有姓。《尚书·盘庚》“百姓”跟“万民”相对。《诗·小雅·天保》“百姓”跟“群黎”相对。春秋后期，“百姓”失去贵族的意义，意指人民。《墨子》说：“国家百姓人民之利。”百姓与人民互文见义，是同义反复强调，不是对立意义。

“邦伯、师长、百执事”，《盘庚下》说：“邦伯、师长、百执事之人。”意即诸侯，军事首长，全体官员。“邦伯”：即邦国之长，诸侯。“师长”：即武官。“师”是商军编制，“师长”是“师”的统率者，师长与邦伯、百执事并提，地位相当。商代武职，只提“师长”，军队中地位最高者，所率领“师”，是商军中最大的建制单位。

“百执事”：即百官，贵族官僚。如《酒诰》说：“百僚庶尹。”“众戚”：即商王左右的贵戚近臣，参与政事，代国王发号施令。《尚书·盘庚上》说："率吁众戚出矢言。"即召集贵戚近臣，陈述正确意见。

"旧人"：即世袭要职的贵族。《盘庚上》："人惟求旧。器非求旧，求新。"即用人，只用世家旧臣。用器物，并非求旧，而求新。《左传·宣公十二年》："内姓选于亲，外姓选于旧。"

盘庚迁殷，召集"众戚"、"百姓"、"邦伯、师长、百执事之人"。《尚书·盘庚下》说："今予其敷心腹肾肠，历告尔百姓于朕志。"即我掏出心腹肾肠，把我的真心话告诉你们百姓。百姓是共同掌管政治的旧人，祖先立有功劳，商王便大祭其先王，其祖先可以配享货宝。跟商王一心，民就顺从。跟商王离心，民就变乱。

对"畜民"恐吓威逼说：你们的生命，是我替你们从上天保留下来的。如果不服从我，你们的祖先，在天上请求我先王，大大降罚你们。那时候，我把你们斩尽杀绝，灭子绝孙，不使坏种流传，休想到新都去。原话是："灭之，无遗育，无俾易种于兹新邑！"

"小人"：即平民、庶人、庶民、农业生产奴隶。甲骨文作"众"，"众人"。"臣"，"妾"，"仆"：指奴隶。《尚书·盘庚》说"畜民"。"民"，本义是奴隶，后扩大为劳动者。周代又叫黎民、群黎、众人、庶人、庶民、众庶、庶群。《尚书·无逸》说：祖甲以后，商王淫暴，"不知稼穑之难，不闻小人之劳。”《尚书·酒诰》说：“庶群自酒，腥闻在上。”腥秽上冲，天都发怒。

商亡教训：殷纣暴虐。帝辛是商朝末代国王，“纣”是后人附加的恶名，意思是残义损善。纣王博闻广见，思维敏捷，身材高大，体力过人。他攻克东夷，开拓东南，开发长江流域有功。《商书·微子》记微子跟太师、少师的问答，论商纣即将灭亡的形势。微子是殷纣王的哥哥，封地在微，爵位是子，叫微子。曾多次规劝纣王改恶从善，纣王不听。《商书·微子》说：

微子若曰：“父师、少师！殷其弗或乱正四方。我祖厎遂陈于上，我用沈酗于酒，用乱败厥德于下。殷罔不小大好草窃奸宄。卿士师师非度。凡有辜罪，乃罔恒获，小民方兴，相为敌仇。今殷其沦丧，若涉大水，其无津涯。殷遂丧，越至于今！”

曰：“父师、少师，我其发出狂吾家，耄逊于荒？今尔无指告予，颠脐，若之何其？”父师若曰：“王子！天毒降灾荒殷邦，方兴沈酗于酒，乃罔畏畏，咈其耇长，旧有位人。今殷民乃攘窃神祇之牺牷牲，用以容，将食无灾。降监殷民，用乂仇敛，召敌仇不怠。罪合于一，多瘠罔诏。商今其有灾，我兴受其败；商其沦丧，我罔为臣仆。诏王子出迪，我旧云刻子。王子弗出，我乃颠隮。自靖，人自献于先王，我不顾行遁。”

意即，微子这样说道：“父师、少师，我们殷商恐怕没有办法治理四方了。我们的高祖成汤制定的成法在先，纣王沉醉在酒中，因淫乱败坏高祖的美德。殷商的大小臣民无不劫夺偷盗，犯法作乱，官员们都不遵守法度。凡是有罪的人都不加以逮捕和惩治，小民们起来同我们结成仇敌。现在殷商可能要灭亡了，就像要渡过大河，却找不到渡口和河岸。殷商到了现在这个样子，就要灭亡了！”

微子说：“父师、少师，我是被弃而出亡在外呢，还是待在家中到老而避于荒野呢？现在你们不指点我，恐怕就要陷于非义，究竟怎么办啊？”

父师这样说道：“王子！上天为我们殷商降下大祸，要使我们灭亡，国君却沉醉在酒中，不惧怕上天的威严，不听年高德重的旧时大臣的劝告。现在殷商的臣民偷窃祭祀天地神灵的各种贡品，都会被宽恕，就是吃掉了贡品也没有灾祸。上天向下监视着殷民，国君用杀戮和重刑横征暴敛，招致民怨也不减轻。这些罪行都在国君一人身上，臣民痛苦不堪却无处申诉。”

“殷商现在将有灾祸，我们都会承受灾难。如果殷商灭亡了，我们不能去做别人的奴隶。我奉劝王子逃出去，我早就说过箕子。王子不逃走，国家就要彻底灭亡。您自己拿主意吧！各人要对先王的事业做出贡献，我没有考虑逃跑的事。”

《论语·微子》说“微子去之，箕子为之奴，比干谏而死。孔子曰：殷有三仁焉。”意即，纣王无道，微子离他而去，箕子沦为奴隶，比干劝谏惨死。孔子说：“商朝有三个仁人。”《墨子·公孟》说：“昔者商王纣、卿士费仲，为天下之暴人，箕子、微子，为天下之圣人，此同言，而或仁不仁也。”

《大雅·荡》托文王批判殷末政治，警告西周以殷为戒。俾（使拿）昼作夜：白昼作夜，寻欢作乐。说：“文王曰咨，咨女殷商。天不湎尔以酒，不义从式。既愆尔止，靡明靡晦。式号式呼，俾昼作夜。”

意即，文王开口发长叹，叹你殷商到残年。上天没让你酗酒，不要放纵没个完。礼节仪容全不顾，没明没夜下三滥。狂呼乱叫没体统，白天当夜醉不堪。

“比干因谏而死”。比干，商纣王叔父，官少师，屡次劝谏纣王，纣王发怒说：“我听说圣人的心有七窍。”被纣王剖心而死。《论语·微子》：“比干谏而死。”《墨子·亲士》：“是故比干之殪，其亢也。”

“箕子佯狂”，箕子，商纣王叔父，官太师，封于箕

（今山西太谷），因劝谏纣王，被囚禁，周武王灭商，被释放。《尚书·洪范》记述他对答武王的话。《墨子·公孟》说："箕子，微子，为天下之圣人。"

"微子出走"。微子，商纣王庶兄，名启。帝乙系长子，母贱，不得继位。少子辛继位，即殷纣王。封于微（今山东微山）。数谏纣王不听，遂出走。周武王灭商，降周。周公旦攻灭武庚后封于宋，是宋国的始祖。

《史记·殷本纪》说：

> 帝乙崩，子辛立，是为帝辛，天下谓之纣。帝纣资辨捷疾，闻见甚敏。材力过人，手格猛兽。知足以距谏，言足以饰非。矜人臣以能，高天下以声，以为皆出己之下。好酒淫乐，嬖于妇人。爱妲己，妲己之言是从。于是使师涓作新淫声，北里之舞，靡靡之乐。厚赋税以实鹿台之钱，而盈钜桥之粟。益收狗马奇物，充仞宫室。益广沙丘苑台，多取野兽蜚鸟置其中。慢于鬼神。大聚乐戏于沙丘，以酒为池，县肉为林，使男女裸相逐其间，为长夜之饮。
>
> 百姓怨望而诸侯有畔者，于是纣乃重刑辟，有炮烙之法。以西伯昌、九侯、鄂侯为三公。九侯有好女，入之纣。九侯女不喜淫，纣怒，杀之，而醢九侯。鄂侯争之强，辨之疾，并脯鄂侯。西伯昌闻之，

窃叹。崇侯虎知之，以告纣，纣囚西伯羑里。西伯之臣闳夭之徒，求美女奇物善马以献纣，纣乃赦西伯。西伯出而献洛西之地，以请除炮烙之刑。纣乃许之，赐弓矢斧钺，使得征伐，为西伯。而用费中为政。费中善谀，好利，殷人弗亲。纣又用恶来。恶来善毁谗，诸侯以此益疏。

西伯归，乃阴修德行善，诸侯多叛纣而往归西伯。西伯滋大，纣由是稍失权重。王子比干谏，弗听。商容贤者，百姓爱之，纣废之。及西伯伐饥国，灭之，纣之臣祖伊闻之而咎周，恐，奔告纣曰："天既讫我殷命，假人元龟，无敢知吉，非先王不相我后人，维王淫虐用自绝，故天弃我，不有安食，不虞知天性，不迪率典。今我民罔不欲丧，曰'天曷不降威，大命胡不至？'今王其奈何？"纣曰："我生不有命在天乎！"祖伊反，曰："纣不可谏矣。"西伯既卒，周武王之东伐，至盟津，诸侯叛殷会周者八百。诸侯皆曰："纣可伐矣。"武王曰："尔未知天命。"乃复归。

纣愈淫乱不止。微子数谏不听，乃与大师、少师谋，遂去。比干曰："为人臣者，不得不以死争。"乃强谏纣。纣怒曰："吾闻圣人心有七窍。"剖比干，观其心。箕子惧，乃佯狂为奴，纣又囚之。殷之大

> 师、少师乃持其祭乐器奔周。周武王于是遂率诸侯伐纣。纣亦发兵距之牧野。甲子日，纣兵败。纣走入，登鹿台，衣其宝玉衣，赴火而死。周武王遂斩纣头，县之白旗。杀妲己。释箕子之囚，封比干之墓，表商容之闾。封纣子武庚禄父，以续殷祀，令修行盘庚之政。殷民大说。于是周武王为天子。其后世贬帝号，号为王。而封殷后为诸侯，属周。

意即，帝乙逝世后，辛继位，这就是帝辛，天下都叫他“纣”。纣天资聪颖，有口才，行动迅速，接受力强，气力过人，能徒手与猛兽格斗。智慧足可以拒绝臣下的谏劝，话语足可以掩饰自己的过错。在大臣面前夸耀才能，到处抬高声威，认为天下所有人都比不上他。

纣嗜好喝酒，放荡作乐，宠爱女人。特别宠爱妲己，一切听从妲己。让乐师涓为他制作新俗乐，北里舞曲，靡靡之音。还加重赋税，使得鹿台钱库堆满，钜桥粮仓装满。多方搜集狗马、新奇玩物，填满宫室，并扩建沙丘的园林楼台，捕捉大量野兽飞鸟，放在里面。对鬼神傲慢不敬。招来大批戏乐，聚集沙丘，用酒当池水，悬挂肉当树林，让男女赤身裸体，在其间追逐戏闹，饮酒寻欢，通宵达旦。

纣荒淫无度，引起了百姓怨恨，诸侯背叛。他加重刑罚，设置炮烙酷刑，让人在涂满油的铜柱上爬行，下面点燃炭火，爬不动就掉在炭火里。纣任用西伯昌、九侯、鄂侯为三公。九侯有美丽女儿，献给纣，她不喜淫荡，纣大怒，杀了她，同时把九侯也施以醢刑，剁成肉酱。鄂侯极力强谏，激烈争辩，结果鄂侯也遭到脯刑，被制成肉干。西伯昌闻见此事，暗暗叹息。崇侯虎得知，向纣去告发，纣就把西伯囚禁在羑里。西伯的僚臣闳夭等人，找来了美女奇物和好马献给纣，纣释放西伯。西伯从狱里出来，向纣献出洛水以西土地，请求废除炮烙酷刑。纣答应，赐给他弓箭大斧，使他能够征伐其他诸侯，这样他就成了西部地区的诸侯之长。纣任用费仲管理国家政事。费仲善于阿谀，贪图财利，殷人因此不来亲近。纣任用恶来，恶来善于毁谤，喜进谗言，诸侯因此越发疏远。

西伯回国，暗地修养德行，推行善政，诸侯很多背叛纣，归服西伯。西伯势力更加强大，纣因此渐渐丧失权势。王子比干劝说纣，纣不听。商容是一个有才德的人，百姓们敬爱他，纣黜免了他。等到西伯攻打饥国，并把它灭掉后，纣的大臣祖伊听说后，既怨恨周国，又非常害怕，于是跑到纣那里去报告说："上天已经断绝我们殷国的寿运。不管是能知天吉凶的人预测，还是用大龟占卜，都没有一点好征兆。我想并非是先王不帮助我们后人，而是大王您荒淫暴虐，以致自绝于天，所以上天才抛弃我们，使我们不得安食，而您既不揣度了解天意，又不遵循常法。如今我国的民众没有不希望殷国早早灭亡的，他们说：‘上天为什么还不显示你的威灵？灭纣的命令为什么还不到来？’大王您如今想怎么办呢？”纣说：“我生下来做国君，不就是奉受天命吗？”祖伊说：“纣已经无法规劝了！”西伯昌死后，周武王率军东征，到达盟津时，诸侯背叛殷纣前来与武王会师的有八百国。诸侯们都说：“是讨伐纣的时候了！”周武王说：“你们不了解天命。”于是又班师回国。

纣更加淫乱，毫无止息。微子曾多次劝谏，纣都不听，微子就和太师、少师商量，然后逃离殷国。比干说：“做臣子，不能不拼死争谏。”就极力劝谏。纣大怒，说：“我听说圣人的心有七个孔。”于是剖开比干的胸膛，挖出心来观看。箕子见此情形很害怕，就假装疯癫当奴隶。纣把箕子囚禁起来。殷国的太师、少师拿着祭器、乐器，逃到周国。周武王见时机已到，就率领诸侯讨伐殷纣，纣派出军队在牧野抵抗。周历二月初五甲子那一天，纣的军队被打败，纣仓皇逃进内城，登上鹿台，穿上他的宝玉衣，跑到火里自焚而死。周武王赶到，砍下他的头，挂在太白旗竿上示众。周武王处死妲己，释放箕子，修缮比干的坟墓，表彰商容的里巷。封纣的儿子武庚禄父，承续殷的祭祀，责令施行盘庚德政，殷民非常高兴。周武王做了天子。因为后世人贬低帝这个称号，所以称为王。封殷的后代为诸侯，隶属于周。

（五）文武周公古圣贤

《周书》占现存《尚书》篇数的三分之二，用周代历史档案资料加工而成，以周公旦为中心记述了周武王灭商，周朝巩固统治等事件，是《尚书》的精华。其中《牧誓》、《费誓》和《秦誓》是誓词。《金縢》和《顾命》是记事。《大诰》、《多士》、《多方》和《吕刑》是通告臣民的告辞。《康诰》、《酒诰》、《梓材》和《文侯之命》是告诸侯之辞。《洪范》、《召诰》、《无逸》和《立政》是臣告君之辞。《洛诰》和《君奭》是君臣的谋划之辞。

《牧誓》是周武王伐纣，与纣王决战前的誓师辞。牧指牧野，在商朝都城朝歌（今河南淇县）南七十里。结果武王大胜，殷王朝覆灭。在誓辞中，武王勉励军士和助战诸侯勇往直前。《牧誓》说：

> 时甲子昧爽，王朝至于商郊牧野，乃誓。王左杖黄钺，右秉白旄以麾，曰："逖矣，西土之人！"王曰："嗟！我友邦冢君，御事，司徒、司马、司空，亚旅、师氏，千夫长、百夫长，及庸，蜀、羌、髳、微、卢、彭、濮人。称尔戈，比尔干，立尔矛，予

其誓！”

王曰：“古人有言曰：‘牝鸡无晨。牝鸡之晨，惟家之索。’今商王受惟妇言是用，昏弃厥肆祀，弗答，昏弃厥遗王父母弟不迪，乃惟四方之多罪逋逃，是崇是长，是信是使，是以为大夫卿士，俾暴虐于百姓，以奸宄于商邑。

今予发，惟恭行天之罚。今日之事，不愆于六步七步，乃止，齐焉。夫子勖哉！不愆于四伐五伐，六伐七伐，乃止，齐焉。勖哉夫子！尚桓桓，如虎如貔，如熊如罴，于商郊！弗迓克奔，以役西土。勖哉夫子！”

意即：在甲子日黎明时分，武王率领大军，来到商朝都城郊外的牧野，举行誓师。武王左手拿着铜制大斧，右手拿着指挥旗说：“辛苦了，远道来的西方将士们！”

武王说：“啊！我们尊敬的友邦国君和执事大臣，各位司徒、司马、司空、亚旅、师氏、千夫长、百夫长，还有庸、蜀、羌、髳、微、卢、彭、濮诸邦的将士们，举起你们的戈，排好你们的盾，竖起你们的矛，我要发布誓师令。”

武王说：“古人说过：‘母鸡早晨不打鸣。母鸡早晨打鸣，就要败家。’现在商纣王只是听信妇人的话，轻蔑抛弃对祖先的祭祀，不闻不问，抛弃先王后裔，不任用同宗长辈兄弟，而对四方八面的罪人逃犯十分崇敬信任，提拔任用，让他们当上大夫、卿士，使他们残暴虐待老百姓，在商国都城胡作非为。现在我姬发恭敬地按上天意志讨伐商纣。今天这场战斗，行进中不超过六步、七步，就要停下整顿队伍。努力吧，将士们！作战中刺杀不超过四次、五次，六次、七次，然后停下来整顿。努力吧，将士们！你们要威武雄壮，像虎豹熊罴一样勇猛，在商都郊外大战一场。不要迎击向我们投降的人，以便让他们为我们服务。努力吧，将士们！如果你们不努力，你们自身就会遭到杀戮！”

《牧誓》先列敌人罪状，再提作战要求，后申明军纪。武王列举纣王三条罪状。一是听信妇人之言。作者用引证法，说：“古人有言曰：牝鸡无晨；牝鸡之晨，惟家之索。”意即，母鸡早晨不打鸣；一旦母鸡早晨打鸣，就要败家。“今商王受惟妇言是用”，是违背古人之言。作者把父权制社会，男子占优势，极端轻蔑女人的言论，视为不易的真理，不可改变的教条。二是不祭祀祖先。商周人敬祖，认为人死成鬼魂，仍能庇佑子孙，祭祖是不能违反的道德教条。三是不举用同宗，破坏宗法制的社会基础。以上三条，都是论证纣王作为，是违反政治伦理基本信条，引申为武王伐纣的正义性和合理性。从力量对比看，周武王统率数万军士，而纣王有武装数十万。“得道多助，失道寡助。”武王伐纣战争的正义性，决定武王必胜，纣王必败。

武王伐纣，载文王木主，寓意继承先王遗志。武王先派间谍到商朝察看，回来报告：坏人当权，混乱极了。武王说：时机未到。又回来报告：好人都被驱逐。武王说：时机未到。最后报告说：百姓都闭口，不敢说话。武王遂出征，有兵车三百辆、虎贲三千人、士卒数万人，前歌后舞，士气高昂。在牧野，武王与各地反殷诸侯会师。历数纣王罪状，誓师决战。

纣王得知后，停止宴舞，商议对策。商军主力远在东南战场，调动不及，临时武装奴隶和俘虏十余万人，开向牧野。商周军队相遇，纣王奴隶掉转矛头，发动起义，周军进占朝歌，纣王自焚，商朝灭亡，建立周朝。

《墨子·非命上》说：“纣之所乱，武王受而治之。”《墨子·非攻下》说：“昔者禹征有苗，汤伐桀，武王伐纣，此皆立为圣王。”《史记·周本纪》记牧野之战，史料出自《尚书》，跟《尚书·牧誓》一致。

《周书·无逸》记周公赞武丁之治，告诫成王说：

> 周公曰：“呜呼！君子所其无逸。先知稼穑之艰难，乃逸则知小人之依。相小人：厥父母勤劳稼穑，

厥子乃不知稼穑之艰难，乃逸乃谚。既诞，否则侮厥父母曰：‘昔之人无闻知。’”

周公曰：“呜呼！我闻曰：昔在殷王中宗，严恭寅畏，天命自度，治民祗惧，不敢荒宁，肆中宗之享国七十有五年。

其在高宗，时旧劳于外，爰暨小人。作其即位，乃或亮阴，三年不言。其惟不言，言乃雍。不敢荒宁，嘉靖殷邦。至于小大，无时或怨。肆高宗之享国五十年有九年。

其在祖甲，不义惟王，旧为小人。作其即位，爰知小人之依，能保惠于庶民，不敢侮鳏寡。肆祖甲之享国三十有三年。

自时厥后立王，生则逸，生则逸，不知稼穑之艰难，不闻小人之劳，惟耽乐之从。自时厥后，亦罔或克寿。或十年，或七八年，或五六年，或三四年。”

周公曰：“呜呼！厥亦惟我周太王、王季，克自抑畏。文王卑服，即康功田功。徽柔懿恭，怀保小民，惠鲜鳏寡。自朝至于日中昃，不遑暇食，用咸和万民。文王不敢盘于游田，以庶邦惟正之供。文王受命惟中身，厥享国五十年。”

周公曰：“呜呼！继自今嗣王，则其无淫于观、于逸、于游、于田，以万民惟正之供。无皇曰：‘今日耽乐。’乃非民攸训，非天攸若，时人丕则有愆。无若殷王受之迷乱，酗于酒德哉！”

周公曰：“呜呼！我闻曰：‘古之人犹胥训告，胥保惠，胥教诲，民无或胥诪张为幻。’此厥不听，人乃训之，乃变乱先王之正刑，至于小大。民否则厥心违怨，否则厥口诅祝。”

周公曰：“呜呼！自殷王中宗及高宗，及祖甲，及我周文王，兹四人迪哲。厥或告之曰：‘小人怨汝詈汝！’则皇自敬德。厥愆，曰：‘朕之愆，允若时。’不啻不敢含怒。此厥不听，人乃或诪张为幻，曰：‘小人怨汝詈汝！’则信之。则若时：不永念厥辟，不宽绰厥心，乱罚无罪，杀无辜。怨有同，是丛于厥身！”

意即，周公说：“啊！做官的人，不要过于放纵自己的快乐。首先要知道农业生产的艰难，知道人民的痛苦。看那些平民，他们的父母很勤劳地干农活，而儿子们却不知道农业生产的艰难，于是过着舒适的生活，并变得俗野。时间长了，就看不起父母，并说：‘这些跟不上时代的老年人，真没有见识！’”

周公说：“啊！我听说：过去殷王中宗，庄正敬畏，以天命制约自己，治理百姓，敬慎恐惧，不敢荒废、安逸。所以中宗在位七十五年。

高宗长时间在外，跟民众一起劳动，生活在一起。到他执掌国家，要为先王服丧，三年不谈论政事，一说起来就很好。他为政不敢怠慢，国家安定和睦。从民众到大臣，没有人怨恨他。高宗在位五十九年。

祖甲认为，代兄称王，不合情理，逃到民间，做过很久的平民百姓。等到即位后，知道百姓痛苦，能安定爱护众民，不轻慢鳏寡无依的人，所以祖甲在位三十三年。

以后所立帝王，生下来就安逸，不知道农业生产的艰难，不知民众劳苦，只会放纵逸乐。从这以后，就没有长久在位的国君，只有十年，七八年，五六年，三四年。”

周公说：“啊！只有我们周家太王、王季能谦让敬畏。文王做卑下的工作，从事过开通道路、耕种田地的劳役。他和蔼、仁慈、善良、恭敬，使百姓和睦安定，爱护亲善孤苦无依的人。从早晨到中午、下午，没闲暇吃饭，使万民生活和谐。文王不敢乐于嬉游田猎，不敢使众国进献赋税供他享乐。文王中年受命为君，在位五十年。”

周公说：“啊！今后继位君王，不可沉迷观赏、安逸、嬉游和田猎，不可使百姓进献赋税供享乐。不要自我宽解说：‘今天快快乐乐。’这不会被百姓所顺从，不会被上天所嘉许，这样的人就有罪过。不要像商王迷惑昏乱，以醉怒为酒德。”

周公说：“啊！我听说，古人能互相劝导，互相爱护，互相教诲，百姓没有互相欺骗，互相诈惑。不照这样，官员就会顺从自己意愿，变乱先王正法，甚至于大小法令。百姓于是内心怨恨，口头诅咒。”

周公说：“啊！殷王中宗、高宗、祖甲、周文王，四位君王领导明智。有人告诉他们说：‘百姓在怨恨你，咒骂你！’他们就更加敬慎自己的行为。有人举出他们的过错，他们就说：‘我的过错确实像这样。’不敢怀怒。不依照这样，人们就会互相欺骗，互相诈惑。有人说：‘老百姓在怨恨你咒骂你！’你就会相信。就会像这样：不多考虑国家法度，不放宽自己心怀，乱罚乱杀没有罪过的人。民怨汇合，就会集中到你身上。啊！继位国王要借鉴这些啊！”

《无逸》是《尚书》佳篇，主旨鲜明，层次清楚，文字流畅，标志着中国散文早期发展到了较高水平，被选为高校散文教材。“无逸”：无，通毋，禁止之词。逸，逸乐。这里指纵酒、淫乐、嬉游、田猎等娱乐活动。成王年纪大了，周公让他主持政事，害怕他贪图享乐，荒废懈怠，于是告诫他不要贪图逸乐。周公指出人君不可沉迷于逸乐，必须先知稼穑的艰难，先知小民的痛苦，把君王逸乐，同人民痛苦相联系，深刻入理，极有积极意义。

周王称“天子”，意即“上天之子”，“上帝之子”。宇宙间最高统治者是“天”，是“上帝”，周天子是“天”、“上帝”派在人间的代表，法理上是人民和土地的最高所有者。诸侯称“公”、“公侯”、“伯”。大夫是天子，诸侯国执行政务的人，王朝的行政官。大夫封地叫“采邑”，由天子诸侯分封。统治者是天子、诸侯、大夫和士。

《尚书·梓材》：周公用成王口气告诫弟康叔：“皇天既付中国民越厥疆土于先王，肆王维德用和怿先后迷民，用怿先王受命。已！若兹监，惟曰欲至于万年，惟王子子孙孙永保民！”

意即，上天既然把国内百姓和疆土托付给先王，当今国王只有实行德治，和谐教导殷商执迷不悟的遗民，用来完成先王承受的使命。哎，用这样的方法治理殷民，我想你的君位，必将传承千年万载，使王的子子孙孙永远保有人民。

五、古今文章有源头

（一）典谟训诰是散文

“典谟训诰”。《尚书》是上古官府处理国家大事的公务文书总集，统称为“典谟训诰之文”，细分有“典、谟、训、诰、誓、命”六类。唐刘知幾《史通·六家》说：“盖《书》之所主，本于号令，所以宣王道之正义，发话言于臣下，故其所载，皆典、谟、训、诰、誓、命之文。”

第一，“典”。如《尧典》、《舜典》。“典”是重要史实和专题史实的记载。“典”字古文的写法，上半部像“册”字，即书册，下半部像“几”，即案几，桌子，像把书册放在几案上的样子，表示尊重，是获得尊重的书册。“经典”、“典范”之词，由此衍生。《尚书》中的“典”，即“经典”之意。属于这种体裁的文献，在《尚书》中所占比例较小，只有《尧典》和《舜典》。《尧典》记述尧舜的事迹言论。古代史官认为，这篇文献应该受到特别尊重，所以称为“典”。这种体裁的文献，是后人的追记。

第二，“谟”。如《皋陶谟》。《皋陶谟》记述尧、禹和皋陶讨论政治的谈话，类似会议记录和会议纪要。“谟”是记君臣谋略，通“谋”，指谋议。属于这种体裁的文献，《尚书》也少见，只有《皋陶谟》和《大禹谟》。

第三，“训”。如《伊训》。“训”，即教训、教诲，是臣开导君主。属于这种体裁的文献是《伊训》，记述商大臣伊尹教训太甲的话，原文已佚，现存是伪古文。《商书》中的《高宗肜日》，是属于这种体裁的文献。

第四，“诰”。如《大诰》。“诰”，即告谕，是勉励的文告。《尚书》的“诰”，多是上级对下级的指示，对臣民的号令。“诰”体，记录讲话者的口语。口语啰嗦，繁琐破碎，缺乏条理。商周时代的口语，跟近代语言，距离很远，生涩难懂，最难理解。所以唐韩愈《进学解》说：“周《诰》殷《盘》，佶屈聱牙。”“诰”体文献，是《尚书》最重要的部分，约占一半。另如《盘庚》、《梓材》、《多士》、《多方》、《无逸》、《君奭》、《立政》等，虽没用“诰”的名称，也属“诰”体。

第五，“誓”。如《汤誓》。“誓”，即征伐、交战前的誓师词，是君主告诫、训诫士众的誓词，通过立誓、发誓，表示决心，做出承诺，约束行动。《墨子·非命上》说“誓”的作用，是“整设师旅，进退师徒”，即整顿队伍，约束军士的行动。“誓”体文献所占比例，仅次于“诰”，比较多见。誓词在集会时宣布，词句简捷明了，有节奏韵律，易懂易记。《泰誓中》说：“我武惟扬，侵于之疆。取彼凶残，我伐用张，于汤有光。”即：我们武力定张扬，齐心攻到殷之疆。擒拿凶残殷纣王，征伐战果定辉煌，比汤伐桀更有光。扬、疆、张、光押韵，句式整齐，韵律鲜明，犹如诗歌。

第六，“命”。如《文侯之命》。“命”，即命令，是君主奖励，赏赐臣子时宣布的命令。《文侯之命》，是周平王对晋文侯发布的嘉奖令。属于“命”体的文献，《尚书》很少。

（二）语言艺术在《尚书》

就语言艺术、写作技巧和修辞特征说，《尚书》的引证和譬喻，对后世有重要影响，开创传统议论散文主要以引证和譬喻为表达手段的先河。引证，又叫征引。如《酒诰》载周公对康叔说："古人有言曰：'人无于水监，当于民监。'"即古人有话说，人不要只从水中察看，应当从民情上察看。

《礼记·中庸》说："无征不信，不信民弗从。"即没有证据的话，不可信。不可信，人们不会听从。"征"，即证据，证明。郑玄注说："'征'或为'证'。"明李贽说："故凡论说，必据经引传。"

《论语·八佾》载孔子说："夏礼，吾能言之，杞不足征也。殷礼，吾能言之，宋不足征也。文献不足故也。足，则吾能征之矣。"即夏朝的礼，我能说清楚，杞国不足以证明。商朝的礼，我能说清楚，宋国不足以证明。现在无法证明，是由于文献不足。文献充足，我就能证明了。

论者为文，引用古人名言、历史经验、一般规律，推引当前的个别结论，应用场合，证明当前所作所为的正当合理性。这在本质上，是运用演绎推理的论证方法，是议论文、论说文的基本写作方法之一，是科学论文的胚胎、萌芽和元素，值得学习发扬。

譬喻近于归纳，即从相同、相似事例中，推引论者论点。《墨子·小取》给出譬喻论证的定义："譬也者，举他物而以明之也。"即列举其他已知的事物，说明这一未知的事物。惠施譬喻论证定义说："夫说者，固以其所知，谕其所不知，而使人知之。"这两个定义实质是一致的，"譬"兼有论证和修辞两种功能。

譬喻的说辞，从论证上说，分为论据和论题；从修辞上说，分为被譬喻说明的"本体"和用来譬喻说明的"喻体"。譬喻论证，举彼明此，以近喻远，以浅喻深，以易喻难，由已知到未知，是论证的手段、说服的方法。

"譬"相当于印度逻辑论式中的"喻"。用厨房有烟并有火，譬喻类推这山有烟，所以有火。譬喻类推语言是人为的，所以不是永恒的。喻的本意是譬喻、例证。

窥基《因明入正理论疏》卷四说："喻者，譬也，况也，晓也。由此譬况，晓明所宗，故名为喻。"喻是通过譬况，比较、说明论题。《盘庚》用"譬"说："若乘舟，汝弗济，臭厥载。"比喻群臣坐观国家衰败。《尚书》的譬喻，质朴贴切，含义深沉，语言优美，富音乐美感，至今有许多生动譬喻，仍以成语形式流传，显示其生命活力。

名言名句。《尚书·尧典》："协和万邦。"《尚书·君陈》："有容德乃大。"清林则徐自勉联："海纳百川，有容乃大；壁立千仞，无欲则刚。”

《尚书·大禹谟》：“无稽之言勿听。”没有根据的话不信。《尚书·大禹谟》：“克勤于邦，克俭于家。”克勤于邦：指为治水的事业竭尽全力。克俭于家：在家生活节俭。

《尚书·太甲中》：“视远惟明，听德惟聪。”能看到远处，才是视觉锐利。能听从好话，才是听觉灵敏。《尚书·盘庚上》：“若网在纲，有条而不紊。”纲：网的总绳。紊：乱。若：像，好像。就好像把网结在纲上，才能有条理而不紊乱。

《尚书·旅獒》：“为山九仞，功亏一篑。”仞：八尺。亏：缺少。篑：盛土的竹器。譬如堆垒九仞高的土山，只差一筐土，还是不算完成。比喻做事有始有终，踏踏实实，坚持到底，持之以恒。只差一步，便是前功尽弃。

《尚书·大禹谟》：“满招损，谦受益。”自满招来损害，谦虚受到益处。《尚书·太甲中》：“天作孽，犹可违；自作孽，不可活。”天降灾害可躲避，自作罪孽逃不过。

《尚书·说命中》：“惟事事，乃其有备，有备无患。”做事要有准备，有准备才没有后患。《左传·襄公十一年》：“《书》曰：居安思危，思则有备，有备无患。”在安定的时候，要想到未来可能会发生的危险。想到了，就会有所准备。有所准备，就不会发生祸患。

《尚书·旅獒》："玩人丧德，玩物丧志。"周武王灭商，开辟周边通道，西方有个叫旅的国家，向朝廷进贡獒犬。周召公姬奭担心武王玩物丧志，劝诫武王修德慎行。

就文体形态而言，《尚书》是中国古代散文形成的标志，是成熟的议论和记述文体形态。《尚书》中文章，风格淳朴，结构渐趋完整，有一定层次，已注意在立意谋篇上用功夫。《尚书》有些篇章有文采，注重场面的描写、人物的情态、语言的形象、表达的意趣。

先秦散文从《尚书》始。春秋战国时期散文勃兴，是对其继承和发展。历代散文家从中汲取经验。秦汉以后，各朝代的制诰、诏令、章奏之文，也受其影响。刘勰《文心雕龙》论述的多种文体，均源自《尚书》。

六、去粗取精存真实

《尚书》有两种传本：《今文尚书》和《古文尚书》。通行《十三经注疏》本：伪《古文尚书》25篇，真《今文尚书》33篇，共58篇。秦始皇焚书后，《书》多残缺。今存《书序》，为《史记》所引，出于战国儒生。汉初《尚书》存29篇，为秦博士伏生所传，用汉时隶书抄写，称《今文尚书》。

汉人说先秦《书》有100篇:《虞夏书》20篇,《商书》、《周书》各40篇。每篇有序，题孔子编。《史记·孔子世家》说孔子修《书》。近代认为《尚书》编定于战国时期。《今文尚书》包含商周重要史料。《盘庚》反映商代社会。《周书》的《牧誓》到《吕刑》16篇，包含西周真实史料。《文侯之命》、《费誓》和《秦誓》，包含春秋史料。内容较早的《尧典》、《皋陶谟》、《禹贡》，是在战国时编写。《禹贡》记载战国黄河长江流域地理情况。

《孟子·尽心下》说:“尽信《书》，则不如无《书》。吾于《武成》，取二三策而已矣。仁人无敌于天下。以至仁伐至不仁，而何其血之流杵也?”即《尚书·武成》篇纪事，不可尽信，有夸张成分。西汉前期，鲁恭王拆孔子故宅壁，发现一部《尚书》，用先秦六国民间别体字，称《古文尚书》，比《今文尚书》多16篇。孔子十二代后裔孔安国献皇家，未列于学官，未流传，已佚。

东晋元帝时，梅赜（任豫章内史）献西晋人伪造的《古文尚书》25篇。王肃托孔子十一世孙孔安国名，伪造《尚书孔氏传》58篇。三国魏王肃遍注群经，含今古文，综合各家，托孔安国名，伪造《孔子家语》10卷，题王肃注。托秦末儒生孔鲋名，伪造《孔丛子》7

卷23篇。

《古文尚书》比《今文尚书》多25篇，把《今文尚书》析为33篇，合计58篇，另有《书序》1篇，共59篇。此书南北朝、隋唐后，历代相传，儒者尊用。《今文尚书》28篇（析为33篇）借此流传。

唐太宗时，孔颖达奉诏撰《尚书正义》，用此本为底本，收入《十三经注疏》。宋吴棫、朱熹以后，到元明，多对其中真伪有疑议。吴棫《书稗传》认为伏生《尚书》佶屈聱牙，而孔传《尚书》多出的25篇晚书，却简明易懂。朱熹《朱子语类》卷七十八说，孔壁所出《尚书》，如《禹谟》等篇皆平易。“伏生所传皆难读。如何伏生偏记得难的，至于易的，全记不得？此不可晓。”

清阎若璩用三十年写《古文尚书疏证》8卷，考证认定梅赜献《尚书》中多出25篇是后世伪作，其余33篇真伪杂糅。通行本《尚书》25篇为伪书，成定论，称“伪古文尚书”。惠栋《古文尚书考》，确认梅赜献《古文尚书》及孔安国《尚书孔氏传》是伪造。

东晋梅赜伪造《古文尚书》，是综合晋代以前资料，用真资料作点缀，真假杂糅，其资料可分析采用，对典故名物、语词概念的解释，有参考价值。历来注释研究《尚书》著作很多，有唐孔颖达的《尚书正义》、宋蔡沈的《书集传》、清孙星衍的《尚书今古文注疏》。

2008年7月，清华大学获赠两千余枚战国竹简。这批竹简属战国中晚期。内中多篇《尚书》，是秦焚书坑儒前写本。有些篇章有传世本，如《金縢》、《康诰》、《顾命》等，但文句有差异，篇题不相同，多是前所未见的佚篇。《尚书》名篇《傅说之命》，即先秦文献引用《说命》，和传世伪古文不同。去粗取精，去伪存真，是利用古传《尚书》资料的正确方法。

七、以民为本民主性

中国传统文化中以民为本、民主性的精华，可以追溯到《尚书》。《夏书·五子之歌》说：

> 太康失邦，昆弟五人须于洛汭，作《五子之歌》。太康尸位，以逸豫，灭厥德。黎民咸贰。乃盘游无度。畋于有洛之表，十旬弗反。有穷后羿，因民弗忍，距于河。厥弟五人，御其母以从，徯于洛之汭。五子咸怨，述大禹之戒以作歌。其一曰："皇祖有训：民可近，不可下。民惟邦本，本固邦宁。予视天下，愚夫愚妇，一能胜予。一人三失，怨岂在明？不见是图。予临兆民，懔乎若朽索之驭六马。为人上者，奈何不敬？"

意即，太康空占帝位，不做事。喜好安乐，丧失君德。黎民都怀二心。喜好游乐打猎，没有节制。他到洛水北岸打猎，百天不回。有穷国君主羿，因夏民不能忍受夏政，在河北抵御太康，不让他回国。太康弟五人保护母亲跟随，在洛水湾等候。五人都埋怨太康，叙述禹的训诫，写歌词。一首说："祖先有训：民可亲近，不可小看。人民是国家的根本，人民根本巩固，国家才能安宁。我看天下，愚夫愚妇，都比我强。一人大错，谁不怨恨？错误萌芽，就要根除。我治万民，害怕啊！像用朽绳驾驭六马。作人君者，怎敢不怕？"

文中"民为邦本，本固邦宁"意即，人民是国家的根本。只有人民这个根本安定，国家才能安宁。这是中国传统思想中民主性的精华，值得借鉴弘扬。《史记·夏本纪》叙述本篇缘由说："夏后帝启崩，子帝太康立。帝太康失国，昆弟五人，须于洛汭，作五子之歌。"与本篇原文恰合。

本篇"民为邦本"的民本思想是东周以来的普遍思潮。《尚书·蔡仲之命》说："皇天无亲，惟德是辅。民心无常，惟惠之怀。为善不同，同归于治。为恶不同，同归于乱。"即天对人没有亲疏之分，只佑助有德行的人。民心向背没有定规，只归附仁爱之人。做善事的方法相同，都会达到安治。做恶事的方法虽然不同，都会走向动乱。

《尚书》最为关注的对象是“天”和“民”：敬天保民。天不是神的代表，是道理的寄托。天民相通，《皋陶谟》说：“天聪明，自我民聪明。”即天之所以聪明，完全来自于民聪明。

《尚书·泰誓上》说：“惟天地万物父母，惟人万物之灵。”“民之所欲，天必从之。”即人民的欲望，天一定依从。“天视，自我民视。天听，自我民听。”即人民的眼睛，就是天的眼睛。人民的耳朵，就是天的耳朵。《尚书·召诰》说：“天亦哀于四方之民。”《酒诰》说：“人无于水监，当于民监。”即人不用水照面，应以民为镜。

《左传·桓公六年》随季梁说：“夫民，神之主也。”《左传·庄公三十二年》虢史嚚说：“国将兴，听于民。”《左传·僖公十九年》宋司马子鱼说：“民，神之主也。”《孟子·尽心下》说：“民为贵，社稷次之，君为轻。”

关于民本思想渐进的历史路径，《礼记·表记》托孔子之名：“夏道尊命，事鬼敬神而远之，近人而忠焉。先禄而后威，先赏而后罚。亲而不尊。其民之敝，蠢而愚，乔而野，朴而不文。”意即，夏朝世道尊崇天命，敬事鬼神而远之，亲近于人，而忠诚于人，以食禄为先，而以威刑为后，先予赏，而后给以惩罚，亲昵而不尊重，它言人民的弊端是：蠢笨而愚昧，骄傲而粗野，简朴而不文明。

“殷人尊神，率民以事神，先鬼而后礼，先罚而后赏。尊而不亲。其民之敝，荡而不静，胜而无耻。”即殷朝人尊崇神，率领人民侍奉神，先敬鬼，而后重礼，先惩罚，而后赏赐，尊敬而不亲近，它的人民的弊端是：放荡而不安静，好胜而无耻。

“周人尊礼尚施，事鬼敬神而远之，近人而忠焉，其赏罚用爵列。亲而不尊。其民之敝，利而巧，文而不惭，贼而蔽。”意即，周朝人尊崇礼，而崇尚施予，敬事鬼神，而疏远它们，亲近人，而忠诚于人，它的赏罚，依据爵位的等次，亲近而不尊重，它的人民的弊端是：好利而巧诈，文过饰非而不羞惭，不正派而欺骗。

“夏道未渎辞，不求备，不大望于民，民未厌其亲。殷人未渎礼，而求备于民。周人强民，未渎神，而赏爵刑罚穷矣。虞夏之道，寡怨于民。殷周之道，不胜其敝。虞夏之质，殷周之文，至矣。虞夏之文，不胜其质。殷周之质，不胜其文。”意即，夏朝世道，没有繁辞，不求完备，不对人民过于期望，人民未有讨厌他们亲人的。殷朝人没有繁琐礼节，而对人民要求完备。周朝人强制人民，没有对神事施以繁琐的礼仪，而赏赐爵位刑罚达到极致。虞舜、夏朝的世道，人民很少有怨恨。殷周的世道，不能克服其中的弊端。虞夏的质朴，殷周的文明，达到极致。虞夏的文明，不能匹配它的质朴。殷周的质朴，不能匹配它的文明。

范文澜在论“古代文化的创造”时说：“夏代尊命（天命），敬畏鬼神但不亲近，待人宽厚，少用刑罚。夏俗一般是蠢愚朴野不文饰。殷代尊神，教人服事鬼神，重用刑罚，轻视礼教。殷俗一般是掠夺不止，求胜无耻。周代尊礼，敬畏鬼神但不亲近，待人宽厚，用等级高低作赏罚。周俗一般是好利而能巧取，文饰而不知惭愧，作恶而能隐蔽。可以相信孔子这个比较是有事实依据的。”①

纵观历史趋势，随着社会政治、经济、文化、思想的发展，民本和人本意识，逐步觉醒，渐趋解放。民权和人权的享有，逐步实现，缓慢推进。《尚书·盘庚》称“畜民”，贱如牲畜。对畜民训话说：“乃有不吉不迪，颠越不恭，暂遇奸宄，我乃劓殄灭之，无遗育，无俾易种于兹新邑。”即假如有人不善良，不走正道，违法犯规，欺诈奸邪，胡作非为，我就要消灭他们，不留后代，不让他们家族在这新国都里得以延续。

贵族逐渐自称民，人民逐渐被看作人。“民”字的本义是指奴隶。商代把奴隶不当人。西周把奴隶看作贱人，

① 范文澜：《中国通史简编》（修订本）第一编，人民出版社 1955 年版，第 187 页。

小人。"民"的含义扩大为一般劳动者。贵族逐渐自称为民，《诗经》多有用例。民或称黎民、群黎、众人、众庶、庶人、庶民。西周庶民，包括上层自由民、中层农奴、下层奴隶。中层农奴数量最大。

《尚书·西伯勘黎》载西伯灭黎之后，形势对殷不利，纣臣祖伊奔告于王，纣说："呜呼！我生不有命在天？"周人敬天命，尽人事。《尚书·君奭》说："天不可信。"周人敬天，是对着商族及其旧属方国部落说。怀疑天，是向周人自己讲。

周公告诫康叔，天命无常，不是常在周人手中，民意要实现，重视人民意愿。《尚书·康诰》说："惟命不于常。""民情大可见。"《酒诰》载周公对康叔说："古人有言曰：人无（毋）于水监，当于民监。"

《康诰》说："明德慎罚。"《召诰》说："我不可不监于有夏，亦不可不监于有殷。"以夏商二代为鉴，"明德"能保天命，不"明德"失天命。《尚书·梓材》说："子子孙孙永保民。"

周代重视德。德是上天意志的体现，推行德政，才不会断绝大命，永保大命，获得民拥护。文王有德，开创周国。纣王失德，招致灭亡。德是关系国家兴亡的大事。

周代提出敬德——敬天——保民。《尚书》的政治思想是后代的蓝本。德治，以礼乐教化，提高道德，有利于国泰民安。对人民实行道德教化，心悦诚服，不靠严刑峻法迫使人民敬畏。包括以身作则，修身勤政；以民为本，为政以德；选贤任能，以德选人。

据《尧典》，尧根据个人才能分配任务，各有分工，知人善任。舜即位后，询问政事于四岳诸侯，体现原始民主。询问各个职务的人选，官吏知彼知己，分别提出最佳人选，被选出的人都互相谦让。

《大禹谟》说：禹即位，接受伯益的意见，对苗人"敷文德"，用道德感化，体现禹的德治，苗人归顺。《皋陶谟》记皋陶和禹，在舜面前讨论德治的道理。皋陶说："在知人，在安民。"禹说："知人则哲，能官人。安民则惠，黎民怀之。"

商周初，相传实行德治的两位杰出人物，是伊尹和周公。伊尹，商汤大臣，奴隶出身，商汤妻有莘氏女陪嫁奴仆，庖人，汤举任国政，助汤灭夏桀，建商朝，辅佐汤后三王。伊尹说："敬天保德。"《伊训》中伊尹告诫太甲说："惟上帝不常。作善，降之百祥。作不善，降之百殃。"老天爷要用降百祥奖励作善者，降百殃惩罚作不善者。警告太甲不要违背天命，不要行为不端。

伊尹说："天难谌，命靡常。常厥德，保厥位。厥德匪常，九有以亡。"即老天爷难以相信，命运靠不住。只有常于有德，才能保住王位。否则，统治九州的权利就要失去。

周公提出“以德配天”。第一次把上天的好恶与地上君主的行为联系起来，倡导“修人事以应天命”。君主只要“敬德保民”，可以感动上天，使天命得以长保。有德，才能取得天帝对地上统治权的认可，得到民众拥护。

《洛诰》说：周公还政周成王后，便教给他辅助民众的方法，要有宽容之心，要求他选贤任能，以德选拔人才。《君奭》说：周公与召公谈周朝取代商朝的原因，是因周文王有贤臣相助，奉守道德。在伊尹和周公的影响下，以“敬天、明德、保民、慎罚”为内容的“德治”思想，成为治国原则。

《尚书》的重民思想，被儒家吸取，并发扬光大。孔子主张“节用而爱人”，“为政以德”，“养民也惠”。倡导仁德，仁是爱人，人道主义。孟子提出民贵君轻，施仁政。

孔孟把尧、舜看作理想化人物，赞不绝口。孔孟从《尚书》吸取营养，推陈出新，创建儒学。《尚书》是儒家思想的源头，成为儒家尊崇的经典。儒家发扬《尚书》的“德治”。《论语·为政》引孔子说：“为政以德，譬如北辰，居其所而众星拱之。”孔子说：“导之以政，齐之以刑，民免而无耻；导之以德，齐之以礼，有耻且格。”《颜渊》引孔子说：“政者，正也。子率以正，孰敢不正？”

《子路》引孔子说："其身正，不令而行。其身不正，虽令不从。"

《孟子·梁惠王上》记孟子说："何必曰利，亦有仁义而已矣。"孟子提出"民为贵，社稷次之，君为轻"的主张。《荀子·王制》说："君者舟也，庶人者水也，水则载舟，水则覆舟。"《荀子·成相》说："治之经，礼与刑。君子以修百姓宁。明德慎刑，国家既治四海平。"

以德治政，是人文精神。《尚书》是初原性元典，《论语》等是次生性元典，涉及德治的核心。《尚书》用203个"德"字。《尚书》的德治，渊源于西周时期敬天保民，重视民意的思潮。为历代称道，是中国文化的精髓。

德治思想的内涵，是注重民生，保护百姓；尚德慎刑，敬天爱民；为民楷模，严于律己；敬重贤能，端正政风。《尚书》的德治思想，给历代思想家以丰厚的滋养，影响中国几千年的政治舆论。以民为本，是以人为本的前身、萌芽和曙光。

八、以人为本待落实

传统的民本，相对于君本、官本来说。古代明君贤臣，为巩固统治，提倡重民、贵民、安民。"人本"，相对于“神本”而言，属哲学范畴，后扩展到政治、经济和管理。民本和人本，二者的关注对象、目标追求、价值理念、参照对象和历史作用不同。

第一，从关注对象说，“民本”思想中的“民”，是“类的群体”，有阶级性、阶层性、群体性的实然属性和意义。“人本”思想，以“人”这个“类的个体”为关注焦点、理论基点和逻辑起点，肯定人类的普遍价值，重视个体利益和权利，承认人性、人格、人权、人文、人道和人学。

第二，从目标追求说，“民本”思想，整合民意，维护统治，谋求阶级利益，实现政治目标。如唐太宗说：“可爱非君，可畏非民。天子者，有道则人推而为主，无道则人弃而不用，诚可畏也。”“人本”思想，目标追求个性解放、个性差异、个人权利、利益多样和价值多元。

第三，从价值理念说，“民本”思想：重民贵民：主张“敬天保民”，“民惟邦本”，“民贵君轻”，“立君为民”。如《左传》说：“国将兴，听于民。国将亡，听于神。”爱民仁民：墨子说：“兼相爱，交相利。”安民保民：《尚书·梓材》说：“欲至于万年，惟王子子孙孙永保民。”“人本”思想：“以人为目的，以人为根本。”肯定人的主体地位、能动作用、人的价值和尊重人格；维护人的自由，呼唤个性解放，追求现世幸福。

第四，从参照对象说，政治关系：民与君，民与官，对称存在。民本，相对于君本、官本。即“民贵官轻”的政治关系。本质意义：“人”相对于“物”而存在，是有意识，有思维的“类”群体。人本，相对于神本。即“人主神次”，“人本物末”的主客体关系。

第五，从历史作用说，民本思想，虽有阶级、时代的局限性，但也揭示执政规律，发挥历史作用。如顺应民意，约束专权；维护秩序，保持稳定；加强文化认同，巩固民族团结，促进国家统一。人本思想：肯定人的主体地位，颂扬人的个性解放，倡导人的身心自由，现世享受，个性解放，捍卫人的主体地位；颠覆封建神权，促成民主法治；渗透到政治和社会生活，在心理层面，内化为普遍的价值追求。

民本和人本，二者的联系：第一，“人本”，是哲学、文化学概念。“民本”，是政治哲学概念。“人”的概念，外延比“民”宽。强调人本，把“民之外”的人，纳入人道关怀，承认“人作为人”的尊严，尊重每个人的人性、人格和人权，实行普遍的人文、人道主义。第二，认真落实以民为本的思想，尽力维护民众的利益，能进一步促进以人为本思想的觉醒和解放。

中国古代“人”与“民”可通用。《四库全书》提及

“以民为本”300次，提及“以人为本”156次。古籍“以人为本”，指“以民为本”。《管子·霸言》说：“夫霸王之所始也，以人为本。本理则国固，本乱则国危。”战国初《司马法》说：“古者以人为本。以义治之，之谓正。”战国末《鹖冠子》说：“神明者，以人为本者也。”

唐吴竞《贞观政要》卷三说：“理天下者，以人为本，欲令百姓安乐。”《贞观政要》卷八说：“凡事皆须务本，国以人为本，人以衣食为本。”明杨士奇等《历代名臣奏议》卷一百七十四说：“夫理天下者，以义为本，以利为末。以人为本，以财为末。本盛则其末自举，末大则其本必倾。”《太平御览》卷八百五十九说：“国以人为本，人以食为命。”同书卷五百三十二说：“国以民为本，人以食为天。”这里“以人为本”，“以民为本”，不是从哲学存在论上说，是以人、民为“根本”或“本原”。

“人本”一词不见于古汉语。“人文”，“人道”，是中国的传统概念。《易传》说：“文明以止，人文也。观乎天文，以察时变；观乎人文，以化成天下。”“《易》之为书也，广大悉备，有天道焉，有人道焉，有地道焉。”“人”相对于天、地和自然。

“人本”就是“以人为本”，对应西方哲学、文化学的humanism，可译为人本主义、人文主义、人道主义。“人本”包含“humanism”的人本主义、人文主义、人道主义。区别于哲学、文化学的神本主义、僧侣主义、自然主义、科学主义和伦理学的非人道主义、反人道主义。

“民本”就是“以民为本”，源于《尚书·五子之歌》的“民惟邦本，本固邦宁”。《资治通鉴》卷二百零九说：“君以人为本，本固则邦宁。”“人”当指“民”，避李世民讳。

“以民为本”，源于“民惟邦本”。“本”，即根本、基础。人民，只有人民，才是国家的根本、基础。只有这个根本、基础稳固，国家才能够安宁。《荀子·大略》说：“天之生民，非为君也。天之立君，以为民也。故古者列地建国，非以贵诸侯而已。列官职，差爵禄，非以尊大夫而已。”

即人民是国家、社会的价值主体：天之生民，不是为了君主。相反，天之立君，是为了人民。不仅君主是“为民”而立，就是诸侯、大夫，也是“为民”而设。“为民”，而非“为君”，这是荀子政治哲学的价值观。清朝皇帝起居室对联说：“惟以一人治天下，岂将天下奉一人！”这是中国传统民本思想的表述，与君主集权联系，又以人民为国家、社会的价值主体。

《尚书·五子之歌》说“民为邦本，本固邦宁”，是民本主义，不是人本主义。民本主义，是人本主义的思想来源。挖掘这种思想资源，不等同于人本主义。民本主义，是吸收全人类的先进思想资源，转变为人本主义，促进中国传统思想的现代性转变。

民本主义，是古中国的千年之梦。中国传统的民主、民本，是清官、好皇帝“为民做主”，把人民作为政权、皇权的资质、基础、根本。不是人民自己做主，认为人民无权力，无能力为自己做主。而是需要清官、好皇帝“贵民”，不是人自贵，民自贵。

中国传统的“民”，是臣民，由高高在上的君主官僚统治。臣民缺乏法治下的自由。臣民的利益和价值，由君主官僚赋予、决定。近代文明的特征，是臣民身份向公民身份转变。人民是社会的主人，有独立的经济地位。君主官僚在法律面前，不比人民有更高的人格。在民主法治的作用下，加速人民的政治参与和民主化进程，个人自由得到充分维护，才能真正实现“以人为本”，人本主义。

第三讲 《礼记》趣谈

一、《礼记》讲礼故事众

（一）嗟来之食是一个成语

成语“嗟来之食”，出典于《礼记·檀弓下》说：

> 齐大饥。黔敖为食于路，以待饿者而食之。有饿者蒙袂辑屦，贸贸然来。黔敖左捧食，右执饮曰：“嗟！来食！”扬其目而视之曰：“予唯不食嗟来之食，以至于斯也！”从而谢焉，终不食而死。曾子闻之曰：“微与！其嗟也可去，其谢也可食。”

意即，齐国发生严重饥荒。黔敖在路边预备食物，等饥民来吃。有个饥民，垂着衣袖，趿拉着鞋，迷迷蒙蒙地走来。黔敖左手端着饭，右手拿着汤，怜悯地喊道：“喂！来吃吧！”那个饥民瞪着眼，望着他说：“我就是因为不愿意吃像你这样吆喝着施舍的饭，才落到这样子！”

黔敖追着他道谢，那个饥民最终还是不吃，饿死了。曾子听到后说：“不该这样吧！黔敖无礼嗟唤，可以离去。道谢了，可以吃。”

“嗟来之食”文本结构，如表 2 所示。

表 2 “嗟来之食”文本结构

<table>
<tr><td colspan="3">宁死不吃嗟来食</td></tr>
<tr><td>开端</td><td colspan="2">齐大饥，黔敖为食于路，以待饿者</td></tr>
<tr><td rowspan="3">发展</td><td rowspan="2">黔敖态度</td><td>（前）曰：“嗟！来食！”</td></tr>
<tr><td>（后）“从而谢焉”</td></tr>
<tr><td>饿者回应</td><td>不食嗟来食</td></tr>
<tr><td rowspan="3">结果</td><td>饿者</td><td>终不食而死</td></tr>
<tr><td rowspan="2">曾子分析</td><td>其嗟也可去（彼一时，原则性）</td></tr>
<tr><td>其谢也可食（此一时，灵活性）</td></tr>
</table>

“不食嗟来食”一语，朗朗上口，千年流传。本文言简意赅，意味隽永。全文形象具体，观点鲜明。这位饿者，为维护个人的人格尊严，拒绝无礼施舍，可敬可佩，难能可贵。但对方道歉，给自己以应得的尊重，还要拒绝施舍，不通情理，缺少灵活性。

饿者维护个人的人格尊严，应该适度，不应无限扩大，顽强固执。施受双方，应互相礼貌、和谐地对待。

施者可更注重礼貌，体恤施予受者。受者有尊严地生存，比倔强不食而死，有更高的价值。

本文共85字，把开端、发展、结果交代明白。刻画神态，生动形象。如说："有饿者蒙袂辑屦，贸贸然来。"形容饿者双眼无神，昏天暗地，举步维艰，神态疲惫。黔敖说："嗟！来食！"形容黔敖对饿者轻慢无礼。饿者说："予唯不食嗟来之食，以至于斯也。"形容饿者内心纠葛，固执偏顽。

曾子对问题采取分析态度，意在对待矛盾问题，宜取中庸之道，随时变通，适可而止，不可走向极端。饿者拒绝无礼，值得敬重。对方致歉，仍坚执不吃，不通情理。饿者态度是："宁死争得有尊严，不食嗟食宁愿死。"曾子肯定其骨气，批评其偏差。尊严操守有弹性，取舍适度应斟酌。

孔颖达疏说："微，无也。与，语助。言饿者无得如是与！初时无礼之嗟也，可怒之而去。其终有礼之谢也，可返回而食。曾子嫌其狂狷，故为此辞。狂者进取，一概之善，仰法夷齐耿介，狷者直申己意，不从无礼之为，而饿者有此二性，故止之。"

狂狷，即勇于进取和洁身自好两个极端，没有采取两面调适的中庸之道。《论语·子路》引孔子说："不得中行而与之，必也狂狷乎！狂者进取，狷者有所不为也。"意即，我找不到中庸的人交往了，只能与勇于进取和洁身自好两种极端的人交往。勇于进取者胆大妄为，洁身自好者守节无为，各有偏差。

篇中描写的矛盾，由黔敖呼“嗟”引起。郑玄注说：“‘嗟，来食’，虽悯而呼之，非敬辞。”孔颖达疏说：“黔敖既见饿者而来，乃左奉其饭，右执其饮，见其饿者困，咨嗟悯之，故曰：嗟乎，来食！饿者闻其嗟已，无敬己之心，于是发怒。”

《古汉语常用字字典》“嗟”字释义为：“表示召唤。”并引本篇“嗟！来食！”例句为证。[①]《现代汉语词典》书面文言语词释义第一项是叹词“招呼声”。下文解释成语“嗟来之食”说：“春秋时齐国发生饥荒，有人在路上施舍饮食，对一个饥饿的人说‘嗟，来食’，饥饿的人说，我就是不吃‘嗟来之食’，才到这个地步的。终于不食而死（见于《礼记·檀弓下》）。今泛指带有侮辱性的施舍。”[②]《汉语成语大辞典》的“嗟来之食”成语释义：“原指悯人饥饿，呼其来食。后多指侮辱性的施舍。”[③]

以上三部词典所说“表示召唤”，“招呼声”，“原指

① 《古汉语常用字字典》，商务印书馆 2005 年版，第 186 页。

② 《现代汉语词典》，商务印书馆 2005 年版，第 695 页。

③ 《汉语成语大辞典》，汉语大词典出版社 1996 年版，第 391 页。

悯人饥饿，呼其来食”，都是一般性“召唤”、“招呼声”，无特别严重“侮辱性”含义。后人多从“侮辱性施舍”意义上理解“嗟来之食”成语。《后汉书·列女传》说：“羊子尝行路，得遗金一饼，还以与妻。妻曰：妾闻志士不饮盗泉之水，廉者不受嗟来之食，况拾遗求利，以污其行乎！”

（二）苛政比虎还凶猛

《礼记·檀弓下》说：

> 孔子过泰山侧，有妇人哭于墓者而哀。夫子轼而听之，使子路问之曰：“子之哭也，壹似重有忧者。”而曰：“然。昔者吾舅死于虎，吾夫又死焉，今吾子又死焉。”夫子曰：“何为不去也？”曰：“无苛政。”夫子曰：“小子识之，苛政猛于虎也！”

意即，孔子经过泰山旁，有位妇女在坟前哭得很哀痛。孔子靠着车前横木，关注地听着，叫子路问她说：“您的哭声，像有很深的哀痛。”妇女说：“是，以前我公公死于虎口，我丈夫又死于虎口，现在我儿子还是死于虎口。”孔子说：“为什么不离开这里？”妇女说：“这里没有严酷的政治，繁重的赋税劳役。”孔子说：“学生们，你们记住，严酷的政治，繁重的赋税劳役，比老虎还要凶猛！”

“苛政猛于虎”文本结构，如表3所示。

表3 “苛政猛于虎”文本结构

苛政猛于虎		
开端	孔子过泰山侧，有妇人哭于墓者而哀	
发展	孔子关怀	轼而听之，使子路问之
	妇女回应	三代死于虎，因无苛政故不去
结果	孔子说：“苛政猛于虎！”	

“苛政猛于虎”，本文言简意赅，意味隽永。全文形象具体，观点鲜明。全文共83字，交代开端、发展和结果。“苛政猛于虎”：点明主题。“无苛政”：如千钧重锤，敲击执政者。妇女一家人宁死虎口，不接受比老虎更凶猛的苛政，是对暴政最直接、最沉重的控诉。老虎凶猛，犹可躲避。严酷政治，却无处藏身。寓意统治者应宽松政治，轻徭薄赋，以保障人民的生存权，文密理强，蕴含哲理。

（三）少年汪踦死国难

《礼记·檀弓下》说：

战于郎。公孙禺人遇负杖入保者息，曰：“使之

> 虽病也，任之虽重也，君子不能为谋也，士弗能死也，不可。我则既言矣！”与其邻童汪踦往，皆死焉。鲁人欲勿殇童汪踦，问于仲尼。仲尼曰：“能执干戈，以卫社稷，虽欲毋殇也，不亦可乎！”

意即，鲁哀公十一年春天，齐国国书率领军队攻伐鲁国，在曲阜近郊郎邑交战。鲁国公孙禺人，是鲁昭公的儿子，叫公叔务人，遇到一位扛棍棒的人，疲倦地走进城堡休息。公孙禺人感慨地说：“兵役调集多，使人民承受不了。赋税征收重，使人民负担不了。卿大夫没人能尽心谋划。士不肯为国牺牲，这不行。我既然已这样说，就应该做到！”跟邻居少年汪踦，共赴国难，一起牺牲。鲁国人不把汪踦看作年幼夭折，想用成年人的丧礼殓葬，请教孔子。孔子说：“汪踦能拿起武器，保卫国家，虽不把汪踦看作年幼夭折，想用成年人的丧礼殓葬，不也是可以的吗？”

孔子认为，少年汪踦为国捐躯，可打破常规，按成人之礼办丧事，不拘泥于礼的形式，重视礼的精神。

（四）子高临死想别人

《礼记·檀弓上》说：

> 成子高寝疾，庆遗入，请曰：“子之病革矣。如

至乎大病，则如之何？”子高曰：“吾闻之也：生有益于人，死不害于人。吾纵生无益于人，吾可以死害于人乎哉！我死，则择不食之地而葬我焉。”

意即，齐国大夫成子高卧病在床，庆遗探望，请示后事说：“您的病很危急。假如真的治不好，该怎么办？”子高说：“我听说：活在世上，要做对人有益的事，死后不要妨害别人。纵然我活着，没做有益于人的事，死后怎可妨害别人！我死后，选择不能耕种的土地，把我埋葬。”

《礼记·檀弓上》引国子高说：“葬也者，藏也。藏也者，欲人之弗得见也。是故，衣足以饰身，棺周于衣，椁周于棺，土周于椁，反壤树之哉！”孔颖达疏：“重古非今，今乃反更封壤为坟，而种树以标之哉！言不可以封壤种树也。国子意在于俭，非周礼之法。齐国大夫成子高临死想别人，清廉节俭，值得借鉴。”

（五）司城子罕哭门卫

《礼记·檀弓下》说：

阳门之介夫死，司城子罕入而哭之哀。晋人之觇宋者，反报于晋侯曰：“阳门之介夫死，而子罕哭之哀，而民悦，殆不可伐也。”孔子闻之曰：“善哉觇

> 国乎！《诗》云：‘凡民有丧，扶服救之。’虽微晋而已，天下其孰能当之？”

意即，宋国阳门守门卫士死，城防司令子罕进入灵堂吊唁，哭得哀痛。晋国派到宋国窥视军情的间谍，回报晋侯说：“阳门卫士死了，子罕哭得哀痛，人民深受感动。现在不能讨伐。”孔子听到说：“这个间谍了不起呀！《诗》说：‘每当人民有丧事，我都赶快尽力帮助。’即使不是晋国，天下强国谁能跟宋国敌对呢？”

（六）善于颂扬善祈祷

《礼记·檀弓下》说：

> 晋献文子成室，晋大夫发焉。张老曰：“美哉轮焉，美哉奂焉！歌于斯，哭于斯，聚国族于斯。”文子曰：“武也，得歌于斯，哭于斯，聚国族于斯，是全要领，以从先大夫于九京也。”北面再拜稽首。君子谓之善颂，善祷。

意即，晋卿献文子赵武，新造宫室落成。晋君献贺，大夫献礼。大夫张老赞美说：“真是既高大宽广，又美观庄丽啊！举行祭典奏乐，够用了。办丧事哭泣，够用了。办宴会，招待国宾，会聚宗族，够用了！”

赵武听了，体会到张老的话，在赞美之余，隐含着规劝，就回答说："我今后能在这里举行祭典奏乐、办丧事哭泣、办宴会、招待国宾、会聚宗族、必须战战兢兢，小心谨慎，保全性命，才能善终，以随从我先人，合葬于九原地下！"于是面向北方，一拜再拜，跪拜叩头，表示由衷感谢。有德君子都说，张老善于赞美歌颂，赵武善于谨慎祈祷。

成语"美轮美奂"出典。形容房屋高大众多，装饰华美。

（七）鲁穆公罢市求雨

《礼记·檀弓下》说：

> 岁旱，穆公召县子而问然。曰："天久不雨，吾欲暴尪而奚若？"曰："天久不雨，而暴人之疾子，虐，毋乃不可与！""然则吾欲暴巫而奚若？"曰："天则不雨，而望之愚妇人，于以求之，毋乃已疏乎？""徙市则奚若？"曰："天子崩，巷市七日。诸侯薨，巷市三日。为之徙市，不亦可乎！"

意即，这年闹旱灾，鲁穆公把悬子请来，向他请教说："天好久没下雨，我想把仰面朝天的残疾人，抓来在烈日下暴晒，祈求上天下雨，怎么样？"悬子说："天久不下雨，而在烈日下暴晒人家的病人，太暴虐了，不可以这样！”“那么我想把巫婆抓来，在烈日下暴晒，怎么样？”悬子说：“上天不下雨，而把希望寄托于愚昧的妇人，用这种方法求雨，岂不是离求雨的道理太远了吗？”“我决定罢市，禁止交易，表示哀悼，怎么样？”悬子说：“依照礼制，天子崩逝，改在街巷交易七天。诸侯去世，改在街巷交易三天。天很久不下雨，干旱成灾，因此改在街巷交易，是可以的！”

（八）陈子亢妙批殉葬

《礼记·檀弓下》说：

> 陈子车死于卫，其妻与其家大夫谋以殉葬。定而后，陈子亢至，以告曰：“夫子疾，莫养于下，请以殉葬。”子亢曰：“以殉葬，非礼也。虽然，则彼疾当养者，孰若妻与宰？得已，则吾欲已。不得已，则吾欲以二子者之为之也。”于是弗果用。

意即，齐国大夫陈子车死在卫国，他妻子和管家谋划，用活人殉葬。决定以后，子车弟弟陈子亢（孔子弟子）赶到，他妻子和管家把决定告诉子亢说：“先生病死，没人在九泉地下侍候，想用活人殉葬。”子亢说：“用活人殉葬，不合礼。虽然如此，如果死者病，在九泉地下需要人侍候，谁也比不上他妻子和管家。如果能取消用活人殉葬的决定，我希望取消。假如不能取消，我希望用他妻子和管家两人殉葬。”最后没有实行用活人殉葬。

《礼记·檀弓下》又说：

> 陈干昔寝疾，属其兄弟，而命其子尊已曰：“如我死，则必大为我棺，使吾二婢子夹我。”陈干昔死，其子曰：“以殉葬，非礼也，况又同棺乎？”弗果杀。

意即，陈干昔卧病不起，嘱咐兄弟，并命令儿子尊已说：“如果我死了，一定要为我做个大棺材，让我两个妾躺在我身边，夹住我。”陈干昔死了，他儿子说：“用活人殉葬，不合礼。何况又装殓在一个棺材里呢？”结果没有把两个妾杀掉殉葬。

《孟子·梁惠王上》说：“始作俑者，其无后乎！”东汉赵岐《孟子章句》说：“俑，偶人也，用之送死。仲尼重人类，谓秦穆公时以三良殉葬，本由有作俑者也。恶其始造，故曰此人其无后嗣乎！”

朱熹《孟子集注》：“俑，从葬偶人也。古之葬者，束草为人以为从卫，谓之刍灵，略似人形而已。中古易之以俑，则有面目机发，而大似人矣。故孔子恶其不仁，而言其必无后也。”

《礼记·檀弓下》说：“孔子谓为明器者，知丧道矣，备物而不可用也。哀哉！死者而用生者之器也，不殆于用殉乎哉！其曰明器，神明之也。涂车刍灵，自古有之，明器之道也。孔子谓为刍灵者善，谓为俑者不仁，不殆于用人乎哉！”

意即，孔子认为用明器殉葬的人，知道办丧事的道理，置备物件，而不可用。可悲呀！死者而用生者的器物殉葬，不就近于用活人殉葬！叫作明器，是尊奉死者为神明。用泥作车，用草扎人马，自古就有，这是明器的道理。孔子认为，用草扎人马殉葬，是心地良善，而用木俑殉葬，心地不仁，因为这接近于用活人殉葬！

可见，孔子认为，连用木俑殉葬，都是心地不仁，因为这接近于用活人殉葬，那么真的用活人殉葬，孔子更加反对了。《墨子·节葬下》更明确批判用活人殉葬说：“天子杀殉，众者数百，寡者数十。将军大夫杀殉，众者数十，寡者数人。”

二、生动故事讲礼经

《礼记》元典的表达方式，主要有论说和叙述两种。论说是讨论解说礼制是什么和为什么。如《礼运》论说世界大同和小康小安两种社会制度和治理境界，其思想义理渗透中国人的精神心灵，影响深远。叙述是记叙述说礼制怎么样。

如《檀弓上》有121段,《檀弓下》有213段，共334段，讲解上百个有头有尾的独立故事，叙述孔子和弟子等数十人的言语行事。主要是记录对话，叙述情节。阐述观点，说明道理。表现人物的精神气质、道德品质，涉及社会制度、丧葬礼仪、思想文化和风俗习惯。语言精练，含义深刻。传颂千古，影响重大。不仅文学价值很高，教育意义也很大。如“不食嗟来之食”、“苛政猛于虎”等经典故事，深入人心，永葆其生命活力和启发意义。以下分抒发感情、描写性格、刻画心理和表现机智四类，讲述礼经的生动故事，领略《礼记》的深湛义理。

（一）孔子命令倒肉酱

《礼记·檀弓上》说：

> 孔子哭子路于中庭。有人吊者，而夫子拜之。既哭，进使者而问故。使者曰：“醢之矣！”遂命覆醢。

子路，孔子最亲近的弟子之一，姓仲，名由，字子路。出身贫贱，为鄙人，常食藜藿之食，小孔子九岁，耿直好勇。《论语》提及38次。孟子赞他闻过则喜，与禹舜的德行并提。《论语·公冶长》引孔子说：“由也好勇过我。”“道不行，乘桴浮于海，从我者，其由与！”《论语·雍也》说：“由也果。”《论语·颜渊》说：“无宿诺。”《论语·阳货》说，孔子提醒他：“好勇不好学，其蔽也乱。”一生跟随并保护孔子，厄于陈蔡。《史记·仲尼弟子列传》记孔子说：“自吾得由，恶言不闻于耳。”《论语·先进》说：孔子说子路：“升堂矣，未入于室也。”做卫大夫孔悝的邑宰，以“食其食者不避其难”为由，参与贵族争斗，认为士“行义”，要“能勤苦”，“能轻死亡”，“能恬贫穷”。被击断冠缨，坚持“君子死而冠不免”的礼仪，重结缨带，被“醢之”（剁成肉酱）。

（二）孔子守礼严要求

《礼记·檀弓上》说：

> 孔子既得合葬于防，曰：“吾闻之，古也墓而不坟。今丘也，东西南北之人也，不可以弗识也。”于是封之，崇四尺。孔子先反，门人后，雨甚。至，孔子问焉，曰：“尔来何迟也？”曰：“防墓崩。”孔子不应。三，孔子泫然流涕曰：“吾闻之：古不修墓。”

意即，孔子少孤，不知父亲的墓。后来有机会把父母合葬在防地。最初，孔子考虑古时殷代礼制是“墓而不坟”：只修墓，不封土。后来考虑自己走南闯北，东西南北，忙碌不停，不能不做个标识，于是据周代礼制，在墓上封土，高四尺。孔子先返家，门人善后。雨下得很大，门人到家，孔子问说：“你们怎么回来这么迟？”门人说：“防地墓崩塌！”孔子不应声。门人连说三次，孔子流泪说：“我听说：古人不修墓！”

故事描写孔子为父母合葬修墓一事，陷于感情跟礼制的矛盾心理。由不修，到修，又到不修。最后悔恨修墓，违反古代礼制，致令坟墓崩塌，流泪表示悔恨。可见孔子守礼，严格要求自己。

（三）孔子临死作挽歌

《礼记·檀弓上》说：

> 孔子早作，负手曳杖，逍遥于门，而歌曰：“泰山其颓乎！梁木其坏乎！哲人其萎乎！”既歌而入，当户而坐。子贡闻之曰：“泰山其颓，则吾将安仰？梁木其坏，则吾将安杖？哲人其萎，则吾将安放？夫子殆将病也。”遂趋而入。夫子曰：“赐！尔来何迟也？夏后氏殡于东阶之上，则犹在阼也。殷人殡于两楹之间，则与宾主夹之也。周人殡于西阶之上，

则犹宾之也。而丘也，殷人也。予畴昔之夜，梦坐奠于两楹之间。夫明王不兴，则天下其孰能宗予？予殆将死也。”盖寝疾七日而没。

意即，孔子早晨起来，背着手，拖着手杖，消闲自在地在门外散步，作歌唱道：“泰山要塌了！梁柱要坏了！哲人要枯萎了！”唱完进入房间，面向门坐下。子贡听到歌声说：“泰山要塌了，那我们还仰望什么？梁柱要坏了，那我们还依靠什么？哲人要枯萎了，那我们还仿效谁？老师您这是生病了吧！”于是赶快走进房间。孔子说：“赐！你怎么来得这么晚呢？夏后氏停灵在东阶上，那是处在主人的位置。殷人停灵在两柱中间，那是处在宾主之间的位置。周人停灵在西阶上，那是处在宾客的位置。我孔丘是殷人的后代。我昨天夜里，做梦坐落在两柱之间。圣明的君王没有出现，天下有谁能尊重我？我大概快死了。”于是卧病七天，就去世了。

孔子自作挽歌，悲悯哀伤，自叹自慰。写出了伟人老者临死的情感，舒缓安详，肃穆宽阔。

（四）曾子执着价值观

《礼记·檀弓上》说：

曾子寝疾，病。乐正子春坐于床下。曾元、曾申坐于足，童子隅坐而执烛。童子曰："华而睆。大夫之箦与？"子春曰："止！"曾子闻之。瞿然曰："呼！"曰："华而睆，大夫之箦与？"曾子曰："然。斯季孙之赐也，我未之能易也。元，起易箦。"曾元曰："夫子之病革矣，不可以变，幸而至于旦，请敬易之。"曾子曰："尔之爱我也不如彼，君子之爱人也以德，细人之爱人也以姑息。吾何求哉？吾得正而毙焉，斯已矣。"举扶而易之，反席未安而没。

意即，曾子卧病在床，病情严重。曾子学生乐正子春坐在床下，曾子儿子曾元、曾申坐在脚旁，童仆坐在墙角，手拿烛火。童仆说："席子花纹华丽光洁，是大夫用的席子吧？"乐正子春说："住口！"曾子听到了，突然惊醒过来说："啊！"童仆又说道："席子花纹华丽光洁，是大夫用的席子吧？"曾子说："是的，这是季孙氏送给我的，我没有力气换掉它。元啊，扶我起来，把席子换掉。"曾元说："您老人家的病很危急，不能移动，希望能等到天亮，再让我来换掉。"曾子说："你爱我，不如那童仆，君子爱人，做善事，成全德行，小人爱人，姑息迁就。我现在还要求什么呢？我只盼望死得合于正礼罢了。"于是大家扶起曾子，换了席子，再把他扶回到床上，还没有放安稳，曾子就去世了。

曾子临死前，要求换掉华丽的卧席，是以行动维护“礼”，不是大夫身份，不享受大夫的待遇。维护信念，慎终如始，严于律己，以身作则。其做法不足为训，但其精神可嘉可鉴。正人先正自己，精神源于信念，信念是执着追求的价值观，没有信念支撑，不可能始终如一，坚持到底。

（五）子夏投杖改索居

《礼记·檀弓上》说：

> 子夏丧其子，而丧其明。曾子吊之曰：“吾闻之也：朋友丧明，则哭之。”曾子哭，子夏亦哭，曰：“天乎！予之无罪也！”曾子怒曰：“商，汝何无罪也？吾与汝事夫子于洙、泗之间，退而老于西河之上，使西河之民疑汝于夫子，尔罪一也。丧尔亲，使民未有闻焉，尔罪二也。丧尔子，丧尔明，尔罪三也。而曰汝何无罪与？”子夏投其杖，而拜曰：“吾过矣！吾过矣！吾离群而索居，亦已久矣！”

子夏是字，姓卜，名商，魏人，以文学著称。《论语·先进》说：“文学：子游，子夏。”才思敏捷，讲学于黄河济水间，为魏文侯师，儒家经典传授者。子夏性格孤僻，少合群，与曾子要好。这里描写，曾子诚恳指出子夏过错，子夏勇于改过，追源离群索居，而改弦更张，节哀合群。

曾子批评子夏错误之一，是子夏在魏国西河教书，使西河之民误认子夏就像孔子。孔颖达疏说："既不称师，自为谈说，辨慧聪睿，绝异于人，西河之民疑汝道德与夫子相似。"错误之二，是居亲之丧，没有出色表现使人知晓。错误之三，是把儿子看得太重。子夏儿子死了，子夏哭瞎眼睛。孔颖达疏说："此一节论子夏恩隆于子之事。"

曾子，姓曾，名参，生于鲁国南武城（今山东平邑）。与父亲曾点，同受业于孔子。《说苑·立本》说："曾子衣弊衣以耕。"传授儒经，处事谨慎，以孝道著称，重修身，倡导"吾日三省吾身"。

（六）过犹不及论师商

《礼记·檀弓上》说：

> 子夏既除丧而见，予之琴，和之而不和，弹之而不成声。作而曰："哀未忘也。先王制礼，而弗敢过也。"子张既除丧而见，予之琴，和之而和，弹之而成声，作而曰："先王制礼，不敢不至焉。"

子夏去掉丧服后，去见孔子。孔子给他琴，他调整不了琴弦，弹奏不成声调，站起来说："悲哀没有忘。先王制定礼制，我不敢超过。"子张去掉丧服后，去见孔子。孔子给他琴，他调整好了琴弦，弹奏成声调，站起来说："悲哀没有忘。先王制定礼制，我不敢达不到。"

这一测试，正好引证了对二人的一贯评价："过犹不及。"即子张过，子夏不及。《论语·先进》载子贡问："师与商也孰贤？"孔子说："师也过，商也不及。""然则师愈与？"孔子说："过犹不及。"《论语·先进》说："师（子张）也辟（偏激）。"子张，姓颛孙，名师，字子张。出身微贱，当过马市的经纪人。《论语》记子张问学于孔子20次，从孔子周游列国，曾困于陈蔡。

（七）任性佯狂是原壤

《礼记·檀弓下》说：

> 孔子之故人曰原壤，其母死，夫子助之沐椁。原壤登木曰："久矣，予之不托于音也！"歌曰："狸首之斑然，执女手之卷然！"夫子为弗闻也者而过之。从者曰："子未可以已乎？"夫子曰："丘闻之：亲者毋失其为亲也，故者毋失其为故也。"

意即，孔子老朋友原壤的母亲死了，孔子帮助做棺材。原壤爬到木头上，用手击打木头，发出乐音，口里唱着歌说："很久了，我没有把心意寄托在音乐里了！"歌道："这棺材板子的花纹斑点，就像野猫的脸哪！我握住你孔夫子的手，就像握住女人的手，真是柔和软弱呀！"原壤的意思，是让孔子高兴。但是在服丧期间，这真是非礼之甚。孔子假装没听见，就让他过去了。跟从的人对孔子说："您怎么不跟他绝交，不给他做棺材了！"孔子说："我听说：亲人总是亲人，老朋友总是老朋友。"

原壤虽有非礼，但无杀父害君等重大恶行，故不能绝交，反映孔子待人，既有原则性，也有灵活性，体现宽容、宽大和宽厚的一面。孔颖达疏说："此一节论孔子无大故，不遗故旧之事。""无大故，不遗故旧"意即，没有特别重大的理由，不遗弃老朋友。

原壤性格是，佯狂任性，放浪形骸，不拘礼法，超然礼外。《论语·宪问》说："原壤夷俟。"即两腿八字张开，坐地等待。孔子说："幼而不逊悌，长而无述焉，老而不死，是为贼。"以杖扣其胫。

（八）众生切磋求真理

孔子学生有子、曾子和子游三人，在孔子卒后，辨析孔子言论"丧欲速贫；死欲速朽"的是非含义。《礼记·檀弓上》说：

有子问于曾子曰："问丧于夫子乎？"曰："闻之矣：丧欲速贫，死欲速朽。"有子曰："是非君子之言也！"曾子曰："参也闻诸夫子也！"有子又曰："是非君子之言也！"曾子曰："参也与子游闻之！"有子曰："然。然则夫子有为言之也。"曾子以斯言告于子游。子游曰："甚哉，有子之言似夫子也！昔者夫子居于宋，见桓司马自为石椁，三年而不成。夫子曰：'若是其靡也，死不如速朽之愈也！'死之欲速朽，为桓司马言之也。南宫敬叔反，必载宝而朝。夫子曰：'若是其货也，丧不如速贫之愈也！'丧之欲速贫，为敬叔言之也！"曾子以子游之言告于有子。有子曰："然。吾固曰：'非夫子之言也！'"曾子曰："子何以知之？"有子曰："夫子制于中都，四寸之棺，五寸之椁，以斯知不欲速朽也。昔者夫子失鲁司寇，将之荆，盖先之以子夏，又申之以冉有，以斯知不欲速贫也！"

意即，有子问曾子说："你向孔夫子请教过，丧失官职禄位后，如何自处吗？"曾子说："听说过：丧失官职禄位，就赶快变得贫困，死了就快点腐朽。"有子坚持说："这不是君子说的话。"曾子曰："这是我从孔夫子那里听到的。"有子再坚持说："这不是君子说的话。"曾子说：

“我跟子游都听到了。”有子说：“既然如此，那孔夫子一定是有针对性，就具体问题来说的。”曾子把这些话告诉子游。子游说：“不得了啊！有子说话，真像孔夫子呀！从前，孔夫子住在宋国，见到桓司马亲自督造石椁，三年还没造成。孔夫子说：‘像这样奢侈，死了还不如快点腐朽好。’‘死了还不如快点腐朽好。’这是专门针对桓司马来说的。南宫敬叔丧失官职禄位后，每次回朝，一定装载宝物回朝行贿。孔夫子说：‘像这样用宝物来行贿，丧失官职禄位，还不如赶快变得贫困好。’丧失官职禄位，还不如赶快变得贫困好。这是专门针对南宫敬叔来说的。”曾子把子游的话，告诉有子。有子说：“这就对了。我本来就说：‘这不是君子说的话。’”曾子说：“你怎么知道的？”有子说：“孔夫子当中都宰，制定制度，四寸的棺材，五寸的墓椁，根据这个我知道孔夫子并不主张死了还不如快点腐朽好。从前孔夫子失去鲁国司寇官职，将要应聘于楚国，就让子夏、冉有先后去打前站，汲汲于仕途禄位，根据这个我知道孔夫子并不主张丧失官职禄位，就赶快变得贫困好。”

有子与曾子争论孔夫子言论“丧失官职禄位，就赶快变得贫困，死了就快点腐朽”的是非和含义。本来，孔夫子的言论，是针对具体问题，有具体含义，而曾子“断章取义”，做了一般化理解，并且子游也听到了，作为旁证，这是“以众取证”、“重复为真”的谬误论证。但是子游具体分析孔夫子言论的语用含义，揭示其具体的针对性：宋大夫桓司马造石椁的侈靡；鲁国南宫敬叔载宝物回朝行贿。有子又举出有力的反证：孔夫子当中都宰，制定“四寸之棺，五寸之椁”的丧葬制度；失去鲁国司寇官职，将要应聘于楚国，派子夏、冉有打前站，汲汲仕途禄位。曾子被迫认输，有子为之总结。对真理积极探求，层层分析。一脉相贯，众流归壑。有黄河九曲之胜，语言逻辑之理。

（九）软弱愚忠是申生

刻画太子申生的软弱愚忠，对其心理细致描写。《礼记·檀弓上》说：

> 晋献公将杀其世子申生。公子重耳谓之曰：“子盍言子之志于公乎？”世子曰：“不可。君安骊姬，是我伤公之心也。”曰：“然则盖行乎？”世子曰：“不可。君谓我欲弑君也。天下岂有无父之国哉？吾何行如之？”使人辞于狐突曰：“申生有罪，不念伯氏之言也，以至于死。申生不敢爱其死。虽然，吾君老矣，子少，国家多难，伯氏不出而图吾君。伯氏苟出而图吾君，申生受赐而死。”再拜稽首，乃卒，是以为恭世子也。

意即，晋献公想要杀掉太子申生。公子重耳告诉申生说："你为什么不把自己心中的想法，对父亲说呢？"太子说："不行。父亲有骊姬才得安乐，我说出来会伤他的心。"重耳又说："那么为什么不逃走呢？"太子说："不行。父亲会说我想谋害他。天下哪里有没有国父的国家？再说我能逃到哪里去呢？"于是申生派人向师傅狐突告别说："我申生有罪，没有听从您的忠告，以至于只有去死。我不敢贪生怕死。虽然如此，但国君年纪老了，爱子年纪又小。国家有许多忧患，您又不出来为国君出谋划策。如果您出来为国君出谋划策，我就得到您的恩惠，甘愿去死。"申生再拜，叩头行礼，自尽身亡。因此，人们赠他谥号恭世子。

（十）屠夫智讽晋平公

《礼记·檀弓下》说：

> 智悼子卒，未葬，平公饮酒。师旷、李调侍，鼓钟。杜蒉自外来，闻钟声，曰："安在？"曰："在寝。"杜蒉入寝，历阶而升，酌，曰："旷饮斯！"又酌，曰："调饮斯！"又酌，堂上北面坐饮之，降，趋而出。平公呼而进之，曰："蒉！曩者尔心或开予，是以不与尔言。尔饮旷何也？"曰："子卯不乐。智悼子在堂，斯其为子卯也大矣！旷也，大师

也，不以诏，是以饮之也。”“尔饮调何也？”曰：“调也，君之亵臣也，为一饮一食，亡君之疾，是以饮之也。”“尔饮何也？”曰：“蒉也，宰夫也，非刀匕是共，又敢与知防，是以饮之也。”平公曰：“寡人亦有过焉，酌而饮寡人！”杜蒉洗，而扬觯。公谓侍者曰：“如我死，则必无废斯爵也！”至于今，既毕献，斯扬觯，谓之“杜举”。

意即，智悼子死了，还没有下葬。晋平公饮酒作乐，师旷、李调陪伴侍奉，敲击编钟，演奏乐曲。杜蒉从外面来，听到编钟声说：“国君在哪？”仆人说：“在寝宫。”杜蒉前往寝宫，拾阶而上，斟酒道：“师旷干了这杯罚酒！”又斟酒道：“李调干了这杯罚酒！”再斟酒，在大厅的北面，面对国君坐下，干了酒。走下台阶，跑着出去。平公喊他进来说：“蒉，刚才我心想，你可能要开导我，所以不跟你说话。你罚师旷喝酒，是为什么啊？”杜蒉说：“子日和卯日不演奏乐曲。智悼子还停灵在堂上，哀痛应该比子卯忌日还大。师旷是太师，他不告诉您道理，所以罚他喝酒啊！”“你罚李调喝酒，是为什么呢？”杜蒉说：“李调是君主身边的近臣，为了一点喝的，一点吃食，忘记君主的忌讳，所以罚他喝酒啊！”“你自己罚自己喝酒，是为什么呢？”杜蒉说："我杜蒉，膳食官而已，不去管刀勺的事务，却敢对国君讲道理，防范错误的事，所以罚自己喝酒！"平公说："我也有过错，斟酒来罚我！"杜蒉洗干净酒杯，高高举起。平公对侍从说："如果我死了，千万不要丢弃这酒杯，以便借鉴！"直到今天，人们敬完酒后，都要高举酒杯，叫作"杜举"。

这里讲晋国大夫智悼子死了，晋平公却饮酒作乐，杜蒉认为这样做违礼，但他只是一名宰夫，地位卑微，不便犯颜直斥平公的缺点，于是机智采用间接批评他人的方式，讽谏平公。晋平公醒悟，接受杜蒉的谏劝。杜蒉进谏，如果当时直接指出平公的缺点，平公未必能接受。于是在罚酒三杯之后，即快步走出，引起平公的注意。待平公主动问及，他才一一说出，平公爽然自失，不得不接受。杜篑是善于提意见的人。

这里以叙事始，勾勒背景，欲擒故纵，旁敲侧击，诱人深入，处处设伏，层层剥笋，意到气足，最后大获全胜，余味无穷。

三、《礼记》写成众人功

（一）戴氏叔侄传薪火

《汉书 · 艺文志》礼类经籍著录："《记》一百三十一篇。"班固自注说："七十子后学者所记也。"

戴德从西汉前期《礼记》131篇中，选85篇，称《大戴礼记》。戴圣选编49篇，称《小戴礼记》。东汉后期大戴本不流行，以小戴本专称《礼记》。戴圣，梁郡（今河南商丘）人。宣帝时，任九江太守，后为博士。跟叔父戴德一起，向后仓学礼，时人叫小戴。戴圣叔父戴德，宣帝时为博士，编《大戴礼记》85篇，传到唐代，存39篇。

《隋书·经籍志》说："汉初，河间献王又得仲尼弟子及后学者所记一百三十一篇，献之。时亦无传之者。至刘向考校经籍，检得一百三十篇，向因第而序之。而又得《明堂阴阳记》三十三篇，《孔子三朝记》七篇，《王史氏记》二十一篇，《乐记》二十三篇，凡五种合二百一十四篇。戴德删其烦重，合而记之，为八十五篇，谓之《大戴礼》。而戴圣又删大戴之书，为四十六篇，谓之《小戴礼》。汉末马融遂传小戴之学。融又足《月令》一篇，《明堂位》一篇，《乐记》一篇，合四十九篇。而郑玄受业于融，又为之注，今《周官》六篇，《古经》十七篇，《小戴记》四十九篇，凡三种，唯郑注立于国学，其余并多散亡，又无师说。"

刘向在成帝时，整理宫廷藏书，为每部书写《叙录》一篇，其子刘歆汇抄为《别录》。刘向和刘歆受成帝诏，总校群书。刘歆在哀帝时，领五经，集六艺群书，撰

《七略》，是班固《汉书·艺文志》的蓝本。

（二）郑玄颖达作注疏

东汉末郑玄兼收古今，博采众长，为《仪礼》、《周礼》、《礼记》作注，合称“三礼”。《礼记》价值高于《仪礼》、《周礼》。从东汉起，经目不断递增，把从属五经的传记，记载孔孟言行的《论语》、《孟子》也叫经。

清章学诚《文史通义》说：“后世著录之家，因文字之繁多，不尽关于纲纪，于是取先圣之微言，与群经之羽翼，皆称为经。如《论语》、《孟子》、《孝经》，与夫大小《戴记》之别于《礼》；《左氏》、《公》、《穀》之别于《春秋》，皆题为经，乃有九经、十经、十三、十四诸经，以为专部，盖尊经而并及经之支裔也。而儒者著书，始严经名，不敢触犯，则尊圣教而慎避嫌名，盖犹三代以后，非人主不得称我为朕也。然则今之所谓经，其强半皆古人之所谓传也。古之所谓经，乃三代盛时，典章法度，见于政教行事之实，而非圣人有意作为文字以传后世也。”

唐代列《礼记》入“九经”。《春秋》分三传：《左传》、《公羊传》、《穀梁传》。《礼经》分三礼：《周礼》、《仪礼》、《礼记》。这六部书，加《易》、《诗》、《书》，并称“九经”。立于学官，开科取士。唐孔颖达等撰《礼记正义》，传习较广。

宋代推崇《礼记》，“五经”礼书类列《礼记》，不列《仪礼》、《周礼》。南宋列《礼记》入“十三经”，即由唐朝九经，加《论语》、《尔雅》、《孝经》三种，增《孟子》一种构成。

明清以《礼记》为士人必读书。清人孙希旦《礼记集解》较为通行。《大戴礼记》郑玄未作注，流传不广。北周卢辩作注，极简略，少有人传抄研习，唐宋以来佚失大半。

《礼记》、《仪礼》、《周礼》、《大戴礼记》4部礼书，是记载儒家礼制的书，今天可用历史观点、科学分析方法，去粗取精，去伪存真，汲取借鉴。

四、恭敬节俭礼教成

关于礼的治理教化作用，《礼记 · 经解》引孔子说：“入其国，其教可知也”，“其为人也”，“恭俭庄敬，礼教也”，“礼之失烦”，“其为人也”，“恭俭庄敬而不烦，则深于礼者也”。

意即，到了一个国家，可以看出那里教化施行的情况。如果人恭顺节俭，庄重谨慎，是施行礼教的结果。礼教的缺陷，是繁琐细碎，不宜实行。一个国家的人民，如果恭顺节俭，庄重谨慎，又不繁琐细碎，就是深知礼教的意义。

孔颖达"恭俭庄敬，礼教也"疏说："礼以恭逊节俭，齐庄敬慎为本。若人能恭敬节俭，是礼之教也。""礼之失烦"疏说："礼主文物，恭俭庄敬，若不能节制，则失在于烦苛。"

《礼记》解说"礼"的意义，是儒家礼治、人格教育的蓝本，是中华民族生活经验，精神智慧的结晶，是值得批判继承的宝贵遗产。

孔子说："不学礼，无以立。"即不学礼，就无法立足社会。中国是文明礼仪之邦。有礼为光荣，无礼是羞耻。学礼重礼，讲究文明礼貌，做堂堂正正文明礼貌的中国人，有助于实现中华民族的伟大复兴。《礼记》记述礼仪制度，随时空变迁，其文明礼貌精神，涉及社会政治、伦理哲学理论，恒久不变，有超时空的普世价值，可做今人借鉴。

五、大道之行天下公

《礼记》有对公正公平社会的向往，即世界大同的政治理想。《礼记·礼运》说：

> 昔者仲尼与于蜡宾。事毕，出游于观之上，喟然而叹。仲尼之叹，盖叹鲁也。言偃在侧曰："君子何叹？"孔子曰："大道之行也，与三代之英，丘未

之逮也，而有志焉。

大道之行也，天下为公。选贤举能，讲信修睦。故人不独亲其亲，不独子其子。使老有所终，壮有所用，幼有所长。鳏寡孤独废疾者，皆有所养。男有分，女有归。货，恶其弃于地也，不必藏于己。力，恶其不出于身也，不必为己。是故谋闭而不兴，盗窃乱贼而不作，故户外而不闭：是谓大同。”

“今大道既隐，天下为家。各亲其亲，各子其子。货力为己，大人世及以为礼。城郭沟池以为固，礼义以为纪。以正君臣，以笃父子。以睦兄弟，以和夫妇。以设制度，以立田里。以贤勇知，以功为己。故谋用是作，而兵由此起。禹汤文武成王周公，由此其选也。此六君子者，未有不谨于礼者也。以著其义，以考其信，著有过。刑仁讲让，示民有常。如有不由此者，在势者去，众以为殃，是谓小康。”

意即，以前孔子曾参加蜡祭陪祭者的行列。仪式结束，出游到阙上，不禁发出一声长叹。孔子之叹，大概是叹鲁国吧！子游在旁边问：“您为何感叹呢？”孔子说：“说到原始社会至善至美准则的实行，跟夏商周三代杰出人物相比，我赶不上他们，却也有志于此啊！

大道实行的时代，天下属于公众。选举贤能，讲究诚信，和睦相处。人不只亲爱自己的父母，不只慈爱自己的儿女。使老人安享天年，壮年贡献能力，幼儿健康成长。鳏寡孤独，残疾病人，都得到供养。男人有职分，女人有家庭。货物厌恶丢弃在地上浪费，不必自藏私用。有能力厌恶不肯使用，出力不必为自己。阴谋诡计不会产生，盗窃害人的事不会出现，大门可以不关：这叫世界大同。

如今大道消失，天下成为私家。只敬爱自己父母，疼爱自己子女。藏货出力为自己。天子诸侯把父子世代相传，兄终弟及作为礼制。把内外城墙护城河作为防守设施。把礼义作为准则，摆正君臣关系，使父子关系纯厚，使兄弟关系和睦，使夫妻关系和谐，建设制度，划分田里。尊重勇武智慧的人，立功起事为自己。奸诈之心由此产生，战乱由此兴起。夏禹、商汤、周文王、周武王、周成王、周公成为三代诸王中的杰出人物，是按照礼义从中选拔出来的。这六位杰出人物，都谨遵礼制。用礼制表彰仁义，考验信实，昭示过错，效法仁爱，讲究礼让，指示人民正常的法则。如果有不遵循礼义的，有权势的被罢免，众人把它当作灾祸：这叫小康。”

世界大同是最高理想，这是指五帝，即黄帝、颛顼、帝喾、尧、舜的时代。政治规范是：“大道之行也，天下为公。选贤举能，讲信修睦。”社会规范是：“人不独亲其亲，不独子其子。使老有所终，壮有所用，幼有所长。鳏寡孤独废疾者，皆有所养。男有分，女有归。”经济规范是：“货，恶其弃于地也，不必藏于己。力，恶其不出于身也，不必为己。”没有私产，人人劳动，共同富裕。治安境界是：“谋闭而不兴，盗窃乱贼而不作，故外户而不闭。”

这种理想社会，是“天下为公”。个人与社会融为一体。每人关注公共事务，私有观念不存在。商品全民共有，不藏于己。相互信任，亲密无间，团结合作。每人对每个社会成员博爱。没有苦难，不被忽视、遗弃。老人得享天年，壮年发挥所长，少年受到教育，鳏寡孤独和残疾人得到关怀照料，物质资源充分利用，人人愿意为社会贡献。没有盗贼，没有暴徒，没有战争，没有邪恶念头。夜不闭户。

马克思、恩格斯说：“在共产主义社会高级阶段上，在迫使人们奴隶般地服从分工的情形已经消失，从而脑力劳动和体力劳动的对立也随之消失之后；在劳动已经不仅仅是谋生的手段，而且本身成了生活的第一需要之后；在随着个人的全面发展生产力也增长起来，而集体财富的一切源泉都充分涌流之后，只有在那个时候，才能完全超出资产阶级法权的狭隘眼界，社会才能在自己的旗帜上写上：各尽所能，按需分配！”[①] 这种理想目标是“天下为公”，分配原则是“按需分配”，与《礼记·礼运》大同说有契合点。“天下为公”是中华民族传统思想体系中的一个重要组成部分，是马克思主义的科学共产主义思想，是在继承包括“天下为公”在内的人类一切优秀思想文化成果的基础上提出来的。

孙中山于1924年8月3日在《民生主义》中说：“我们要解决中国的社会问题，和外国是有相同的目标。这个目标，就是要全国人民都可以得安乐，都不致受财产分配不均的痛苦。要不受这种痛苦的意思，就是要共产。所以我们不能说共产主义与民生主义不同。我们三民主义的意思，就是民有、民治、民享，这个民有、民治、民享的意思，就是国家是人民所共有，政治是人民所共管，利益是人民所共享。照这样的说法，人民对于国家不只是共产，一切事权都是要共的。这才是真正的民生主义，就是孔子所希望之大同世界。”“民生主义就是社会主义，又名共产主义，即是大同主义。”[②]

孙中山念念不忘“天下为公”的传统思想，常把《礼运》篇“大同”的全段文字抄送友人。孙中山题词，有

① 《马克思恩格斯全集》第25卷，人民出版社2001年版，第20页。

② 《孙中山全集》第9卷，中华书局1986年版，第355页。

受主姓氏的“天下为公”32件。“天下为公”被东汉经学家郑玄注：“公犹共也”，即“公”就是“共”的意思。“天下为公”，即天下是全体天下人共有的天下。孙中山的理想、目标，浓缩在“天下为公”四字中。孙中山在南京大总统办公室所挂条幅是：“天下为公，世界大同。”刘望龄辑注《孙中山题词遗墨汇编》题赠“天下为公”和“大同”40件，1件录《礼记·礼运》大同全文。

孔子理想社会的初级阶段是“小康”、小安的社会，即禹、汤、文王、武王、成王、周公三代圣贤社会治理的目标原则是：“谨于礼”，“礼义以为纪。以正君臣，以笃父子。以睦兄弟，以和夫妇。以设制度，以立田里。以贤勇知，以功为己”。“以著其义，以考其信，著有过。刑仁讲让，示民有常。如有不由此者，在势者去，众以为殃。”

政治制度和军事防守的原则是：“大道既隐，天下为家。各亲其亲，各子其子。”“大人世及以为礼。城郭沟池以为固。”从禹开始，传位于子，把天下变为家，实行家天下和宗法制。天子诸侯把父子世代相传，兄终弟及作为礼制，公位私传，互相争夺，所以就用内外城墙护城河，强力护卫权力地位。

经济生活原则是“货力为己”，即藏货为身，出力为己。治安状况是“谋用是作，而兵由此起”，即奸诈之心由此产生，战乱由此兴起。这种“小康”即小安的社会，用礼制和暴力保守权位，搞家天下，宗法制，私有制，与“大道之行也，天下为公”相比，是优劣并存，利弊兼生，需要用世界大同、天下为公的理想，择优汰劣，兴利除弊，改进改良，使之趋向完美，成为人们的共同愿望和目标。

六、成语名言意味浓

成语：“礼尚往来。”《礼记·曲礼上》说：“礼尚往来。往而不来，非礼也。来而不往，亦非礼也。人有礼则安，无礼则危。故曰：礼者不可不学也。夫礼者，自卑而尊人。虽负贩者，必有尊也，而况富贵乎？富贵而知好礼，则不骄不淫。贫贱而知好礼，则志不慑。”

意即，礼的原则，崇尚有往有来。往而不来，不合乎礼。来而不往，也不合乎礼。人们遵守礼的规范，社会便得以安定，无视礼的规范，社会便会倾危。所以说，礼不能不学。礼的实质，在于对自己谦卑，对别人尊重。即使是挑着担子做买卖的小贩，也一定有尊严，更何况富贵的人呢？富贵的人知道爱好礼，就不会骄奢淫逸。贫贱的人知道爱好礼，志向就不会被屈服。

“礼尚往来”的原则，用于正确处理人际关系。近义词，有“投桃报李”、“得牛还马”。反义词，有“来而不往”、“有来无往”。阳虎（即阳货），是春秋末鲁国贵族季孙氏家臣，占据阳关（今泰安东南），有权有势，掌管国政，想让孔子做他的助手，孔子不愿意，又不好拒绝，于是敷衍他。

《论语·阳货》说，阳虎特地登门拜访孔子，孔子借故不见。阳虎特地给孔子留下一只烤乳猪，知道孔子讲究“礼尚往来”，终于得到孔子回访。孔子特地乘他不在家时，去拜谢。公元前502—前501年，阳虎谋杀季桓子不成，据阳关叛失败，奔齐，经宋，到晋，做赵简子的谋臣。宋胡寅《斐然集·寄唐坚伯》说：“礼尚往来思报久，情深汲引屡抛砖。”意即，我早想回报你，由于情深汲引，我总是抛砖引玉。

“傲不可长。”《礼记·曲礼》说：“傲不可长，欲不可纵，志不可满，乐不可极。贤者狎而敬之，畏而爱之。爱而知其恶。憎而知其善。积而能散，安安而能迁。临财毋苟得，临难毋苟免。很，毋求胜。分，毋求多。疑事毋质，直而勿有。”

《礼记·大学》说：“故好而知其恶。恶而知其美者。天下鲜矣！故谚有之曰：‘人莫知其子之恶，莫知其苗之硕。’”即对你所喜欢的人，要知道他的缺点。对你所厌恶的人，要知道他的优点。所以俗话说：“人都是不知道自己儿子的坏处，不知道自家的稻苗已经长得很茁壮。”

北齐颜之推《颜氏家训·止足》引用“欲不可纵，志不可满”说：人的欲望没有穷尽，只有减少要求，要常常知足，有个界限。天下有条公理：不能骄傲，有过分要求。只有谦虚知足，才可能避免祸害。人活着，穿衣服是为了御寒。吃食物是为了不饿。穿暖吃饱，不能再穿再吃。身体的要求，有个极限，不能过分奢侈。身外之物，怎能穷奢极欲？西周穆王，去西方巡游作乐，引起东方徐戎族反叛。秦始皇统一中国，滥用民力，到秦二世胡亥，就天下大乱，秦便灭亡。西汉武帝刘彻，好大喜功，滥用民力，晚年社会动荡，发生宫廷变乱。周穆王、秦始皇、汉武帝身为天子，拥有天下，由于不知满足，因此或败亡或困窘，何况平民百姓？住处能挡风，车马够乘坐，就可以了。财产过多，要讲究道义，分给别人。财产不足，不要用不正当手段谋求。

“教学相长。”教与学互相增长。通过教授学习，使学生进步，教师得到提高。师生互动，教学相长。《礼记·学记》说：“虽有嘉肴，弗食，不知其旨也。虽有至道，弗学，不知其善也。是故学，然后知不足。教，然后知困。知不足，然后能自反也。知困，然后能自强也。故曰，教学相长也。”

“一张一弛。”《礼记·杂记下》说：“张而不弛，文武弗能也。弛而不张，文武弗为也。一张一弛，文武之道也。”孔子学生子贡随孔子看祭礼。孔子问子贡：“赐（子贡）也乐乎？”子贡说：“一国之人皆若狂，赐未知其乐也。”即一国之人都这么狂欢，我不知道有什么可乐的。孔子说：“张而不弛，文武不能也。弛而不张，文武弗为也。一张一弛，文武之道也。”

文武指周文王、武王。一直把弓弦拉得很紧，不松弛，周文王、武王无法办到。一直松弛，不紧张，周文王、武王不愿这样。有时紧张，有时放松，是周文王、武王的办法。儒家的精神，是“张”，希望一生“立德、立功、立言”，大有成就，所以生活紧张，积极有为，主张“知其不可而为之”。而道家的精神，是“弛”，主张“无为而治”。

“特立独行。”立身行事独特，不随波逐流。《礼记·儒行》说：“儒有澡身而浴德，陈言而伏，静而正之。上弗知也，粗而翘之，又不为急也。不临深而为高，不加少而为多。世治不轻，世乱不沮，同弗与，异弗非也。其特立独行有如此者。”唐韩愈《伯夷颂》说：“士之特立独行，适于义而已。不顾人之是非，皆豪杰之士，信道笃而自明者也。”

“敬业乐群。”即对事业尽职，跟群众相处融洽。如说：“敬业乐群，以文会友。”《礼记·学记》说，“古之教者”，“三年视敬业乐群”，即敬亲艺业，乐愿与众多好朋友群居。梁启超《敬业与乐业》说："我这题目，是把《礼记》里头'敬业乐群'和《老子》里头'安其居，乐其业'那两句话，断章取义造出来的。我所说的是否与《礼记》、《老子》原意相合，不必深求；但我确信'敬业乐业'四个字，是人类生活的不二法门。"

"瑕不掩瑜。"《礼记·聘义》说："瑕不掩瑜，瑜不掩瑕，忠也。"即玉石的斑点，不能掩盖美玉的光泽。美玉的光泽，也不能掩盖玉石的斑点。这是忠于事实，如实显现。

名言："孤陋而寡闻。"《礼记·杂记》说："独学而无友，则孤陋而寡闻。""玉不琢，不成器。"《礼记·学记》说："玉不琢，不成器；人不学，不知道。是故古之王者建国君民，教学为先。"

"凡人之所以为人者，礼义也。"见《礼记·冠义》。《论语·季氏》说："不学礼，无以立。"《论语·尧曰》说："不知礼，无以立也。"《论语·泰伯》说："兴于诗，立于礼。"《左传·昭公七年》说："礼，人之干也。无礼，无以立。"《诗·相鼠》说："相鼠有皮，人而无仪？人而无仪，不死何为？相鼠有齿，人而无止？人而无止，不死何俟？相鼠有体，人而无礼？人而无礼，胡不遄死？"宋苏辙《诗集传》卷三说："人之所以为人者，岂以其面，亦以其礼也。苟无礼，则亦鼠矣。"

"礼之以和为贵。"《礼记·儒行》说："礼之以和为贵，忠信之美，优游之法，举贤而容众，毁方而瓦合：其宽裕有如此者。"即礼以和谐为贵，以忠信为美，以宽厚为度，举荐贤人，而容纳众人，方圆随时，就像陶瓦之合。儒者的宽容，就是这样。《论语·学而》说："礼之用，和为贵。"和，即和谐、和睦、和气、调和、调适、适合、恰当、恰到好处、中节。《中庸》说："喜怒哀乐，发而皆中节，谓之和。"即管理学讲的协调；军事家讲天时、地利、人和；家庭道德规范讲"家和万事兴"。经济发展对环境的要求是和谐生财；对群众，求人际和谐，家庭和睦。明礼目的是为"和"，这既是目的，又是手段。

第四讲　《易经》趣谈

一、《易经》编成众人功

（一）易道广大无不包

《易经》，最早简称《易》。周代以后，称《周易》，即周代的《易》。汉代尊为儒家经典，称《易经》。《易经》、《易》、《周易》，是同一种书。《易经》，包含《易传》，涵盖夏商周三代文学、历史和哲学各领域，是从殷商西周，到春秋战国，历代众多史官和学者的集体著作。本来是商周史官专用的占卜书，后经春秋战国儒家学者整理、发展为哲学书。

《易经》作者托名伏羲、周文王和孔子。《汉书·艺文志》说："《易》道深矣。人更三圣（颜师古注：伏羲、文王、孔子。更：经），世历三古（颜师古注：伏羲为上古，文王为中古，孔子为下古）。"

今本《易经》是汉代以来的传本。其中《易经》5000字，《易传》2万字。《易经》的成书，是长期积累的产物，由许多学人的心血凝成，集合众人之功。《易经》流传三千年，注解三千种。《周易正义》(又题《周易注疏》、《周易兼义》)，魏王弼、晋韩康伯注，唐孔颖达等正义，唐陆德明音义，清阮元校勘，收入《十三经注疏》。

《四库全书总目》卷一说："易道广大，无所不包，旁及天文地理，乐律兵法，韵学算术。"包含《易经》在内的《四书》、《五经》，在流传过程中，对中国政治、经济、文化和社会生活各方面产生深远的影响，为启迪中国人的智慧，形成中华民族的精神心理，以及中华民族共同体、民族大一统的形成奠定了思想基础。

（二）传说伏羲画八卦

伏羲氏，传说中有不同叫法，如伏牺、伏戏、宓牺、庖牺、牺皇、皇羲等。一说是太皞。传说中的帝王、酋长、部落首领。部落地处黄河流域自西向东和泰山一带高地，他教民结网，渔猎畜牧。

"伏牺"意即，制服牺牲，降服野兽，驯养动物，用作食品和祭祀牺牲。《庄子·大宗师》、《田子方》作"伏戏"。唐成玄英疏："伏戏，三皇也，能服牛乘马，养伏牺牲，故谓之伏牺也。"唐司马贞《三皇本纪》说："养牺牲以庖厨，故曰庖牺。"

传说《易经》的卦，产生于伏羲氏时代，反映了当时历史。伏羲氏时代，是以畜牧为主的原始社会，有符号，无文字。八卦是《易经》八种基本图形，用两种基本符号阴爻、阳爻组成。阴爻，是断开的横线。阳爻，是不断开的横线。

八卦名称，是乾（天）、坤（地）、震（雷）、巽（风）、坎（水）、离（火）、艮（山）、兑（泽）。象征八种自然现象：天地雷风水火山泽。其相互之间的作用，如天地（乾坤）定位，山泽（艮兑）通气，雷风（震巽）相薄，水火（坎离）相射等。乾坤两卦，占有特别重要的地位，是自然界和人类社会一切现象的最初根源。《易·系辞下》说：

> 古者包牺氏之王天下也，仰则观象于天，俯则观法于地，观鸟兽之文与地之宜，近取诸身，远取诸物。于是始作八卦，以通神明之德，以类万物之情。
>
> 作结绳而为罔罟，以佃以渔，盖取诸《离》。包牺氏没，神农氏作，斵木为耜，揉木为耒，耒耨之利，以教天下，盖取诸《益》。日中为市，致天下之民，聚天下之货，交易而退，各得其所，盖取诸《噬嗑》。
>
> 神农氏没，黄帝尧舜氏作。通其变，使民不倦，神而化之，使民宜之。易穷则变，变则通，通则久。是以自天祐之，吉无不利。黄帝尧舜垂衣裳，而天

> 下治，盖取诸《乾》、《坤》。刳木为舟，剡木为楫（桨），舟楫之利，以济不通，致远以利天下，盖取诸《涣》。服牛乘马，引重致远，以利天下，盖取诸《随》。重门击柝，以待暴客，盖取诸《豫》。
>
> 断木为杵，掘地为臼，臼杵之利，万民以济，盖取诸《小过》。弦木为弧，剡木为矢，弧矢之利，以威天下，盖取诸《睽》。上古穴居而野处，后世圣人易之以宫室，上栋下宇，以待风雨，盖取诸《大壮》。
>
> 古之葬者，厚衣之以薪，葬之中野，不封不树，丧期无数，后世圣人易之以棺椁，盖取诸《大过》。上古结绳而治，后世圣人易之以书契，百官以治，万民以察，盖取诸《夬》。

意即，古时伏羲氏治理天下，仰首以观察天象，俯身以取法地形，观察鸟兽花纹与大地的适宜协调，近取象于身体，远取象于万物。于是首创八卦，以贯通神明德性，模拟万物情状。

编绳结网，捕鱼猎兽，取象于《离》卦。伏羲氏死，神农氏兴。砍木为犁，揉木为柄，耕耘除草，教导天下，增产粮食，取象于《益》卦。中午做买卖，招揽天下人民，聚集天下货物，相互交换，各购所需，取象于《噬嗑》卦。

神农氏死，黄帝尧舜兴，通达变化，使民不懈，神奇育化，方便适用。易学道理，穷极则变化，变化则通达，通达则恒久。所以上天保佑，吉祥有利。黄帝尧舜创制衣裳，天下大治，取象于《乾》、《坤》两卦。

凿空木头做舟船，刮削木头做船桨，利用船桨，渡过江河，到达远方，便利天下，取象于《涣》卦。使牛乘马，载重驰远，以利天下，取象于《随》卦。设置重门，巡夜打更，防御盗贼，取象于《豫》卦。断削木头做杵槌，挖掘地面作臼槽，杵臼捣米济万民，取象于《小过》卦。弯木为弓，削木为箭，利用弓箭，威服天下，取象于《睽》卦。

上古时冬天住洞穴，夏天住野外，而后世圣人建房架屋，栋梁屋檐，抵御风雨，取象于《大壮》卦。古时丧葬，堆上柴草，埋在荒野，不封坟堆，不树标志，丧期不定，后世圣人，装殓棺椁，取象于《大过》卦。上古结绳记事治理天下，后世圣人，发明契刻文书，制作凭据，百官有治，万民稽察，取象于《夬》卦。

这里记载的是一份社会发展史的简明纲要，记载了漫长的历史阶段，以及物质精神文明重大进展的若干节点，如罔罟渔猎、耒耜农业、集市商业、舟楫水运、牛马陆运、保护安全、杵臼手工、弓箭军事、居室建筑、棺椁殡葬和书契文化等十余项。

人民群众是历史的创造者，物质精神文明的种种进展是人民群众长期实践的产物，不能仅归为少数领袖人物伏羲、神农、黄帝、尧、舜的聪明才智。迄今为止，伏羲、神农、黄帝、尧、舜等古圣王，都还只是神话传说的想象人物。毋宁说，他们都不过是各个历史阶段人民群众整体创造历史的代表性符号。通过传说文学形式，把各个历史阶段人民群众的总体，凝聚集中，个体化、形象化、虚拟为伏羲、神农、黄帝、尧、舜等少数英明帝王和杰出英雄人物。创造中国历史，造就中华文明的主体，是中国历代人民群众，由无数无名英雄构成的集体，即中华各族人民联合的群体。

这里说十几种重大物质精神文明的发明创造，都是受某种特定卦象的启发，这是主客混淆和因果倒置的表述。卦象是人对世界的认知方式和意识现象，是人类精神对外部世界的反映。不能反过来说，外部世界的物质现象是“取诸”某种卦象，是卦象的外化、物质化。这是一种扭曲怪诞的聪明才智，应秉持科学批判的态度，采用科学分析的方法，取其精华，去其糟粕，才能对今人的认识和实践活动有益。

考古发掘出土的伏羲女娲画像，头上绘日，尾间绘月，周绘星辰。伏羲执矩，女娲执规。规矩是生产工具，象征秩序。伏羲教导农牧渔业生产，女娲教导婚姻嫁娶，人伦礼法。人首蛇身，蛇尾交缠。传说是人类的祖先。伏羲女娲画像（见下图）。

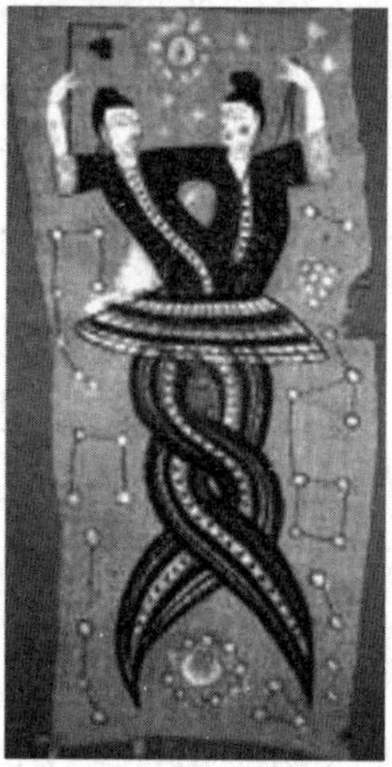

伏羲女娲画像

（三）传说文王演易经

《史记·日者列传》："自伏羲作八卦，周文王演三百八十四爻而天下治。"《汉书·艺文志》："至于殷周之际，纣在上位，逆天暴物，文王以诸侯顺命而行道，天人之占，可得而效，于是重易六爻，作上下篇。故曰易道深矣，人更三圣，世历三古。"

公元前11世纪，周文王被殷纣王囚禁，推演六十四卦，有卦辞、爻辞，是周初文王、周公时代。周文王，商末周族领袖，姓姬名昌，季历幼子，史称西伯，季历被商王文丁杀害，姬昌继位。

《史记·周本纪》说："崇侯虎谮西伯于殷纣曰：'西伯积善累德，诸侯皆向之，将不利于帝。'帝纣乃囚西伯于羑里。""西伯盖即位五十年。其囚羑里，盖益《易》之八卦为六十四卦。"《史记·太史公自序》说："西伯拘羑里，演《周易》。"

姬昌做周国君五十年，渡黄河东征，灭商最大方国崇（河南崇县北），在崇建丰邑，作为国都，为灭商奠定基础。姬昌死前嘱太子发（武王），准备推翻商朝，被追尊为文王。姬昌死后四年，武王姬发，车载文王木刻像伐纣。正月底发兵，二月底灭殷，建立周朝。

《易·系辞下》说："《易》之兴也，其于中古乎？作《易》者，其有忧患乎？""《易》之兴也，其当殷之末世，周之盛德邪？当文王与纣之事邪？是故其辞危。危者使平，易者使倾。其道甚大，百物不废。惧以终始，其要无咎（灾祸）：此之谓《易》之道也。"

《周易》的书名有多种意义。首先，《周易》表示是周代的《易》。如说《周礼》，是周代的《礼》。"周"字是周代以后所加。《左传·庄公二十二年》说："周史有以《周易》见陈侯者。"《左传·宣公十二年》说："《周易》有之。"《左传·襄公九年》说："《周易》曰。"《周礼》

有太卜掌三《易》之法，第三就是《周易》。

周代没有《周易》之名，只叫《易》。《论语·述而》说："五十以学《易》。"《庄子·天运》说："孔子谓老聃曰：'丘治《诗》、《书》、《礼》、《乐》、《易》、《春秋》。'"《荀子·大略》说："善为《易》者不占。"汉代尊《易》为《五经》之一，所以称《易经》。《汉书·艺文志》称"《易经》"。《史记·太史公自序》说："西伯拘羑里，演《周易》。"《易经》、《周易》和《易》，指同一本书。

其次，《周易》因周地而得名。唐孔颖达《周易正义》说："神农一曰连山氏，亦曰列山氏，黄帝一曰归藏氏。既连山、归藏并是代号，则《周易》称周，取岐阳地名也。"

第三，《周易》书名二字，意为"周普变化"，即普遍变化。唐孔颖达《周易正义》引汉郑玄《易赞》、《易论》说："夏曰《连山》，殷曰《归藏》，周曰《周易》。""《连山》者，像山之云，连连不绝。《归藏》者，万物莫不归于其中。《周易》者，言《易》道周普，无所不备。"

（四）传说孔子编经传

传说孔子编《易经》，作《易传》。孔子之前，有《易经》和《易传》的部分版块。孔子参与编辑流传。而后《易经》和《易传》在春秋战国逐渐成形。今本是汉以来的传本。

《左传》、《国语》载，春秋人引《易》20多条。谈《易》者，有卜官、史官、贵族、贵族夫人。就国别而言，有鲁、周、卫、郑、晋、齐和秦等国。

《左传》引《易传》6个版块，最早在鲁庄公二十二年（前672），早于孔子出生121年，最晚在鲁昭公二年（前540），孔子当时11岁。说明在孔子之前已经有《易经》和《易传》版块构成的稳定文本，孔子后来参与编辑传播。

《论语·述而》引孔子说："加我数年，五十以学《易》，可以无大过矣。"《史记·孔子世家》说："孔子晚而喜《易》，序（编排）《彖》、《系》、《象》、《说卦》、《文言》。读《易》，韦编三绝。曰：'假我数年，若是我于《易》，则彬彬矣。'"《史记·仲尼弟子列传》说："孔子传《易》于瞿（曲）。"

《汉书·艺文志》："孔子为之《彖》、《象》、《系辞》、《文言》、《序卦》之属十篇。"等于说《十翼》都是孔子作。秦汉后儒家认定：伏羲画卦，文王演卦，孔子发挥。

卦辞说明本卦的性质，爻辞说明本爻的性质。孔子和弟子及儒家传人的解释编成《易传》（《十翼》）。《彖》辞用比卦辞多的文字，来断定一卦的大意。《象》解释爻辞，启示行动。《系辞》总论《易》的道理，是孔子哲学的基本观点。《文言》专论乾坤两卦。

孔子和弟子编辑、修改和熟知《易传》，有很多事实根据。《论语·子路》引孔子的话，来自《易经·恒卦》爻辞："子曰：南人有言曰：人而无恒，不可以作巫医。善夫！"《易经·恒卦》爻辞是说："不恒其德，或承之羞。"即三心二意，翻云覆雨，总可招致羞耻。孔子说："不占而已矣！"即无恒心者，不必占卜。因为占卜只能有凶，不能有吉。

《论语·述而》引孔子说："善人，吾不得而见之矣。得见有恒者，斯可矣。亡而为有，虚而为盈，约而为泰，难乎有恒矣！"来自《易经·恒卦》爻辞"恒其德"。

《论语·子路》引用《复卦》64、《益卦》63、64爻辞"中行"（中道而行，中庸之道）的术语。《论语·子张》说"失其道"，《易》经传一再说"失其道"、"失道"、"道穷"。《论语·季氏》说："修文德以来之。"《易·蹇检·象辞》说："君子以反身修德。"

《论语·宪问》引曾子说："君子思不出其位（职位）。"《易·艮·象传》说："君子以思不出其位（职位）。"《易传·系辞》上下10次冠"子曰"，合于《论语》孔子弟子问答体例。《荀子·大略》引《易·咸卦·彖辞》，《礼论》引《易·系辞》。这都说明战国中后期有《易》经传文本流传。

（五）始皇没有烧《易经》

《汉书·艺文志》说："及秦燔书，而《易》为筮卜之事，传者不绝。汉兴，田何传之，讫于宣元，有施孟、梁丘、京氏列于学官，而民间有费、高二家之说。刘向以中古文《易经》，校施孟、梁丘《经》。"

秦始皇焚书坑儒，《周易》列入占卜书得免。光禄大夫刘向受汉成帝诏，以皇家图书馆藏天子的书古文《易经》为标准，对宣帝、元帝时收藏于学官的施孟、梁丘、京氏《易经》和从民间收集来的费、高二家《易经》进行校对。

汉代官方尊为经典，称《五经》，《易》在其中。汉初陆贾《新语·道基》说："后圣（孔子）乃定《五经》。"《五经》即《易》、《诗》、《书》、《礼》、《春秋》，是官方承认的经典，汉武帝设五经博士，立于学官。

原为六种经典，但没有"六经"名称。《庄子·天运》："孔子谓老聃曰：'丘治《诗》、《书》、《礼》、《乐》、《易》、《春秋》。'"说明在战国，《易》被尊为经典。

《庄子·天下》论六种经典的作用："《诗》以道志，《书》以道事，《礼》以道行，《乐》以道和，《易》以道阴阳，《春秋》以道名分。其数散于天下，而设于中国者，百家之学时或称而道之。"百家之学，称道六种经典，是诸子百家学说的渊源。

《史记·滑稽列传》引孔子说："六艺于治一也。《礼》以节人，《乐》以发和，《书》以道事，《诗》以达意，《易》以神化，《春秋》以道义。"

《史记·太史公自序》说："《易》著天地阴阳四时五行，故长于变。《礼》经记人伦，故长于行。《书》记先王之事，故长于政。《诗》记山川、溪谷、草木、牝牡、雌雄，故长于风。《乐》乐所以生，故长于和。《春秋》辩是非，故长于治人。"

扬雄《法言》："说天者莫辩乎《易》。说事者莫辩乎《书》。说体者莫辩乎《礼》。说志者莫辩乎《诗》。说礼者莫辩乎《春秋》。"

（六）洁静精微易教成

《礼记·经解》总论传统六艺政治教育的得失，在刘向《别录》中属通论性质。《经解》引孔子说："入其国，其教可知也。"即进入一个国家，观其风俗，则知其利用六艺教化百姓的效果。

孔子说："洁静精微，《易》教也。"从正面表述《易》教的功能价值，治理教化意义。孔颖达疏说："《易》之于人，正则获吉，邪则获凶，不为淫滥，是洁静。穷理尽性，言入秋毫，是精微。"把《易》的教化作为培养理想人格的手段，这分行为和认知两方面。从行为角度说，有正直和邪恶两种。正直获吉祥，邪恶获凶灾。淫，即过分，无节制，邪恶。滥，即泛滥，过度，无节制。行为有节制分寸，合宜合适，不过分过度，能趋吉避凶，洁身清净。从认知角度说，穷竭道理，尽知性情，秋毫勿失，精细入微，能改变命运，人生和美。行为认知，洁静精微，是《易》教的最高成效。这是从坚持原则性的角度着眼，提倡扶正破斜，行为适度，清醒理智，一丝不苟，追求高标准。

孔子说："《易》之失贼。"从反面警戒避免《易》教的失误。郑玄注说："失，谓不能节其教者也。""《易》精微，爱恶相攻，远近相取，则不能容人，近于伤害。"孔颖达疏说："《易》精微者，《易》理微密，相责褊切，不能含容。""若意离虽近必相恶，是不能容人不与己同，浪（随便，任意）被伤害，是失于贼害也。"这是从承认灵和性的角度着眼，提倡宽容、宽大和宽厚，允许多样性。

孔子说："洁静精微而不贼，则深于《易》者矣。"郑玄注说："言深者，既能以教，又防其失。"既清静精微，又不互相戕害，正反兼顾，趋利避害，说明深得《易》的道理精髓。

二、《易经》意义架构成

（一）《易经》意义需分析

《易经》意义，由其特殊架构决定。狭义《易经》，指今本《周易》的“经”文部分，由卦（符号）和卦辞（文字）构成。广义《易经》，兼指“经”文和《易传》。《易传》是春秋战国时期儒家学者对《易经》的解释和阐发。《汉书·艺文志》著录说：“《易经》十二篇。”唐颜师古注：“上下《经》及《十翼》，故十二篇。”《易传》又叫《十翼》，翼即羽翼，辅助，由东汉郑玄提出，唐颜师古、陆德明和孔颖达沿用。《易传》共有七类十篇。

第一类《彖》传上下，解释每卦的卦名和卦辞，断定一卦的意义。孔颖达疏说：“夫子所作《彖》辞，统论一卦之义。”又说：“彖，断也，断定一卦之义。”产生于春秋末期，经传结合后，分编于六十四卦的经文后，标志词是“《彖》曰”。

第二类《象》传上下，解释卦爻的象征性意义。根据卦象和爻象，解释每卦的卦名、卦义、卦辞和爻辞。解释卦的部分，说明上三画象征什么，下三画象征什么，二者重叠象征什么，这叫“大象”。解释爻的部分，就该爻的位置，结合爻辞，说明该爻的意义，这叫“小象”。

战国中晚期用卦象附会人事，始终贯穿于儒家的政治伦理思想。在《易经》经传结合后，分编于六十四卦的卦爻辞之后，标志词是“《象》曰”。

第三类《系辞》传上下，是《易经》的通论、总论、概论，是阐发《易经》哲学观念的书。它把《易经》由卜筮书提高到哲学书的意义，并把《易经》的哲学义理，普遍推广，应用于自然社会。在《易经》经传结合后，附于全书之后。

第四类《文言》传，解释乾坤两卦的卦、爻辞和这两卦的《彖》、《象》辞，阐发儒家的政治伦理思想，产生于战国晚期。在《易经》经传结合后，分编于乾坤两卦的卦、爻辞之后，标志词是“《文言》曰”。

第五类《说卦》传，总说八卦所代表的物象和演绎为六十四卦的义理，附于全书之后。第六类《序卦》传，说明六十四卦的排列次序，附于全书之后。第七类《杂卦》传，杂错解释《易》卦之间的关系，并列相反交错的两卦，论述刚柔相济的原理，附于全书之后。

《易经》主要意义是卜筮，《易传》主要意义是发挥《易经》的哲学义理。哲学是时代精神的反映。春秋战国时期儒家学者撰著《易传》，发挥中国文化轴心时代的哲学义理，是这一变革进步时代蓬勃精神和意识形态的反映。《史记·太史公自序》引《系辞》称为《易大传》。《易传》

(《十翼》)叫《易大传》，说明《易传》对《易经》哲学义理的阐发规模宏大，好比一部词典，覆盖面广。

《易经》结构的最小单位是爻：阳爻和阴爻。两个爻组成八卦，名称：乾、坤、震、巽、坎、离、艮、兑，象征八种自然现象：天、地、雷、风、水、火、山、泽，乾坤两卦地位特殊，是自然社会一切现象的总根源。

《易经》两卦六爻相重，组成六十四卦。卦是《易经》结构的基本单位。每卦有二经卦，六爻。经卦两两相重，产生复合卦象。每卦有四个组成部分：卦画、卦名、卦辞和爻辞。组成各卦的两经卦，依其位置，叫上卦和下卦。上卦又叫外卦，下卦又叫内卦。《易经》从经卦的位置、卦象、爻位的结构、附加卦、爻辞和《彖传》、《象传》的发挥，演绎人事吉凶。

卦辞是说明六十四卦意义的文字。如六个阳爻（乾下乾上）组成乾卦的卦形，附加的卦辞是："乾：元亨，利贞。"意即："乾卦大吉大利，是吉利的占卜。"六十四卦，每卦由六爻构成，六十四卦共384爻。第一、二卦乾坤各多一爻，共有386爻。爻表示交错变动，爻变则卦变。《系辞上》说："爻者，言乎变者也。"《系辞下》说："爻也者，效天下之动者也。"《易经》用爻的排列组合，表示物象变动。

爻辞是说明《易经》六十四卦386爻意义的文字。

每爻有爻题和爻辞。爻题两个字，一个字表示爻的性质，阳爻称“九”，阴爻称“六”。另一个字表示爻的次序，自下而上，分别称为“初、二、三、四、五、上”。

如乾卦第一条爻辞：“初九：潜龙勿用。”“初九”表示乾卦卦形的最下一爻是阳爻。“潜龙勿用”意即，“潜藏的龙，无法施展”，是从“乾卦卦形的最下一爻是阳爻”这一人工符号系统的空间位置关系，附会发挥而来。

《象传》解释：“潜龙勿用，阳在下也。”意即，“潜藏的龙，无法施展，是因为‘初九’阳爻处在一卦的下位，所以压抑难伸”。爻辞“潜龙勿用”，比喻君子被压抑在最下层，不能有所作为。

《周易》经传六十四卦及其解释，是中国远古到春秋战国职业卜人创造的人工语言符号系统（包含语法、语义和语用）和学者的发挥，是中华民族对世界的认知方式，反映世界运动发展的意识形态，是集体智慧的结晶。

《易经》从卦画人工符号系统的空间位置关系，演绎附会人事吉凶，是迷信，不是科学。因为这里颠倒主观和客观的关系，试图从卦形这一人工符号系统的空间位置关系，牵强推演求算者的客观境遇。近代以来，提倡科学精神和方法，只有深入实践，调查研究，科学论证，认识事物的因果联系，才能合理地改造世界。占卜推演，牵强附会，机械比附，应批判扬弃。

（二）《易经》语言模糊性

《易经》语言并不是明确精当、标准规范的科学语言。卦爻辞文字极简，语法简略，隐晦难懂。而由于语义模糊，使得歧义丛生。再加上用语笼统，百变可应。重复使用，代入无穷。其消极作用是，算卦先生可以用来作为占卜的实用工具书，用《易经》的占卜公式和卦爻辞规定，针对每个求算者无穷多种的不同情况，演绎适合该情况的解释和结论，使每个求算者都得到似是而非的满足，认为占卜灵验。

六十四卦384爻，等于提供384个占卜公式，代表事物变易的384种可能性。假如对每个公式的歧义，做5种不同的解释，有10个占卜者重复占卜，则可有384×5×10=19200种解释。选取占卜者中意的占辞，事实上可以得到"每占必验"的效果。这是算卦先生市场效益的秘密所在。

语言笼统的妙用。如占卜父母存殁，算卦先生说："父在母先亡。"在只有父母两人的语境下，可有"父先亡"和"母先亡"两种可能性的解释。第一种解释："父亲在母亲之先亡。"这是"父先亡"。第二种解释："父亲在，母亲先亡。"这是"母先亡"。如果加上"过去、现在和未来三种时态"的选择，再与"两种可能性"相乘，可把六种全部可能，一网打尽，毫无遗漏，于是可得"每占必中”的效果。有算卦先生，用“竖一指”的手势语，预测三位赴考者的结局。其“竖一指”的手势语，可解释为“有一人考中；有一人未考中（二人考中）；一齐考中（三人都考中）；一齐未考中（三人都未考中）”这四种全部可能性，也可得“每占必中”的效果。模糊笼统的语构谬误，可为诡辩者大开方便之门，于此可见提倡科学语言的重要。

（三）乾卦为例说《易经》

乾卦的卦爻辞，以及《象传》、《彖传》和《文言》的解释，是从许多占卜的个别案例中概括出来的一般性论述，因为一般即存在于个别之中，哲学概括可以“放之四海而皆准，施诸百世而不悖”，所以它可以应用到无限个具体的场合。这是哲学概括的功能、价值、威力和魅力之所在。

以下解释乾卦的卦爻辞，以及《象传》、《彖传》和《文言》的发挥。《易》乾卦卦辞是“元亨利贞”，意即，“大吉。吉利的占卜”。《易·象传》发挥说：“天行健，君子以自强不息。”即天道刚健运行，君子有天的美德，奋发图强，健行不息。天行，即天道。《象传》解释卦义，把卦象表示的自然现象，跟人的品德行为相联系，用儒家的政治伦理思想发挥《易》学义理。

《彖传》发挥说：“大哉乾元！万物资始，乃统天。

云行雨施，品物流形。大明始终，六位时成。时乘六龙以御天。乾道变化，各正性命。保合大和，乃利贞。首出庶物，万国咸宁。”意即，伟大啊，天体创始之功！万物借以萌生，统属宇宙天体。云朵飘行，时雨普降，繁殖万物，赋予形体。太阳出没，位置确定。驾驭六龙，运行天空。天道变化，万物确定。普遍和谐，施利中正。超越万物，万国康宁。乾，天。元，始。资，凭借。统，统率。品物，繁殖万物。流形，赋予形体。大明，日。终，日入。始，日出。御，行。上古神话：太阳乘六条飞龙，拉着车，羲和为御，运行天空。保，保持。合，调整。大和，太和，自然普遍谐和。利，施利。贞，中正。庶物，万物。首出庶物，天功超万物。咸，皆，周遍。《彖传》解释卦义，唐孔颖达疏：“彖，断也，断定一卦之义。”

《易 · 文言》发挥说：“元者，善之长也。亨者，嘉之会也。利者，义之和也。贞者，事之干也。君子体仁足以长人，嘉会足以合礼，利物足以和义，贞固足以干事。君子行此四德者，故曰乾，元亨利贞。”意即，元是众善的首领，亨是众美的集合，利是义理的统一，贞是事业的主干。君子躬行仁义，为众人之长。众美的结合，符合礼义。施利万物，和同义理。坚持正道，成就事业。君子力行四德，所以《乾》卦卦辞是“元亨利贞”。《文言》详解乾卦义理。《说文》："嘉，美也。"

巨龙潜伏在深渊。第1条爻辞"初九"说："潜龙勿用。"意即，巨龙潜伏在深渊，才能暂且不施展。诗说：龙潜于深海，雄志暂沉埋。且待风雷日，长舒万里怀！《象传》说："潜龙勿用，阳在下也。"潜藏的龙，才能暂时无法施展，因为"初九"阳爻处在一卦的下位，所以压抑难伸。

《文言》说："初九曰，潜龙勿用，何谓也？子曰：龙，德而隐者也。不易乎世，不成乎名，遁世无闷，不见是而无闷。乐则行之，忧则违之，确乎其不可拔，潜龙也。"意即，"初九"爻辞说：潜藏的龙，无法施展。这是什么意思？孔子说：龙是比喻有才德而隐居的君子。操行坚定，不为世风所转移，不求虚名，隐居避世，而没有苦闷，言行不为世人所赏识，而没有烦恼。乐意的事就施行它，忧患的事就避开它，坚定而不可动摇，这是潜龙的品德。遁，逃遁。闷，烦闷。遁世无闷，甘心隐居，无所烦闷。

巨龙出现在田野。第2条"爻辞"九二说："见龙在田，利见大人。"意即，巨龙出现在田野，大德之人宜出世。展现才德，显露头角，受到赏识，得到认可，产生效应。被压抑于下层，暂时无所作为，宜养精蓄锐，韬光养晦，等待时机。诗说：久有凌云志，男儿心下事。时机虽未熟，牛刀可小试！

《象传》说："见龙在田，德施普也。"意即，龙出现在大地上，喻指君子走出被压抑的低谷，正开始谋取广施德泽的社会地位。《文言》说："九二曰，见龙在田，利见大人，何谓也？子曰：龙，德而正中者也。庸言之信，庸行之谨，闲邪存其诚，善世而不伐，德博而化。《易》曰：见龙在田，利见大人，君德也。"意即，九二爻辞说，巨龙出现在田野，大德之人宜出世，这是什么意思？孔子说：龙是比喻有德行而秉性中正的君子。日常言论讲究诚信，日常行为讲究谨慎，防止邪恶的侵蚀，保持忠诚的秉性，引导世人向善而不夸耀，德行博大而能感化人民。《易经》说，巨龙出现在田野，大德之人宜出世，民间出现有才德的君子。

自强戒慎免灾祸。第 3 条爻辞"九三"说："君子终日乾乾，夕惕若厉，无咎。"意即，君子整天自强不息，埋头苦干，夜里还要戒慎警惕，如处危险，可无患害。象征处于可大有作为，又充满凶险的处境，倍加勤勉戒惧，可以没有灾难。

《象传》说："终日乾乾，反复道也。"意即，君子整日勤奋努力，反复行道，坚持不舍。《文言》说："九三曰，君子终日乾乾，夕惕若厉，无咎，何谓也？子曰：君子进德修业，忠信，所以进德也，修辞立其诚，所以居业也。知至至之，可与言几也，知终终之，可与存义也。

是故居上位而不骄，在下位而不忧，故乾乾因其时而惕，虽危无咎矣。”意即，九三爻辞说，君子始终白天勤奋努力，夜晚戒惧反省，虽然处境艰难，终究没有灾难，这是什么意思？孔子说，君子致力于培育品德，增进学业。以忠信来培养品德，以修饰言辞来建立诚信，这是操持自己事业的立足点。知道事业可以发展就发展它，从而努力去捕捉一瞬即逝的时机。知道事业应该终止就终止它，从而保持行为的道义。所以处于尊贵的地位而不骄傲，处于卑微的地位而不忧愁。所以君子勤奋努力，随时提高警惕，虽然处境危险也没有灾害。

巨龙进退看机会。第 4 条“爻辞”九四说：“或跃在渊，无咎。”意即，巨龙伺机而动，时而跳跃上进，时而退居深渊，随时进退，可免遭灾祸。鼓励采取“进”的选项，勇往直前，积极进取，谋求发展，可无灾祸。象征处于进可取誉，退可免难的转折时期。龙跃深渊，退可藏身于千仞之下，进可升腾于云天之外，进退有据，潜跃由心，喻指君子处境从容，故无灾难。

《象传》说：“或跃在渊，进无咎也。”意即，龙或跳跃，或在深渊，表示可以有所作为，而没有灾难。《文言》说：“九四曰，或跃在渊，无咎，何谓也？子曰：上下无常，非为邪也。进退无恒，非离群也。君子进德修业，欲及时也，故无咎。”意即，九四爻辞说，也许跳进深潭，没有灾难，这是什么意思？孔子说，有时处上位，有时处下位，本来变动无常，不是行为邪恶的缘故。有时奋进，有时退隐，本来应时变化，不是喜爱离群索居的缘故。君子致力于培养品德，增进学业，随时准备把握时机，全力以赴，所以没有灾难。

巨龙直飞上云天。第5条“爻辞”九五说：“飞龙在天，利见大人。”意即，巨龙飞上云天，大德之人宜出世，喻指处世得意，事业如日中天。诗说：苦候终有日，风雷一朝至。四海任腾跃，九霄舒胸臆！飞龙在天，喻君子处尊贵之位。《象传》说：“飞龙在天，大人造也。”意即，龙飞腾在空中，意味着君子大有所为。

《文言》说：“九五曰，飞龙在天，利见大人，何谓也？子曰：同声相应，同气相求。水流湿，火就燥。云从龙，风从虎。圣人作而万物睹。本乎天者亲上，本乎地者亲下，则各从其类也。”意即，九五爻辞说，巨龙飞上云天，大德之人宜出世，这是什么意思？孔子说，声息相同，就互相应和。气味相投，就互相求助。水向低湿的地方流动，火向干燥的地方延烧。云萦绕着龙，风追随着虎。圣人兴起，万物景仰。根基在天上的附着于天空，根基在地上的依附着大地，万物都归属于各自的类别中。

巨龙飞跃到极顶。第6条爻辞“上九”说：“亢龙有悔。”意即，巨龙飞跃到极顶，亢进过度，超过界限，招致灾祸，悔恨不已。诗说：久在青云处，逍遥游无数。天边日已薄，宜踏来时路！亢龙有悔，以升腾到极高处的龙，喻指身居崇高地位的统治者，脱离臣民，孤高无辅，必遭灾祸。

《象传》说："亢龙有悔，盈不可久也。"意即，升腾到极限的龙，会有灾祸之困，戒崇高盈满，不能长久保持。盈满鼎盛，转向反面。《文言》说："上九曰，亢龙有悔，何谓也？子曰，贵而无位，高而无民，贤人在下位而无辅，是以动而有悔也。"意即，上九爻辞说，升腾到极限的龙，将有灾祸之困，这是什么意思？孔子说，身份显贵，而没有根基，地位崇高，而没有人民，有才德压抑在下层，不能获得辅助，有所行动必招祸殃。

群龙无首现天德。第 7 条爻辞"用九"说："见群龙无首，吉。"意即，天空出现一群巨龙，却不见龙王，大吉大利。《象传》说："用九，天德不可为首也。"意即，天道之性，至高无上，不可能再有别的首领。

除此以外，《文言》还有如下四段，反复解释"乾"卦的文字：

第一段说："潜龙勿用，下也。见龙在田，时舍也。终日乾乾，行事也。或跃在渊，自试也。飞龙在天，上治也。亢龙有悔，穷之灾也。乾元用九，天下治也。"意即，"潜伏的龙，无法施展"，是说有才德的君子压抑于底层。“龙出现在大地上”，是说君子暂时隐伏等待时机。“终日里勤奋努力”，是讲君子刻苦修身自强不息。“也许跳进深潭”，是讲君子投身社会自我考验。“龙腾飞在天”，是讲君子获得地位治国治民。“升腾到极限的龙将有灾殃”，是讲事业极盛必由盛转衰。“天的美德”、“纯阳全盛”，是讲天下政治安定。

第二段说：“潜龙勿用，阳气潜藏。见龙在田，天下文明。终日乾乾，与时偕行。或跃在渊，乾道乃革。飞龙在天，乃位乎天德。亢龙有悔，与时偕极。乾元用九，乃见天则。”意即，潜伏的龙，无法施展，初九阳爻居下位，象征万物蛰伏，阳气潜藏。龙出现在大地上，阳爻上升一位，象征万物发生，大地锦绣，风光明媚。终日里勤奋努力，阳爻再进一位，象征万物蓬勃，与时俱进。也许跳进深潭，阳爻又升上一位，象征阳气更盛，天道发生变化。龙飞腾在天空，阳爻上升到崇高的地位，象征时值金秋，天的功德已圆满完成。升腾到极限的龙将有灾殃，阳爻上升到极限，象征阳气极盛，将由盛转衰。天的美德纯阳全盛，阳爻依位次而上升，阳气依时节而旺盛，六爻全阳，将尽变为阴爻，从而体现了天道运行的原则。

第三段说：“乾元者，始而亨者也，利贞者，性情也。乾始能以美利天下，不言所利，大矣哉！大哉乾乎！刚健中正，纯粹精也。六爻发挥，旁通情也。时乘六龙，以御天也。云行雨施，天下平也。”意即，《乾》卦的卦辞：元、亨，是讲天具有生成之功，和谐之美。利、贞，是讲天具有恩惠之情，永恒之性。乾为天，只有天才能把美满的利益施予天下，而且从不提起它的恩德，伟大呀！伟大的上天！真正是刚强、劲健、适中、均衡，达到了纯粹精妙的境地。六个阳爻发挥舒展，广通天道、地道、人道。阳气的结晶太阳，驾驶六条飞龙在空中飞行，分布云彩，降洒雨露，天下同享和平。

第四段说：“君子以成德为行，日可见之行也。潜之为言也，隐而未见，行而未成，是以君子弗用也。君子学以聚之，问以辩之，宽以居之，仁以行之。《易》曰：‘见龙在田，利见大人。’君德也。九三，重刚而不中，上不在天，下不在田，故乾乾因其时而惕，虽危无咎矣。九四，重刚而不中，上不在天，下不在田，中不在人，故或之。或之者，疑之也。故无咎。夫大人者，与天地合其德，与日月合其明，与四时合其序，与鬼神合其吉凶；先天而天弗违，后天而奉天时。天且弗违，而况于人乎？况于鬼神乎？亢之为言也，知进而不知退，知存而不知亡，知得而不知丧。其唯圣人乎！知进退存亡而不失其正者，其唯圣人乎！”

意即，君子以养成自身品德，作为行为的目的，每天应该落实在行动上。“潜”的意义在于，隐伏而不显露，当自身修养尚未达到成熟程度，君子不能有所作为。君子通过学习积累知识，通过诘问辨明是非，以远大作为内心目标，以仁义作为履行责任。《易经》说：“巨龙出现在田野，大德之人宜出世。”这是君子的才德。“九三”爻辞的含义是指，“九三”阳爻处在重叠的阳爻之上，没有处在上下卦的中位，既没有占据天位，也没有占据地位，还须勤奋努力，随时提高警惕，不过处境虽然险恶，还没有灾难。“九四”阳爻处在重叠的阳爻之上，没有处在上下卦的中位，既没有占据天位，又没有占据地位，也没有占据人位，所以有“也许”的说法。“也许”这个词就是表示迟疑，但没有灾难。“九五”爻辞所讲的“大人”，德行与天地相配合，生成万物。光明与日月相配合，普照一切。政令与四季相配合，井然有序。赏罚与鬼神相配合，吉凶一致。他的行动先天而发，上天不会背弃他。行动后天而发，依奉天时行事。上天不背弃他，何况人呢？何况鬼神呢？“亢奋”这个词意思是，自以为事业只会进步，不会衰退，只会存在，不会消亡，只会成功，不会丧失。只有圣人，才能了解进退存亡的道理，而不失正道。

乾卦的卦爻辞，以及《象传》、《彖传》和《文言》的相关发挥，是从许多占卜的个案概括而来的一般论述。

一般存在于个别。哲学一般概括后，可以应用到无限多个具体场合。“放之四海而皆准，施诸百世而不悖。”这是哲学一般概括的功能、价值、威力和魅力所在。

从乾卦的七条爻辞来看，大致经过以下七个阶段：（1）巨龙潜伏在深渊。（2）巨龙出现在田野。（3）自强戒慎免灾祸。（4）巨龙进退看机会。（5）巨龙直飞上云天。（6）巨龙飞跃到极顶。（7）群龙无首现天德。

乾卦七条爻辞，概括人事升降进退的一般规律，显示了阳刚力量从萌发、成长、旺盛到面临衰弱的曲折起伏过程。其语义和语用，有无限的解释功能。因其隐含的哲学义理，对任何人都适用，所以可取得“每占必验”的奇妙效应。乾卦的象征性意义，是勉励人奋发进取，顺应形势，建功立业，修养德行。当事业大吉大利，万事如意，心想事成，春风得意之时，不忘盛极必衰，更要提高警惕，小心谨慎，力戒骄傲。如经商，有发展机会，勿操之过急，宜冷静分析，把握时机。如决策，可成就大事业，坚持刚健正直，修养德行，积累知识，坚定信念，自强不息，必能克服困难，消除灾难。如求名，能力尚未充分发挥，只要进一步努力，克服骄傲自满，进业修德，学识渊博，品德高尚，终功成名就。

如用乾卦解释虞舜的故事。虞舜秉性善良，仁义孝悌，治理清明，政绩卓著，世代传颂。舜母死，父瞽叟更娶妻。后母无德，生象，象傲。瞽叟爱后妻和幼子象，常想杀舜。舜不嫉恨，顺事父及后母和弟。日以笃谨，没有松懈。克尽孝道，友爱弟弟。20 岁时以孝闻名，30 岁时帝尧闻其名。诸侯推举，舜任公职。尧以二女娥皇女英许配，委以重任。50 岁时摄政，代帝行政。尧崩，舜为其守孝三年，后接位。舜由沉潜到升腾的故事，可用乾卦巨龙发迹的卦义附会解释。

三、商周历史在《易经》

《易经》卦爻辞和典故的内容，上起原始社会，下至周初。包含经济活动，如采集野生植物、田猎捕鱼、畜牧养殖、农业耕种；反映商周的历史故事，最晚提到康侯。成书于康王时。卦爻辞有文王和文王后的故事，证明《易经》在文王后有补充，定型于西周。

《巽》卦“九二”爻辞说：“用史巫纷若，吉无咎。”即效法祝史和巫师的勤勉忙碌，掌管占卜，整理卦爻辞，吉祥无灾。上古三代巫史祝卜。殷周时期，学在官府，文化典册藏于王室，由巫史祝卜等专门的文化官员世袭掌管。巫：天文、历算、医术。史：祭祀，记事官，掌管文书、史书、典籍。祝：致告鬼神。卜：占卜，甲骨文：贞人。商代用甲骨文刻写，由此出现中国第一批文化人，从事文化、参与政治，为中国文化的核心内容和基本精神的诞生，做出特殊贡献。巫史的大量占卜辞，整理转化为《周易》。朱熹《朱子语类》卷六十六说："《易》本为卜筮而作。"

《左传·成公十三年》说："国之大事，在祀与戎（祭祀和打仗）。"以八卦为基本符号的《易经》，起源于龟甲兽骨占卜。

《礼记·表记》载孔子说："殷人尊神，率民以事神，先鬼而后礼。"商王迷信，凡事必卜，无日不卜。无事不占，无时不占。可一卜再卜，至十几卜，直到遇上合意卜兆为止。记日期、事件，问卜人、地点、效验，有一百七十多天后记效验，百占百灵，不会落空。如十天之内会不会有灾祸，天会不会下雨，农作物是不是有好收成，打仗能不能胜利，应该对哪些鬼神进行那些祭祀，生育、疾病、做梦都要占卜，以此来猜测鬼神意志，预测事情吉凶。

商王是最高的政治统治者，又是最高的祭祀官，商王兼巫师功能。甲骨文有祭名二百，祭祀动词百余个。甲骨文的惯用语，是"王占曰"、"王卜曰"。商王自认王权天赋，王权需借助于神权。王有权祭祖，祈求祖先福佑。王有权占卜，天人相通，为人民祈福消灾，沟通先帝，托先帝向上帝求情赐福。王有甲骨卜辞的解释权。殷商后期，从帝乙到帝辛，商王亲自占卜，借天命巩固王权。《甲骨文合集》9650卜文说："子已卜，王贞，今岁受年，十二月。"

占，是根据龟甲裂纹，蓍草排列，预测吉凶。卜，是根据龟甲裂纹，预测吉凶。筮，是根据蓍草排列，预测吉凶。占卜材料，是龟甲兽骨，显示卜兆，刻辞载体。锯凿钻刀，是整理甲骨的刻辞工具。程序，是占卜前，先把龟甲和牛肩胛骨锯削整齐，在甲骨背面钻出圆形深窝浅槽。占卜时，把要问的事情向鬼神祷告清楚。用燃烧着的木棍，对深窝槽侧烧灼加热，使甲骨表面产生裂痕，叫"兆"。根据卜兆形状，裂纹长短、粗细、曲直、隐显，判断吉凶。甲骨文"卜"字，就像兆的样子。占卜后，用刀把占卜内容结果，刻在卜兆近处，即卜辞。《史记·龟策列传》说："卜先以造灼钻。钻中已，又灼龟首。""又复灼所钻中。""灼龟观兆，变化无穷。"

王室贵族、国家大事、私人生活、祭祀、气候、收成、征伐、田猎、病患、生育、出门，无不求神问卜，以得知吉凶祸福，决定行止。占卜成为国家政治生活的大事，朝廷设置专门机构和卜官。有刻辞的甲骨，作为国家档案保存，堆存窖穴。甲骨卜辞成为研究商代历史第一手资料，反映商代社会生活的各方面。

占卜结果，由朝廷保管，累积卜辞，加以编纂，是《易经》雏形，成于西周至春秋。《易经》是占卦元典，艰深难解，对《易经》解释，即《易传》(十翼)。《周礼·春官宗伯下》说："(太卜)掌三《易》之法：一曰《连山》，二曰《归藏》，三曰《周易》。"现仅存《周易》。

四、史实制度在《易经》

(一)殷王客死有易国

《大壮》六五爻辞："丧羊于易，无悔。"《旅》上九爻辞："鸟焚其巢，旅人先笑后号啕，丧牛于易，凶。"这是指殷王亥客死有易国的故事。王亥：商朝第七代先祖，冥的长子。王亥发明牛车，驾牛车，用牛和帛当货币，在部落间经商。狄人部落有易氏之君绵臣，夺取王亥的牛羊，杀死王亥。《墨子·贵义》说："商人之四方，市贾倍徙，虽有关梁之难，盗贼之危，必为之。"王亥，甲骨卜辞称高祖亥。《殷墟卜辞综述》收甲骨文祭祀王亥卜辞96条。

(二)高宗三年伐鬼方

《既济》"九三"爻辞说："高宗伐鬼方，三年克之。"《象》传解释说："三年克之，惫也。"《未济》"九四"爻辞说："震用伐鬼方，三年有赏于大国。"殷高宗兴师讨伐鬼方，仗打得惨烈疲惫，三年取胜，得到殷商的封赏。高宗是殷商中兴帝王，名武丁，曾发动大规模讨伐鬼方的战争。鬼方是殷商西北部族。鬼方记载见于甲骨文、金文。商对北方部族用兵，每次数千。费时三年，鬼方终于被武丁打败。商末，鬼方融入中原。武王克商，原属商朝的鬼方归周。之后，鬼方不断内迁中原。周成王分封给晋国始封者唐叔虞之怀姓九宗，是鬼方隗姓。到周平王东迁，已和其他周朝诸侯同列，与华夏族融合。

（三）帝乙嫁女配文王

《泰》“六五”爻辞说：“帝乙归妹，以祉，元吉。”即帝乙嫁女，因此而获得福祉，大吉。《归妹》“六五”爻辞说：“帝乙归妹，其君之袂，不如其娣之袂良，月几望，吉。”即帝乙嫁女，正室服饰，不如随嫁妹华贵，成亲日选在既望，吉祥。“月几望”：快到十五月儿圆。一解“几”作“既”，是十六日。望：农历小月十五日（大月十六日）月光盈满时。《象》传解释说：“帝乙归妹，不如其娣之袂良也：其位在中，以贵行也。”意即，帝乙嫁女，其服饰不如随嫁妹华贵：尊位守中道，高贵行谦卑。

商王文丁杀周族首领季历，商周关系恶化。季历之子姬昌继位，积蓄力量，准备报仇。商朝东南夷方先后同盂方、林方等部落叛乱。纣王父帝乙为避东西两方腹背受敌，修好因其父文丁杀季历而紧张的商周关系，用联姻缓和矛盾，稳定全局。帝乙把有莘氏女太姒，作为殷商女子，赐婚给姬昌，史称“帝乙归妹”，传为美谈。

姬昌审时度势，认为灭商时机未到，为稳住商王，争取时间，同意联姻。帝乙择定婚期，置办嫁礼，命姬昌继其父为西伯。成婚日，西伯亲自去滑水相迎。周人自称“小邦周”，称商为“大邑商”。把商周联姻，娶有莘氏女太姒为妻，称作是“天作之合”。天作之合，即上天所赐的完美配合。语出《诗·大雅·大明》：“天监在下，有命既集。文王初载，天作之合。”意即，上天明鉴在下尘，有命既集文王身。文王当年初即位，天作之合好婚姻。

太姒是有莘氏女。莘国是地位显赫、历史悠久的文明古国。商朝政治格局，莘国据一席之地。莘国辛甲在商朝任史官。商周联姻是政治联姻。“帝乙归妹”，未必真的把胞妹嫁到偏远的西方，可以是大臣女儿。

有莘氏是殷商重臣，帝乙把有莘氏女，作为殷商女子，赐婚给姬昌，对姬昌是荣耀。帝乙通过联姻，把周人拉到自己旗下。姬昌与帝乙和解，避免羽毛未丰却被剪除，为未来的真正对决积蓄力量。事后，姬昌受封西伯。商周的密切关系，维持到帝乙儿子纣王继位。

有莘氏女太姒，为周文王生了十个儿子。长子伯邑考，早死。次子武王发，继承周文王的事业，兴师伐纣，在位4年。文王四子周公旦，做周王朝的相，封于鲁。三子管叔鲜，封于管。五子蔡叔度，封于蔡。管叔鲜因叛乱被杀，蔡叔因叛乱被流放后死去，蔡叔的儿子名胡，胡改父旧行，尊德向善，周公举荐他做鲁国卿士，鲁国大治，周公向成王建议，把胡封在蔡地，行蔡叔岁时祭祀之礼，就是蔡仲。六子曹叔振铎，封于曹。七子成叔武，封于成。八子霍叔处，封于霍。九子康叔封，封于卫，是卫国始祖。十子季载，封于冉。冉季、康叔，品行美善，周公举荐康叔为周王的司寇，冉季做司空，二人辅佐成王治理国家，美名传天下。

（四）追随升迁周文王

周文王先臣服追随殷纣，后积蓄灭纣力量。《随》卦“上六”爻辞说：“拘系之，乃纵维之，王用亨于西山。”即文王先遭到拘禁，又获释，文王因此得以祭享于西山（指岐山）。《象》曰：“拘系之，上穷也。”即文王遭到殷王拘禁，是由于殷王位居极上，文王臣服追随之道已穷尽。《升》卦“六四”爻辞说：“王用亨于岐山，吉，无咎。”即文王到岐山祭山川，必获吉祥，没有灾祸。《象》传解释说：“王用亨于岐山，顺事也。”即天子殷纣王无道，文王三分天下有其二，以臣子身份事殷，在岐山举行诸侯祭山川之礼，不冒充天子祭天地，顺应形势，谨守为臣之道，必获吉祥，没有灾祸。随着形势发展，周王由诸侯晋位为天子。

（五）箕子明夷敛光芒

《明夷》卦辞说："明夷，利艰贞。"即象征光明受到损伤，有利占卜艰难之事。寓意在艰难中守正道，保纯洁，善始终。"六五"爻辞说："箕子之明夷，利贞。"即箕子掩蔽聪明才智，有利坚守正道。《象》传解释说："箕子之贞，明不可息也。"箕子守正道，表示光明不会熄灭，暂时受阻。《彖》传解释说："明入地中，明夷。内文明而外柔顺，以蒙大难，文王以之。利艰贞，晦其明也，内难而能正其志，箕子以之。"光明隐藏地下，象征光明受损伤。内含文明美德，外呈柔顺，可以蒙受大难，周文王就是如此。有利占卜艰难之事，敛藏光明，蒙受内难，而能坚贞意志，箕子就是如此。

"明夷"卦象是坤上离下，坤为地，离为日，日在地下，象征光明受损伤。夷：伤。明夷：光明受损伤。箕子遇昏君殷纣，无法逃避，只好隐藏聪明才智，佯狂自晦。箕子，文丁儿子，帝乙弟弟，纣王叔父，官太师，封于箕（今山西太谷），爵为子，是占卜师，专职卜阴阳，观天象，授时制历，指导农业畜牧，讨伐出征，官居太师，辅佐朝政。后劝谏纣王，纣王不听，把他囚禁。武王克殷，命召公释放箕子，武王问箕子治国之道，箕子再显才智，答以《洪范·九畴》，这像晚上太阳被掩，隐藏光明，保证日在东方，再显光明。

《韩非子·喻老》说："昔者纣为象箸，而箕子怖。以为象箸必不加于土铏，必将犀玉之杯。象箸玉杯，必不羹菽藿，则必旄象豹胎；旄象豹胎，必不衣短褐而食于茅屋之下，则锦衣九重，广室高台。吾畏其卒，故怖其始。居五年，纣为肉圃，设炮烙，登糟邱，临酒池，纣遂以亡。故箕子见象箸以知天下之祸，故曰见小曰明。"

意即，过去纣王用象牙筷子，箕子恐惧。认为用象牙筷子，必定不用陶碗，必用犀牛角玉石杯。用象牙筷子，犀牛角玉石杯，必不吃豆饭豆叶汤，必吃牦牛、大象、豹子的幼胎。吃牦牛、大象、豹子的幼胎，必不穿短小粗布衣，在茅屋下吃饭，必穿多层华美锦衣，造高大宫室。我害怕这种结果，所以恐惧这样的开始。过五年，纣王设置肉林，炮烙刑，登酒糟丘，身临酒池，纣因此而亡。箕子见到纣王用象牙筷子，预知天下灾祸将临，从小事见大事，叫作明智。

《论语·微子》说："微子去之，箕子为之奴，比干谏而死。孔子曰：殷有三仁焉。"即纣王无道，微子离去，箕子沦为奴，比干谏劝惨死。孔子说：商朝有三大仁人，即箕子、微子和比干。

（六）封邦建国传世家

《师》"上六"爻辞说："大君有命，开国承家，小人勿用。"意即，国王有令，封邦建国，恩赐大夫，小人不用。《象》传解释说：“大君有命，以正功也。小人勿用，必乱邦也。”“上六”是“师”（军队）卦的终点。战争结束，君王论功行赏，颁布命令，封侯赐地，建立战时出千辆战车的“千乘”大国，任命卿、士、大夫，赐以土地，世袭战时百辆战车的“百乘”之家，不让小人得到政权。《象》传的解释是说，君王颁令，论功行赏。小人不用，因为小人必定使国家混乱。

（七）赐马繁殖日三接

《晋》卦辞说：“康叔用锡马蕃庶，昼日三接。”即武王之弟康叔用成王赐给的良种马繁殖，一日接受多次。康叔是周代卫国的始祖，名封，周武王弟，初封于康（今河南禹州西北），故称康叔。

周公平定武庚叛乱，把殷民七族和商故都地区封康叔。周公旦惧康叔年少，告康叔说：“必求殷之贤人君子长者，问其先殷所以兴，所以亡，而务爱民。”康叔治理卫国，牢记周公教导，能团结民众，民众大悦。

卫康叔善良宽厚，送殷民马匹，驯养繁殖，逐渐富裕。晋卦“六二”爻辞说：“晋如愁如，受兹介福，于其王母。”康侯着急发愁，对殷民说，我是看在我祖母与你们的亲情上，才给你们这么大的恩惠。“王母”：祖母，即武王、康叔兄弟的祖母挚仲氏任。

《尔雅·释亲》：“父之考为王父，父之妣为王母。”

康侯之父是文王，文王之父是季历，季历之妻是来自殷商的挚仲氏任，即来自挚国（今河南汝南东南）的第二个女儿，姓任，名叫大任。

《诗经·大雅·大明》说："挚仲氏任，自彼殷商，来嫁于周，曰嫔于京，乃及王季，维德之行，大任有身，生此文王。"来自殷商的挚仲氏任，是康侯的祖母。康侯不忘亲情，厚待殷民，博得赞扬，在《周易》中留名。

（八）掠夺婚姻有风俗

《屯》卦、《贲》卦和《睽》卦，反映商周掠婚风俗。屡见"匪寇婚媾"一语，透露其中信息。《屯》卦"六二"爻辞说："屯如邅如，乘马班如。匪寇婚媾，女子贞不字，十年乃字。"意即，艰难前进想回转，驾驭快马就地旋。不是贼寇是迎亲，要想嫁人过十年！《象》传解释说："十年乃字，反常也。""上六"爻辞说："乘马班如，泣血涟如。"意即，驾驭快马就地旋，痛哭流涕伤心还！"六四"爻辞说："乘马班如，求婚媾，往吉，无不利。"意即，乘马盘旋去求婚，阴阳相吸必应允。大胆去往大吉利，不要犹豫莫担心！

"贲"卦"九三"爻辞说："贲如濡如。"即打扮整齐，神色轻柔。"六四"爻辞说："贲如皤如，白马翰如，匪寇婚媾。"即打扮整齐，素雅轻柔。骑上白马，飞速行走。非贼非寇，追求婚媾。《象》传解释说："终无尤也。”“六五”爻辞说：“贲于丘园，束帛戋戋，吝，终吉。”意即，修饰家园，束帛敬献。持家艰难，终获吉选。《象》传解释说：“六五之吉，有喜也。”《彖》传解释说：“文明以止，人文也。观乎天文，以察时变；观乎人文，以化成天下。”

《睽》卦“九三”爻辞说：“匪寇，婚媾。”即非贼非寇，追求婚媾。梁启超《中国文化史·社会组织篇》说：“夫寇与婚媾，截然二事，何至相混？得无古代婚媾所取之手段，与寇无大异耶。”寇婚同称，是掠夺婚俗。《咸》卦辞：“亨，利贞。取女吉。”《蒙》“六三”爻辞说：“勿用取女。”《说文·女部》：“娶，取妇也。从女从取，取亦声。”《又部》：“取，捕取也。”捕取，暴力抓获，抢夺。婚原写作“昏”。《说文》：“礼，娶妇以昏时，故曰婚。”

（九）臣妾奴隶有制度

《逐》、《损》卦记述古代臣妾奴隶制度。《遁》“九三”爻辞说：“畜臣妾吉。”即蓄养男女奴隶，吉祥。《象辞》说：“畜臣妾吉，不可大事也。”即蓄养男女奴隶，吉祥，不能做大事。《剥》“上九”爻辞说：“硕果不食，君子得舆，小人剥庐。”意即，奴隶不能享受劳动硕果，去给贵族造车，贵族得到车，奴隶却离开茅屋。

《旅》卦“六二”爻辞说：“旅即次，怀其资，得童仆贞。”即旅人住进客店，怀中有钱财，买得奴隶是吉。

《象》传："得童仆贞，终无尤也。"意即，买得奴隶是吉，终无怨尤。其"九三"爻辞说："旅焚其次，丧其童仆，贞厉。"即旅店失火，奴隶逃亡，十分危险。《象》传："旅焚其次，亦以伤矣。以旅与下，其义丧也。"即旅店失火，旅人受伤。奴隶在旅人中，逃亡在情理中。《易经》对掠夺买卖奴隶，以及用奴隶祭祀先王，断占为吉利，而不是罪恶。

（十）商周货币有制度

《损》、《益》卦"或益之十朋之龟"，反映东周前货币制度。《震》卦"六二"爻辞说："亿（孔传：十万曰亿）丧贝。"《损》、《益》二卦说："益之十朋之龟。"即得到进贡价值十朋的宝龟，吉祥。

殷墟商代墓，普遍有贝，少者一枚，多者二十多枚，还有少数铜贝，是商品交换的等价物。商王盘庚说贝玉，是"好货"、"宝货"。商王、贵族用贝赏赐臣下。甲骨文"得"、"宝"、"贮"、"买"，用贝象征财富。

殷墟出土大量海贝、龟甲、鲸鱼骨、鲟鱼骨、玉，与来自东海、南海、东北、新疆的进贡和交换。西周货币，贝的使用，比商代多，以"朋"为计算单位，五枚一串，两串一朋，卜辞中商王赏赐臣下贝，以十朋为最高额。

西周铭文中王赏赐臣下用贝二十到五十朋，有时赐金，用金属货币买奴隶。东周春秋时期，用金属货币。

越国大夫范蠡，去官经商，曾“三致千金”。端木赐，字子贡，孔门七十二贤之一，学绩优异，修养丰厚，擅长言语，口利巧辞，善于雄辩，任鲁卫之相，善经商，于曹鲁两国间，富致千金，是孔子弟子中的首富，儒商的鼻祖，有卓越的政治外交才能和高超的理财经商能力。在孔门弟子中，学行结合最好。《论语·先进》载孔子曰：“赐不受命，而货殖焉，臆则屡中。”意即，子贡不听命安分，判断行情，屡屡猜中。司马迁《史记·仲尼弟子列传》说：“子贡好废举，与时转货资。”“家累千金。”废举：贱买贵卖。转货：随时转货以殖其资，依据市场行情变化，贱买贵卖成巨富。《孔子家语·七十二弟子解》说：“端木赐，字子贡，卫人，少孔子三十一岁，有口才著名，孔子每诎其辩，家富累千金。”

（十一）男尊女卑宗法制

“家人”卦《彖》传说：“家人，女正位乎内，男正位乎外，男女正，天地之大义也。家人有严君焉，父母之谓也。父父，子子，兄兄，弟弟，夫夫，妇妇，而家道正；正家而天下定矣。”这是限制妇女的社会地位和作用，维护宗法制和封建等级制。“九三”爻辞说：“家人嗃嗃，悔厉，吉；妇子嘻嘻，终吝。”《象》传解释说：“家人嗃嗃，未失也；妇子嘻嘻，失家节也。”意即，家人经常受到家长严厉训斥，处境艰难危险，但激励全家戒惧勤勉，最终获得吉祥。妇女儿童嬉皮笑脸，而不严加管束，最终导致持家艰难。宁可过严，不能过宽。与其过宽，“失家节”，铸大错，宁愿过严，而“未失”家道，无大过，酷似《红楼梦》中的贾政。“家人”表面的意思，是一家人，要整齐“家道”。“齐家”是儒家修齐治平政治伦理观的内容。

（十二）革命宣言简而明

《易经》第四十九是“革”卦。革：变革，改革，革命。“革”卦“九四”爻辞说：“改命，吉。”意即，断然变革天命，实行改朝换代，必获吉祥。“改命，吉”三字，是简单明确的革命宣言。《彖》传说：“天地革而四时成。汤武革命，顺乎天而应乎人。革之时义大矣哉！”郑玄注：“革，改也。”孔疏：“革者，改变之名也。此卦明改制革命，故名革也。”“汤武革命”，指商汤攻灭夏桀，建立商朝，武王伐纣，建立周朝。革去桀纣所受天命，由汤武接受，改朝换代。《彖》传热烈赞颂说，天地变革，四季形成。商汤、周武王的变革天命，顺应天理人心。革命的时代意义太重大了！

坤卦《文言》传说：“积善之家，必有余庆。积不善之家，必有余殃。臣弑其君，子弑其父，非一朝一夕之故，其所由来者渐矣，由辩之不早辩也。《易》曰‘履霜，坚冰至’，盖言顺也。”意即，积累善行的家族，恩泽及于子孙。积累恶行的家族，灾殃及于子孙。臣下弑杀君王，儿子弑杀父亲，不是一朝一夕的缘故，是因为缘由逐渐积累，没有及早辨识。《易经》说"天降薄霜，预示严寒将至"，就是讲由渐变到质变的规律。

《孟子·尽心下》有"民贵君轻"的激进之说。认为"诸侯危社稷，则变置"，即可以改立诸侯。认为"汤放桀，武王伐纣"，是诛杀独夫民贼，吊民伐罪，为民除害，多助胜寡助，是诛讨，不是弑杀。他说："贼仁者谓之贼，贼义者谓之残，残贼之人谓之一夫，闻诛一夫纣矣，未闻弑君也。"又说："故为渊驱鱼者，獭也；为丛驱雀者，鹯也；为汤武驱民者，桀与纣也。"《周易》经传和儒家学者的"革命"言论，对中国社会发展有积极意义。

（十三）革故鼎新倡革命

鼎，鼎器。孔疏："此卦明圣人革命，示物法象，惟新其制。"《杂卦》说："革，去故也。鼎，取新也。"孔疏强调"革故鼎新"，即革除旧的，创建新的。《左传·昭公十七年》说："除旧布新。"《四库全书》说"革故鼎新"108次，说"除旧布新"313次。鼎是烹饪器，形态端庄稳重，用于祭祀，是传国之宝；用以铸刑法，象征国家君主的权威。鼎革，即改朝换代。定鼎，即建立新政权。

（十四）威慑惊醒盼雷震

《震》卦“六二”爻辞说：“震来厉，亿丧贝。跻于九陵，勿逐。七日得。”意即，炸雷骤响有危险，丧失亿万贝玉财。攀登九重高山陵，躲避观察不追财。调整心态取中道，七日复得不奇怪。

清龚自珍诗生发雷震意象说：“九州生气恃风雷，万马齐喑究可哀。我劝天公重抖擞，不拘一格降人才！”意即，只有狂雷炸响，才能使中国大地爆发勃勃生机。万民噤口不言，终是悲哀。奉劝天帝重振精神，不拘一格降下英雄人才。成语“不拘一格”，不局限于一种规格方式。“万马齐喑”，比喻空气沉闷。这首诗做暗喻变革，意象壮伟，气势磅礴，寓意深邃。

五、引领时代思潮涌

《易经》的卦爻辞及其解释，透露商周时代的思想观念，反映当时社会进步的要求。

（一）重利观念在《易经》

《易经》的卦爻辞“利”字出现 113 次，平均每卦近 2 个。“利”，即利益。占卦的核心，是取利弃害。《大有》卦“上九”爻辞说：“自天佑之，吉，无不利。”意即，风调雨顺，大吉，对农作物有利。卦辞说：“大有，元亨。”意即，五谷丰收，年富人丰，亨通顺利。“初九”爻辞说：“无交害，匪咎，艰则无咎。”即风调雨顺，无各种灾难交相为害，不会招致灾祸，但是只有历尽艰辛，才能免遭灾祸。

《易经》的利和不利，内容广泛，包括经济的损益得失、政治军事欲求欲取的成败、实现预期目标效果的好坏、选地定居、改邑迁徙、田猎捕鱼、经商出旅、畜牧农耕、祈天求雨、兴师动众、婚姻嫁娶。归根结底，是经济的利和不利。社会物质生活是政治生活和精神生活的基础。最终目的是为获得最大限度的物质利益。

《易经》把经济利害得失作为进退取舍的出发点。对物质利益关心，反映社会物质生活条件对人类生存的重要性。生产力水平低下，摆脱饥寒，必须想方设法，解决衣食之需。人类谋取物质生活资料，发展生产，能推动社会进步。

（二）生产观念在《易经》

卦爻辞取材于生产活动。记录社会经济部门农业、手工业、畜牧业、渔猎生产。《易经》记载渔猎活动，提醒重视渔猎，注意捕猎方法，以获得更多猎物。《解》卦“九二”爻辞说：“田获三狐，得黄矢，贞吉。”意即，打猎捕获三只狐狸，得到黄色箭矢，占问可获吉祥。《中孚》卦辞说：“豚鱼吉。”意即，捕获豚鱼大吉。《恒》“九四”卦辞说：“田无禽。”意即，打猎没有捕获飞禽，属于凶，不利。《坎》卦“九二”爻辞说：“坎有险，求小得。”意即，在坎坷中遭遇危险，可暂降期望值，寻求逐步脱险。

《易经》告诫人们要总结经验，改进捕猎方法，提高捕猎效益。猎取活动物最有利。捕捉活动物，可喂养变成家畜家禽。捕捉幼小动物，养大长肥，再宰杀，可增加肉食数量，使肉保持新鲜。喂养、生殖繁衍，使畜群数量成倍增长，是畜牧业生产从无到有，逐渐发展的过程。当时喂家畜有马、牛、羊和猪。羊用藩篱围。猪用绳子将一块禁木拴在一条前腿，防走脱丢失。牛在角上绑一横木，方便驾驭役使，防止逃跑伤人。除留种畜，其余的准备宰杀食用，阉割生殖器官，以利生长肥壮。畜牧养殖，使得牲畜肥壮，数量增加，属大吉利。羊羸角、猪有疾、马牛逃跑丢失，属于凶。告诫人们要加强管理，精心照料，使牲畜长得肥壮，不要生病死亡，逃跑丢失，这样才能保证牲畜不断繁衍。

山区草原适于畜牧，牲畜用于肉食。肥沃平原适于农种，粮谷瓜菜品类多，营养全面，用于主食，利于人类生存发展。重视土地开垦。《无妄》卦，说明不能轻易放弃已开垦耕种的土地，改邑搬迁。“无妄”即不轻举妄动，“初九”爻辞说：“无妄往，吉。”“上九”爻辞说：“无妄行。有眚，无攸利。”即不要妄行。如果妄行，会遭灾不利。“六二”爻辞说：“不耕获，不菑畬，则利有攸往。”《象》传说：“不耕获，未富也。”认为不妄行，并非任何情况下都如此。不是说在任何条件下，都不能改地搬迁、换土耕种。如果原耕土地不能再收获，就近无法开荒种地，就要迁往别处，另选新地，更有利。重农观念，对促进发展农业生产有积极作用，是治国安邦、造福于民的大计。

（三）交换观念在《易经》

《旅卦》讲商旅在部落间交换。旅字本义是商旅。旅字，从方、人、氏。《考工记·总序》说："通四方之珍异以资之，谓之商旅。"郑玄注："商旅，贩卖之客也。"孔疏：客寄，羁旅，失其本居而寄他方。《复》卦《象》传说："先王以至日（冬至）闭关，商旅不行，后不省方（君王不可巡视诸方国）。"

《旅》卦"初六"爻辞说："旅琐琐，斯其所，取灾。"意即，商旅携带很多贝玉，离开自己住所外出，容易招灾取祸，告诫商人外出经商时，携带很多贝币，应提高警惕，防被盗丢失。琐琐连用，指小贝玉数量多，引申为繁琐、琐碎。《说文·斤部》说："斯，析也。"《尔雅·释言》说："斯，离也。"指分开，离开。所，指住所。取灾，指招致灾祸。

《旅》卦"六二"爻辞说："旅即次，怀其资，得童仆，贞。"意即，商旅外出，住在旅店茅屋客舍，用随身携带货币，买得小仆从，吉利。即：就。次：茨，茅茨，茅屋，旅舍。怀，揣在衣内。资，指资斧，即货币。童仆：仆从。“九三”爻辞说：“旅焚其次，丧其童仆，贞厉。”即商旅住茅屋，失火被烧，小仆从逃跑，危险。“九四”爻辞说：“旅于处，得其资斧，我心不快。”意即，商旅茅屋被烧，得到资助，心中不快。

“上九”爻辞说：“鸟焚其巢，旅人先笑后号眺，丧牛于易，凶。”这指殷代先祖王亥的故事。王亥是商汤七世祖，卜辞屡见，称高祖亥。商族王亥任部落首领，夏朝中期，“不常厥邑”，亦牧亦农。王亥用仆、牛负重，与其他部落交易，被有易氏部落首领绵臣杀，夺去牛羊。王亥儿子上甲微，向河伯借兵，为父报仇，杀死绵臣。后商族定居，以农为主。

《旅卦》记王亥时期，商族亦牧亦农，部落商品交换，由氏族首领进行，商品是牛羊，仆从可买卖。货币作为商品交换媒介出现，肯定商旅从事商品交换，还提醒携带货币时，防止招灾取祸。马克思论古代社会商品货币的发展时，认为游牧民族最先发展货币形式，他们一切财产都可移动，直接让渡，这种游牧生活方式使他们经常和别的共同体接触，进行产品交换。

（四）积累观念在《易经》

积累观念，对渔猎时代向畜牧业时代过渡，有重要意义。生产决定消费，蓄积有利再生产。渔猎时代，猎物时多时少，时有时无，没有保障，满足生活，注意蓄积。捕获猎物，消费不完，就设法储备，等来日再用，日久天长，便形成蓄积观念。见《屯》、《小畜》、《大畜》卦。

屯：囤积，存储。《屯》卦“九五”爻辞说：“屯其膏。小贞吉，大贞凶。”意即，储备之物，使其膏肥，指喂养活捉猎物，使之长肥大。《说文》：“膏，肥也。”这是渔猎时代的蓄积。蓄积不吃，喂养起来的猎物，注意大小。认为幼小畜喂养最好。《大畜》“初九”爻辞说：“有厉，利已。”意即，蓄养过大猎物，其利已止，反而有害。厉：祸患，灾害。有厉：有灾，有害。已：停止。利已：利止。《鼎》卦“九三”爻辞说：“雉膏不食。”意即，不食，使雉膏。倒装句。雉：山鸡。不食：暂时不吃。这都是积累的观念。

（五）节俭观念在《易经》

崇尚节俭，反对浪费，是中华民族的高尚美德。《节》卦辞说：“节，亨。苦节，不可贞。”意即，坚持节俭，万事亨通。不能以节俭为苦，而求奢。苦节，即以节为苦，故曰不可。“六四”爻辞说：“安节，亨。”即只有安于节俭，才能万事亨通。

“上六”爻辞说：“苦节，贞凶，悔亡。”意即，以节俭为苦，而求奢，必将遇到凶事，知道悔改，才能逢凶化吉。“六五”爻辞说：“甘节，吉，往有尚。”意即，以节为甘，以节为乐，是最好的行为，不论去往何地，都受到崇尚尊重。

《既济》“九五”爻辞说：“东邻杀牛，不如西邻之禴祭，实受其福。”邻，是古代居民的聚居点，类似村邑。杀牛，指厚祭、盛祭。禴祭，指薄祭，祭品简单。节俭观念增强，反映神权削弱，有利于促进经济发展。

六、辩证智慧攀高峰

恩格斯说：“一个民族想要站在科学的最高峰，就一刻也不能没有理论思维。”[①]21世纪中国崛起，彰显中华民族精神的深层内涵，包含有《易经》的科学因素。所以《易经》是数千年中华民族智慧的结晶。

《易经》是商周官方的占卜实用手册，春秋战国时儒者发挥为哲学书。今日宜去粗取精，去伪存真，剔除糟粕，汲取精华。恩格斯说：“一切宗教都不过是支配着人们日常生活的外部力量在人们头脑中的幻想的反映，在这种反映中，人间的力量采取了超人间的力量的形式。”[②]

《易经》是中国古代科学因素和神学迷信的混合物。

---

① 恩格斯：《自然辩证法》，《马克思恩格斯选集》第3卷，人民出版社1994年版，第467页。

② 恩格斯：《反杜林论》，《马克思恩格斯选集》第3卷，人民出版社1994年版，第354页。

列宁说："注意：科学思维的萌芽同宗教、神话之类的幻想的一种联系。而今天呢！同样，还是有那种联系，只是科学和神话间的比例却不同了。"①

《荀子·大略》说："善为《易》者不占。"说明《易经》由单纯的专业占卜书，转化为认识分析问题的哲学工具书。冯友兰在《中国古典哲学的意义》中说，《周易》是"代数学"，"公式"，"空套子"，"任何事物都可以套进去"，"神无方而《易》无体"。②

《左传》、《国语》讲论《周易》22条，16条用于占卜，6条用于论证，说明信仰和理性，宗教和科学的消长过程。《易传》反映人的认识，由信仰、宗教到科学、理性的发展。

黑格尔说："须要注意的事情是，中国人也曾注意到抽象的思想和纯粹的范畴。古代的《易经》（论原则的书）是这类思想的基础。《易经》包含着中国人的智慧，是有绝对权威的。《易经》的起源据说是出自伏羲。""《易经》一个主要的注释者就是文王"，"他同他的儿子周公把《易经》变成孔子所读到的那样情况。后来孔子曾经把这些注释加以综合和扩充"。"这一经书当秦始皇帝"

① 《列宁全集》第38卷，人民出版社1972年版，第275页。

② 冯友兰：《中国古典哲学的意义》，《中国哲学史研究》1985年第2期。

决定“焚毁那一切与以前朝代有关的书籍时，显然是受到例外”，“而《易经》却因为其为中国人一切智慧的基础，也未被焚掉”。①

世界上一切事物都是对立统一。所谓对立统一，就是不同性质对立的东西的统一。《易·系辞上》说一阴一阳之谓道。不能只有阴没有阳，或者只有阳没有阴，这是古代的两点论。《易经》用万物对立统一的观点，表达世界变化的宇宙观。

盛衰对立统一。丰卦《彖》传说：“日中则昃，月盈则食，天地盈虚，与时消息。”意即，太阳中午就西斜，月亮满盈就亏缺，天地满盈亏缺，随时消长。孔颖达疏说：“盛必有衰，自然常理。日中至盛，过中则昃。月满则盈，过盈则食。天之寒暑往来，地之陵谷迁贸，盈则与时而息，虚则与时而消。”表达物极必反，事物发展到一定程度，就会转向反面的辩证法思想。

泰否对立统一：泰极否来；否极泰来。泰卦九三爻辞：“无平不陂，无往不复。”意即，所有平坦都会倾斜，所有去往都会复返。否卦上九爻辞：“倾否：先否后喜。”意即，打通闭塞，让闭塞过去，喜庆到来。《象》传：“否

① 〔德〕黑格尔：《哲学史讲演录》第一卷，商务印书馆 1978 年版，第 120—123 页。

终则倾，何可长也。”闭塞最终否定自身，即否极泰来。

道器对立统一。“道”是法则，精神。“器”是器物，物质。《系辞上》说：“形而上者谓之道，形而下者谓之器。化而裁之（化育制裁）谓之变，推而行之谓之通，举而错（施行）之天下之民，谓之事业。”孔颖达疏：“道是无体之名，形是有质之称。”“故自形外以上者谓之道也，自形内而下者谓之器也。形虽处道器两畔之际，形在器不在道也。既有形质，可为器用，故云形而下者谓之器也。”

易和不易，即变和不变的对立统一。易，变，是物质的永恒运动。“易”是象形字，由蜥蜴得名。“易”的甲骨文，像头朝上的蜥蜴。“易”的金文，更像“蜥蜴”。小篆与金文相似。“易”原指蜥蜴的“蜴”，本义是“变化”。“易”假借为“交换”，由“交换”引申为“改变”后，当蜥蜴讲的“易”，写作“蜴”。蜥蜴因环境而改变颜色，叫“易”，即变化。蜥蜴变色，俗称变色龙。《易》的变易之义，是蜥蜴的引申义。

“易”又是会意字。“易”的甲骨文，最初是左边三点，中间一条长弧线，右是半个圆圈。或左边是半个圆圈，中间一条长弧线，右边三点。其形义解释为：半个圆圈，是半个太阳。中间的长弧线，是挡住太阳的浮云。旁边的三点，是云缝透射的阳光，也表示多云。

“易”原义，是乍晴乍阴。甲骨卜辞“易日”，即好天气。“不其易日”，即天气不好。“易”的本义“乍晴乍阴”，引申“变换”、“交换”、“更易”、“交易”。“易”的金文，以甲骨文为基形发展：半边的太阳，散射的阳光，没有变，把蔽日浮云的长弧线，变为先向左拐，后向右弯的弧线。太阳里像“鸟的眼睛”的点，是日中黑子。乍看像飞鸟之形，认为“易”是金乌，大日，生命。“易，飞鸟形象也。”秦代小篆，“易”上部变成方形的“日”，弧线的下部，三点阳光，讹变为“易”下的“勿”。“易”的会意字，沿循小篆“易”，发展为汉代隶书之“易”和现代楷书的“易”。

“易者，日月也”，“日月为易”，上日下月为易，“易之为字，从月从日，阴阳具矣”，“易”：“日”（阳）与“月”（阴）的会合，象征日出。日月位置，形状，时时变化，这是“变易”。《易经》是反映自然、天地、大道、发展变化规律的经典。日月代表天地阴阳，吻合《易经》八卦构成排列的规律及其内涵的核心思想。《易》讲阴阳两种势力相互作用产生万物。“刚柔相推，变在其中。”

《易》教导人面对变易，变化。万物常变，物质世界处于绝对运动之中。思维反映存在，也应不断变化，与时俱进，天人合一。

交易，即阴消阳长，阳长阴消，相互变化。春夏秋冬，循环往来。变化之道，无物不变，是辩证法规律。

《易·系辞下》论辩证法则说："《易》，穷则变，变则通，通则久。"即《易》的法则是发展到极点，则转向反面，产生新的发展，开展新的发展历程。

万物皆变的辩证法规律，是不变的。《系辞下》说："《易》之为书也，不可远，道也屡迁，变动不居，周流六虚，上下无常，刚柔相易，不可为典要，唯变所适。"即万物都变，天道规律不变，人应效法天道，不违天逆常，顺时适变，才可保持长久。日月总是东方出，西方落，这是"不易"。事物随时空而变，变化之道永恒不变。本体，本质，规律不变。变与不变，是对立统一。《易经》强调"与时偕行"的变易思想，是和谐文化、与时俱进思想的来源，有世界观和方法论的意义。

万物皆变的辩证法规律是不变的，这是简单易知的真理。按照这个真理思考行动，就是遵守思维经济的原理。《易·系辞上》说："易则易知，简则易从。易知则有亲，易从则有功。有亲则可久，有功则可大。可久则贤人之德，可大则贤人之业。易简，而天下之理得矣。天下之理得，而成位乎其中矣。"

郑玄《易论》说："易一名而含三义：易简一也；变易二也；不易三也。""《周易》三义"即《易经》的三原则，是变易、不易和简易。我们已经解释如上。《周易》的易，第一个意思是变易。易就是变、变易、变化，专门研究变化。

《易经》书名英文译为：*The Book of Changes*。《易经》的“易”，是变化。“经”是方法，经典。《易经》就是“易”之经，阐述变化的经书，即“变经”。即“世界上什么东西都在变，但是‘世界上什么东西都在变’的原理不会变。”这叫作简易。

把握易（变）和不易（不变）对立统一的规律，就是简易，即简单易知，是思维经济的原理。顺乎自然，如实把握事物自身存在的状态，不附加任何外来的因素，既简且易，就是思维经济。

认识日月运行规律，把握非人为自然，是“简易”。《诗·周颂·敬之》：“日就月将。”就：成就；将：进步。每日有成就，每月有进步，比喻日积月累，精进不止。“如月之恒，如日之升。”像月亮永恒照亮，像日升光彩夺目，比喻时间长久，光明永恒。

“易”，是简易、容易，有事必有理。把握规律，认识真理，简单容易，平凡无奇。

有一句话说：“大道至简。”意即，最大的道理（规律），简易至极。见宋张伯端撰、宋翁葆光注、元戴起宗疏《悟真篇注疏》卷下和清胡渭《易图明辨》卷三。《周易》讲变易、不易和简易三大义理。讲阴阳变化的不变义理，就是简易。天上阴阳互变叫天文，地上阴阳互变是地理，人间阴阳互变是人文。阴阳天地人三才之道，综括宇宙义理。

《说卦》论阴阳天地人三才之道说："昔者圣人之作《易》也，将以顺性命之理，是以立天之道曰阴与阳，立地之道曰柔与刚，立人之道曰仁与义。兼三才而两之，故《易》六画而成卦。分阴分阳，迭用柔刚，故《易》六位而成章。天地定位，山泽通气，雷风相薄，水火不相射，八卦相错。数往者顺，知来者逆，是故《易》逆数也。"这是为了认知天地万物的对立性质，如日月、昼夜、寒暑、刚柔、男女、生死、苦乐、顺逆、贫富、贵贱、前后、进退、正邪、利弊、吉凶等，穷尽古往今来变化之道。

"位当守中"的中庸之道。"履"卦"六三"爻辞说："眇能视，跛能履，履虎尾，咥人，凶。武人为于大君。"意即，瞎子不能看偏看，瘸子不能走偏走，结果踩住老虎尾巴，老虎吃人，占卜有凶险。武人没有当国君的才德，却要当国君，结果凶险。《象》传解释说："眇能视，不足以有明也。跛能履，不足以与行也。咥人之凶，位不当也。武人为于大君，志刚也。"意即，盲人不能看偏看，不足以辨明事物；瘸子不能走偏走，不足以远行。结果踩住老虎尾巴，老虎吃人，有凶险，表明居位不当。武人没有当国君的才德，却要当国君，意志过刚。这句话近似寓言，说明超出能力做事，不会有好结果，包含适度合宜，位当守中的辩证法思想。

七、成语名言意味浓

《易经》卦爻辞及其解释文字，有许多成语名言。这是商周以来人民语言智慧的结晶，词意隽永，流传不衰。华裔汉文所及，无人不耳闻目击，启迪借鉴。乾卦《象》传说："天行健，君子以自强不息。"坤卦《象》传说："地势坤，君子以厚德载物。"清华大学校训"自强不息，厚德载物"即来源于此。

泰卦说："无平不陂，无往不复。"即所有平坦都会倾斜，所有去往都会复返。泰否两卦组成一对对立统一的变化之链：泰极否来，否极泰来。大有卦有大度包容，遏恶扬善。谦卦有谦谦君子。《象》传说："谦谦君子，卑以自牧也。"

颐卦初九说："舍尔灵龟，观我朵颐：凶。"《象》传说："观我朵颐，亦不足贵也。意即，舍弃占卜好征兆，看我鼓动两腮帮，必有凶险。"六四爻辞说："虎视眈眈，其欲逐逐。"意即，像猛虎一样，凶狠地注视着，急于想不断地捕获猎物。

离卦九四说："突如其来。"意即，突然来到。革卦《象》传说："天地革而四时成，汤武革命，顺乎天而应乎人，革之时义大矣哉！”郑玄注：“革，改也。”孔疏：“革者，改变之名也。此卦明改制革命，故名‘革’也。”鼎卦孔疏说：“此卦明圣人革命，示物法象，惟新其制。”《杂卦》说：“革，去故也。鼎，取新也。”

丰卦《彖》传说：“日中则昃，月盈则食，天地盈虚，与时消息。”意即，太阳中午就西斜，月亮满盈就亏缺，天地满盈和亏缺，随时消长。消息：减少和增加。比喻物极必反，事物发展到一定程度，就会转向反面。孔疏说：“盛必有衰，自然常理。日中至盛，过中则昃。月满则盈，过盈则食。天之寒暑往来，地之陵谷迁贸，盈则与时而息，虚则与时而消。”

《系辞上》说“方以类聚，物以群分”，化为成语“物以类聚，人以群分”。“仁者见之谓之仁，智者见之谓之智”，化为成语“仁者见仁，智者见智”。“二人同心，其利断金。同心之言，其臭如兰。”孔疏说：“二人若同齐其心，其纤利能断截金。”金是坚刚之物，能断而截之，盛言利之甚也。指齐心协力，无往不胜。“同心之言，其臭如兰”，意即，意气投合的言论，气味像兰花一样幽香。

《系辞上》说：“探赜索隐，钩深致远。”意即，探索幽深隐微的事理，钩取深奥，招致广远。比喻探索深奥道理，形容治学广博精深。常用成语还有“书不尽言，言不尽意”等。

《系辞下》假托孔子说“天下同归而殊途，一致而百虑”的名句，被司马谈和司马迁父子用来形容诸子百家学术对立统一的关系。“尺蠖之屈，以求信也，龙蛇之蛰，以存身也”的名句，被道家和兵家发挥为系统的社会政治军事谋略。

《系辞下》假托孔子说：“善不积，不足以成名。恶不积，不足以灭身。小人以小善为无益，而弗为也，以小恶为无伤，而弗去也。故恶积而不可掩，罪大而不可解。《易》曰：何校灭耳，凶。”即不积累善事，不足以成就美名。不积累恶行，不足以断送自身。小人认为行小善无益处，而不屑于作，认为行小恶无伤害，而不愿戒除。所以恶行积累，而无法掩盖，罪大恶极，而不可解救。《易》“噬嗑”卦上九爻辞说，肩上戴上木枷，枷伤了耳朵，必有凶险。刘备临终教训儿子说，“勿以恶小而为之，勿以善小而不为”来源于此。

《系辞下》假托孔子说：“危者，安其位者也。亡者，保其存者也。乱者，有其治者也。是故，君子安而不忘危，存而不忘亡，治而不忘乱，是以身安而国家可保也。《易》曰：其亡其亡，系于苞桑。”意即，凡是处于危险境地的，都是曾经安坐其位，无所事事的。凡是处于灭亡境地的，都是曾经误认永世长存，无所预警的。

凡是处于混乱境地的，都是曾经误认治世长存，无所警惕的。所以君子安居，而不忘倾危，生存而不忘衰亡，治理而不忘混乱，这样自身才能安宁，而国家才可保存。《易》“否”卦九五爻辞说：将亡将亡，背靠大桑，安然无恙！

《系辞下》说，《易》道屡迁，“变动不居”。又说：“《易》之为书也，广大悉备：有天道焉，有人道焉，有地道焉。”概括天地人三界的规律。人“不可远”，不能背离。

“与时俱进”成语，典化于《易》损卦彖传说：“损益盈虚，与时偕行。”益卦彖传说：“凡益之道，与时偕行。”遁卦彖传说：“刚正位而应，与时行也。”

“和谐社会”成语，典化于《易经》乾卦彖传说的“保合太和”，“万国咸宁”，这是中华民族的价值取向，是核心价值观的重要内容，民族精神的凝聚。和谐通过调节变易得来。宇宙万物整体和谐，“万国咸宁”，是值得效法的理想状态。故宫有太和、中和与保和三大殿。“太和”即最高和谐。“中和”是阴阳协调产生和谐。“保和”是经管理调节，使万物和谐。

宋张载《正蒙·太和篇》解释《易》道说：“有象斯有对，对必反其为，有反斯有仇，仇必和而解。”意即，现象都有对立面，对立面必定反向运动，反向运动必定产生矛盾，产生矛盾必定达至和解。这是“中和”，即阴阳协调产生和谐。“中和”的极致为“太和”，是最高和谐。

《易经》对中国文化影响深广，是传承不绝，生生不息的文化活化石，在世界上产生了重要的影响。李约瑟《中国古代科学思想史》附论《易经》和莱布尼茨的二元算术说，耶稣会士17—18世纪把《易经》传入西方，启发德国莱布尼茨发明电子计算机二进制原理。八卦乾是1，坤是0。1716年莱布尼茨写信说：“创造中国帝国的伏羲氏，在其推演的八卦中，曾用二元算术。”“两个纯属推理的心智”，“远在世界的两端，而起点又完全相异，竟然会获得同样的次序图式，这个现象确实使人讶异。我们不得不以为这种巧合实非偶然，而两个系统或系出于同样的自然基础”[①]。

韩国用《周易》元素做国旗国徽。太极图和乾坤坎离四卦（天地水火）。1882年8月李氏王朝使臣朴泳孝和金玉筠赴日谈判。在赴日船上，二人用《周易》太极图作为国旗图案，回国向朝廷呈报。1883年李氏王朝颁布国旗。1897年，大韩帝国沿用该国旗。1948年，韩国政府成立，将太极旗作为韩国国旗。1949年，韩国颁布旗帜的标准，规定旗中央是太极图案，四周是八卦图形，太

① 李约瑟：《中国古代科学思想史》，江西人民出版社1990年版，第454—460页。

极图红色代表阳，蓝色代表阴，阴阳合一代表宇宙平衡和谐。四角卦象征阴阳调和。乾为天，坤为地，坎为水，离为火。韩国国旗国徽的太极八卦，来源于《周易》，和谐对称，平衡稳定。韩国国旗、国徽反映了中华文化对朝鲜半岛文化的深刻影响。

第五讲 《春秋》趣谈

一、《春秋》编成众人功

（一）孔子编定《春秋》经

《春秋》是儒家经典《五经》中的一种。它是中国最早的编年体史书，所记载历史的范围，从鲁隐公元年（前722），到鲁哀公十四年（前481），共242年，历经12代君主：隐公、桓公、庄公、闵公、僖公、文公、宣公、成公、襄公、昭公、定公、哀公。中国历史分期把这一时代定名为春秋时代。为了方便，历史学家把春秋时代确定为从周平王元年（前770），到周敬王四十四年（前476）战国前夕，历时295年。

《春秋》以鲁史为线索，记录周王室和各诸侯国大事1800多条。条文最长四十五个字，最短一个字。年月不断，准确可信。有句不成篇，纪事极简。《春秋》共一万六千五百字，原来独立成书，后来出现各家传记，于是经传合编，《春秋》经文不再单独成书。

为《春秋》作传纪，有《左传》三十卷，《公羊传》十一卷，《穀梁传》十一卷等。《春秋左传》是春秋末年鲁国太史左丘明撰。《春秋公羊传》是战国齐人公羊高撰。《春秋穀梁传》是战国鲁人穀梁赤撰。

班固《汉书·艺文志·六艺略》“春秋”类著录说：“《春秋》古经十二篇，《左氏传》三十卷，《公羊传》十一卷，《穀梁传》十一卷。”记述《春秋》经传成书过程说：“周室既微，载籍残缺，仲尼思存前圣之业。”“以鲁周公之国，礼文备物，史官有法，故与左丘明观其史记，据行事，仍人道，因兴以立功，就败以成罚，假日月以定历数，藉朝聘以正礼乐。有所褒讳贬损，不可书见，口授弟子，弟子退而异言。丘明恐弟子各安其意，以失其真，故论本事而作传，明夫子不以空言说经也。”

《春秋》是鲁国历代史官原作，经孔子搜集、整理和编定，作为当时的近现代历史教材，使官府的典籍散播于民间，以后作为儒家的重要经典流传。

汉代把《春秋》奉为孔子编撰的经典，地位至高无上，产生重大影响。汉武帝设五经博士，《春秋》成为官方公认的经典。五经的流传，影响深刻，为中华民族精神心理的形成和中华民族共同体和大一统的形成奠定了思想基础。

墨子曾读周、燕、宋、齐等国的史书《春秋》。《墨子·明鬼下》援引"周之《春秋》"、"燕之《春秋》"、"宋之《春秋》"和"齐之《春秋》"中的资料。墨子曾说:"吾读百国《春秋》。"这句话在《四库全书》出现26次。见于唐魏徵《隋书·李德林传》、唐刘知幾《史通·六家》等书。孙诒让收入《墨子间诂·墨子佚文》。

晋杜预《春秋左氏传序》解释《春秋》书名的来历说:"春秋者,鲁史记之名也。记事者,以事系日,以日系月,以月系时,以时系年,所以纪远近,别同异也。故史之所记,必表年以首事。年有四时,故错举以为所记之名也。周礼有史官掌邦国四方之事,达四方之志。诸侯亦各有国史,大事书之于策,小事简牍而已。孟子曰,楚谓之《梼杌》,晋谓之《乘》,而鲁谓之《春秋》,其实一也。"

孔子作《春秋》的说法,始见于《孟子·滕文公下》:"世衰道微,邪说暴行有作,臣弑其君者有之,子弑其父者有之。孔子惧,作《春秋》。《春秋》,天子之事也。是故孔子曰:'知我者其惟春秋乎!罪我者其惟春秋乎!'"《孟子·离娄下》说:"王者之迹熄,而《诗》亡。《诗》亡,然后《春秋》作。晋之《乘》,楚之《梼杌》,鲁之《春秋》,一也。其事则齐桓、晋文,其文则史(文字是史书笔法)。孔子曰:'其义则丘窃取之矣。'"

司马迁《报任安书》说："仲尼厄，而作春秋。"即孔子遭遇厄困，而创作（编订）《春秋》。《史记·孔子世家》记孔子说：

> 子曰："弗乎弗乎，君子病没世而名不称焉。吾道不行矣，吾何以自见于后世哉？"乃因史记作《春秋》，上至隐公，下讫哀公十四年，十二公。据鲁，亲周，故殷，运之三代。约其文辞而指博。故吴楚之君自称王，而《春秋》贬之曰"子"；践土之会实召周天子，而《春秋》讳之曰"天王狩于河阳"：推此类以绳当世。贬损之义，后有王者举而开之。《春秋》之义行，则天下乱臣贼子惧焉。孔子在位听讼，文辞有可与人共者，弗独有也。至于为《春秋》，笔则笔，削则削，子夏之徒不能赞一辞。弟子受《春秋》，孔子曰："后世知丘者以《春秋》，而罪丘者亦以《春秋》。"

意即，孔子说："不成啊，不成啊！君子最担忧的，就是死后没有留下好名声。我的主张不能实行，我用什么贡献给社会留下好名呢？"于是就根据鲁国的史书，创作（编订）《春秋》，上起鲁隐公元年，下讫鲁哀公十四年，共包括鲁国十二个国君。以鲁国为中心记述，尊奉周王室为正统，以殷商旧制为借鉴，推而上承夏商周三代，文辞简约，旨意广博。吴楚君主自称为王，《春秋》贬称为子爵。鲁僖公二十八年（前632），晋文公召周天子与诸侯在践土会盟，确立了霸主地位，《春秋》却避讳说：“周天子巡狩到河阳。”依此类推。《春秋》用这一笔法，褒贬当时各种事件。后起的王者称举推广，使《春秋》的义理通行天下，乱臣奸贼们都害怕。孔子任司寇，审理诉讼案件，有些文字别人也可以写出，不一定是他独有。到写《春秋》时不同：该写一定要写，当删一定要删。就连专长文字的子夏等人，都不能增删一句。弟子们学习《春秋》。孔子说：“后人了解我，将因为《春秋》。后人怪罪我，也将因为《春秋》！”

孔子编订《春秋》，以鲁国历史为主，参考许多国家史册。《公羊传》疏引闵因叙说，孔子制《春秋》之义，使弟子子夏等十四人求周的《史记》，“得百二十国宝书”。苏轼《春秋列国图说》列举见于《春秋》经传的有124个国家。

《左传·昭公二年》载：晋平公派韩宣子出使鲁国，“观书于大史氏”，看到《易》、《象》和《鲁春秋》等书后说：“周礼尽在鲁矣，吾乃今知周公之德，与周之所以王也。”据《国语·楚语上》载，楚庄王为太子选师傅，“教之《春秋》，而为之耸善而抑恶焉，以戒劝其心。”用《春秋》教育太子，使其懂得褒扬善行，贬抑邪恶，劝勉其心。楚国用《春秋》作为对太子的教学用书，说明中原文化的辐射传播功能。

《春秋》原本失传，现由《春秋公羊传》、《春秋穀梁传》和《春秋左氏传》三传拼接。《春秋》的解读，三传不同。《春秋》纪事，文字简略，每年最多20多条，最少两条，最短的一年一个字。如说："隐公八年：螟。"这年发生螟虫灾害。记事最少用一个字，如说僖公三年六月"雨"。有时用两三个字，如说僖公三年夏四月"不雨"，八年夏"狄伐晋"。最长的记录，"定公四年春三月"有45个字。整部《春秋》，像要闻标题集锦、大事记、备忘录、历史纲要。宋王安石讥称《春秋》是"断烂朝报"，即残缺不全的政府公告。

《春秋》虽简短，但记载准确的时间、地点、人物。而《左传》记丰富的史实，弥补了《春秋》的不足。《春秋》现存1.6万多字，《左传》18万多字，扩展延伸1.3倍。由《春秋》的史纲式、要闻标题式，过渡为历史散文。

《左传》记事，与《春秋》同时开始，结束晚13年。写五霸，虎虎有生气；体现民本思想，批评丧失民心的君主，如鲁昭公；主张民为神之主，天神服从民意。叙述战争483次，大篇幅描写战争百余次，重点记述十余次著名的大战，如晋楚城濮之战（僖公二十七年）、晋楚邲之战（宣公十二年）、晋楚鄢陵之战（成公十六年）等。

《左传》也是文学杰作。清刘熙载《艺概·文概》说："左氏叙事，纷者整之，孤者辅之，板者活之，直者婉之，俗者雅之，枯者腴之，剪裁运化之方，斯为大备。"头绪乱，就要整理得井然有序。孤零零，也要设法辅助支撑。呆板的，使它活起来。直的，使它曲折起伏。俗气的，使它典雅。干枯的，使它丰满。运用奥妙，存乎一心。梁启超《要籍解题及其读法》赞扬《左传》文章优美，其记事文对于极复杂之事项，如五大战役等，纲领提挈得极严谨而分明，情节叙述得极委曲而简洁，可谓极技术之能事。其记言文渊懿美茂，而生气勃勃。其文虽时代甚古，然无佶屈聱牙之病，颇易诵习。

孔子与左丘明，对史实评价好恶相同。《论语·公冶长》引孔子说："巧言、令色、足恭，左丘明耻之，丘亦耻之。匿怨而友其人，左丘明耻之，丘亦耻之。"意即，甜言蜜语，满脸堆笑，点头哈腰，心怀怨恨跟人交朋友，左丘明认为可耻，我也认为可耻。

（二）褒贬恰当好借鉴

关于《春秋》的教育作用，《礼记·经解》引孔子说："入其国，其教可知也。""其为人也"，"属辞比事（用辞褒贬，比较借鉴），《春秋》教也"。"《春秋》之失乱（褒贬借鉴而不当）。""其为人也"，"属辞比事而不乱（褒贬借鉴而恰当），则深于《春秋》者矣"。

意即，到了一个国家，可以看出那里施行教化的情况。人们为人处事，如果善于用辞褒贬，比较借鉴，就是施行《春秋》教化的结果。《春秋》教化的缺点，是褒贬借鉴而不当。一个国家的人民，如果褒贬借鉴而恰当，就说明深得《春秋》教化的道理。郑玄注："属，犹合也。"孔颖达疏："属，合也。比，近也。"

（三）历史进步霸权兴

司马迁《史记·太史公自序》概括春秋时期说："弑君三十六，亡国五十二，诸侯奔走不得保其社稷者，不可胜数。"春秋初诸侯国 140 多个，有诸侯国名 128 个，重要的有十几个。齐、鲁在今山东；卫、宋、郑、陈、蔡在今河南；晋在今山西；燕在今北京、河北一带；秦在今陕西；楚在今两湖；吴在今江苏中南部；越在今浙江。

《春秋》记战争 483 次，朝聘会盟 450 次。大国兼并，互相攻伐，争夺霸权，形成春秋五霸。霸即伯。《左传》"五伯之霸"杜预注："伯者，长也，言为诸侯之长也。"郑玄注："天子衰，诸侯兴，故曰霸。霸者，把也，言把持王者之政教，故其字或作伯，或作霸也。"霸，即诸侯中的老大。

《白虎通·号篇》说五霸是齐桓公、宋襄公、晋文公、秦穆公和楚庄王。《荀子·王霸》说："齐桓，晋文，楚庄，吴阖闾，越句践，是皆僻陋之国也，威动天下，强殆中国。”“兵劲城固，敌国畏之。”“五霸是也。”《墨子·所染》说：“齐桓染于管仲、鲍叔。晋文染于舅犯、高偃。楚庄染于孙叔、沈尹。吴阖闾染于伍员、文义。越句践染于范蠡、大夫种。此五君者，所染当，故霸诸侯，功名传于后世。”所说五霸内涵，略有不同。真正意义的春秋五霸，是尊王攘夷的齐桓公、称霸中原的晋文公、独霸西方的秦穆公、问鼎周室的楚庄王、称雄东南的越王句践。春秋五霸姓名、在位时间及主要事迹，如表 4 所示。

表 4　春秋五霸

姓名	在位时间	主要事迹
齐桓公姜小白（？—前 643）	前 685—前 643，在位 43 年	九合诸侯，尊王攘夷，称霸东方
晋文公姬重耳（前 697—前 628）	前 636—前 628，在位 9 年	退避三舍，践土会盟，称霸北方
秦穆公嬴任好（？—前 621）	前 659—前 621，在位 39 年	兼并西戎，开地千里，称霸西方
楚庄王芈旅（？—前 591）	前 613—前 591，在位 23 年	一鸣惊人，问鼎周室，称霸南方
越王姒句践（？—前 465）	前 497—前 465，在位 33 年	卧薪尝胆，十年教训，称霸东南

春秋五霸，共同见证这一历史时期的兴衰荣辱。春秋小霸郑桓公，试图争霸的宋襄公和吴王阖闾，就其整体

业绩看，他们不能入选真正意义上的春秋五霸。他们只是春秋诸侯争霸的重要环节、铺垫和花絮。

春秋初诸侯国，有140多个，到春秋末，仅剩几个大国，以及十多个中小诸侯国。东方小国归齐，北方小国归晋，江淮汉水流域小国归楚，西北小国归秦。这就实现华夏几个主要区域的统一，促进民族大融合，为全国性统一奠定基础。促进人文和民间文化发展，由卜巫宗教迷信文化，向以人为中心的理性文化转型。学术文化由商周官府贵族垄断的局面，逐渐下移，走向民间，为战国时期百家争鸣和学术繁荣创造条件。

（四）春秋笔法贯始终

《春秋 · 鲁隐公元年》说：

> 元年，春，王正月。三月，公及邾仪父盟于蔑。夏，五月，郑伯克段于鄢。秋，七月，天王使宰咺来归惠公、仲子之赗。九月，及宋人盟于宿。冬，十有二月，祭伯来。公子益师卒。

意即，元年春季，周朝历法正月。三月，鲁隐公在姑蔑，与邾国君仪父结盟。夏季五月，郑伯在鄢地打败弟公叔段。秋季七月，周天子派宰咺来鲁国，馈赠惠公和仲子的丧葬礼品车马。九月，鲁国和宋国在宿国结盟。冬季十二月，周王朝卿士祭伯来到鲁国。公子益师逝世。

鲁隐公元年，即公元前722年，周平王四十九年。《春秋·鲁隐公元年》记载的多数事实，发生在鲁国。记载“夏，五月，郑伯克段于鄢”一事，是鲁国史官据郑国史官的通报。郑，是春秋国名，地在河南新郑。郑伯，即郑庄公，是伯爵的等级。克，即战胜。段，是郑庄公弟的名字。鄢是郑国地名，在今河南鄢陵。

所谓春秋笔法，指曲折而意涵褒贬的文字。《春秋》每用一字，必含褒贬。所谓微言大义，即精微语言包含深奥意义。行文字里行间，蕴藏褒善贬恶，扬善惩恶。如说“伐”，指讨伐。“侵”，指侵略。“战”，指战斗。“诛”，指杀有罪。“杀”，指杀无罪。“弑”，指下杀上。死亡，天子说崩，诸侯说薨，大夫说卒。鲁桓公在齐国，齐襄公派刺客杀害，因为齐襄公跟鲁桓公夫人文姜私通，《春秋》为尊者讳说：“公薨于齐。”鲁僖公二十八年，晋楚城濮之战后，霸主晋文公，用周王名义，主持诸侯盟会，把周王召来，为了维护周王尊严，《春秋》记为：“天王狩于河阳。”委婉地说成周天子主动出外巡守，以共主身份视察诸侯地方。

又如《左传》说：“书曰：‘郑伯克段于鄢。’段不弟，故不言‘弟’。如二君，故曰‘克’。称郑伯，讥失教也，谓之郑志。不言出奔，难之也。”

《春秋》说：“夏五月，郑伯克段于鄢。”共九字，《左传》展开为数百字的文章，有人物情节、前因后果、事件经过，有血有肉，夹叙夹议，丰富充实，准确可靠。《左传》展开《春秋》“郑伯克段于鄢”一事的叙述如下：

> 初，郑武公娶于申，曰武姜。生庄公及共叔段。庄公寤生，惊姜氏，故名曰寤生，遂恶之。爱共叔段，欲立之。亟请于武公，公弗许。及庄公即位，为之请制。公曰：“制，岩邑也，虢叔死焉，他邑唯命。”请京，使居之，谓之“京城大叔”。
>
> 祭仲曰：“都城过百雉，国之害也。先王之制：大都不过参国之一。中，五之一。小，九之一。今京不度，非制也，君将不堪。”公曰：“姜氏欲之，焉辟害？”对曰：“姜氏何厌之有！不如早为之所，无使滋蔓。蔓，难图也。蔓草犹不可除，况君之宠弟乎！”公曰：“多行不义，必自毙，子姑待之。”
>
> 既而大叔命西鄙、北鄙贰于己。公子吕曰：“国不堪贰，君将若之何？欲与大叔，臣请事之。若弗与，则请除之，无生民心。”公曰：“无庸，将自及。”

大叔又收贰以为己邑，至于廪延。子封曰："可矣！厚将得众。"公曰："不义不昵，厚将崩。"

大叔完聚，缮甲兵，具卒乘，将袭郑。夫人将启之。公闻其期，曰："可矣！"命子封帅车二百乘以伐京。京叛大叔段，段入于鄢。公伐诸鄢。五月辛丑，大叔出奔共。遂置姜氏于城颍，而誓之曰："不及黄泉，无相见也！"既而悔之。

颍考叔为颍谷封人，闻之，有献于公。公赐之食。食舍肉，公问之。对曰："小人有母，皆尝小人之食矣，未尝君之羹。请以遗之。"公曰："尔有母遗，繄我独无！"颍考叔曰："敢问何谓也？"公语之故，且告之悔。对曰："君何患焉？若阙地及泉，隧而相见，其谁曰不然？"公从之。公入而赋："大隧之中，其乐也融融！"姜出而赋："大隧之外，其乐也洩洩！"遂为母子如初。

君子曰："颍考叔，纯孝也。爱其母，施及庄公。《诗》曰：'孝子不匮，永锡尔类。'其是之谓乎！"

意即，当初，郑武公娶申国国君女儿为妻，叫武姜。生庄公和共叔段。庄公出生之时脚在前，倒生下来，姜氏受惊，取名寤生，因此厌恶庄公。武姜疼爱共叔段，想立他为太子，屡次向武公请求，武公不答应。庄公当上国君，武姜为共叔段请求，把制地作为封地。庄公说："制是险要城邑，从前东虢国君死在那里，要别的地方，我都答应。"武姜又为共叔段请封京地，庄公让共叔段住在那里，称为京城太叔。

郑国大夫祭仲说："都邑城墙超过高一丈，长三百丈，会成为国家祸害。先王规定，大都城面积，不能超过国都三分之一。中等，不超过五分之一。小的，不超过九分之一。京邑大小，不合法度，违反先王制度，会使您受不了。"庄公说："姜氏要这么做，我怎能避开这祸害呢？"祭仲说："姜氏有什么可满足呢？不如趁早给他另外安排个容易控制的地方，不让他势力蔓延。蔓延开来，难于对付。蔓长的野草，都除不掉，何况您受宠的兄弟呢？"庄公说："多行不义，必自取灭亡，您就等着瞧吧！"

不久，太叔命令西边和北边的边邑，同时归他管辖。郑国大夫公子吕说："一个国家，不能容纳两个君王，您打算怎么办？如果您想把国家交给太叔，就请允许我去侍奉他。如果不给，就请除掉他，不要使百姓产生二心。"庄公说："用不着，他会祸及自己。"随后，太叔把共管的边邑收归自己，把邑地扩张到廪延。公子吕说："可以动手了。他多占了地方，我们就会得到百姓拥护。"

庄公说："不行仁义，就不会有人亲近。地方再大，也会崩溃。"太叔修建城地，聚集百姓，修整铠甲，制造武器，训练步兵，修造战车，要偷袭郑国国都，武姜打算为他打开城门作内应。庄公得知太叔偷袭日期说："可以动手了！"命令公子吕率领二百辆战车，攻打京邑。京邑百姓，背叛共叔段。共叔段逃到鄢，庄公攻打鄢。五月辛丑，共叔段出逃到卫国的共地避难。

庄公把武姜安置到城颍，向她发誓："不到黄泉，不再见面！"不久又后悔。郑大夫考叔是颍谷管疆界的官员，听说了，送礼给庄公。庄公请他吃饭，他把肉放在一旁不吃。庄公问他为什么，颍考叔回答："我有母亲，我的饭食，她都吃过，就是从未吃过君王的肉羹，请允许我拿回去给她。"庄公说："你有母亲，可以送东西给她，唯独我没有！"

颍考叔说："请允许我大胆问一句，您这话是什么意思？"庄公把心里后悔的事告诉他。颍考叔说："君王您担忧什么呢？如果掘地见水，在隧道见面，谁能说不是黄泉相见？"庄公听从颍考叔的话去做。庄公进入隧道，赋诗说："隧道当中，和乐自得！"武姜走出隧道，赋诗说："隧道之外，快乐自在！"母子关系与从前一样和睦。君子说："颍考叔真是孝子。爱自己的母亲，影响了郑庄公。《诗》说：'孝子为孝，没有匮乏，永远感化同类人。'

说的就是这个意思吧！”

《公羊传》对《春秋》“郑伯克段于鄢”一事解释说：“克之者何？杀之也。杀之，则曷为谓之克？大郑伯之恶也。曷为大郑伯之恶？母欲立之，己杀之，如勿与而已矣。段者何？郑伯之弟也。何以不称弟？当国也。其地何？当国也。齐人杀无知，何以不地？在内也。在内，虽当国，不地也。不当国，虽在外，亦不地也。”

意即，克是什么意思呢？就是杀的意思。杀为什么被说成克？强调郑庄公恶。为什么强调郑庄公恶？母亲想要立段，自己把段杀了，不如不给他地盘。段是什么人？是郑庄公之弟。为什么不称弟？因为他与国为敌。写明地点是为什么？因为与国为敌。齐人杀公孙无知，为什么不写明地点？因为发生在国都之内。发生在国都之内，虽然与国为敌，也不写明地点。不与国为敌，虽然在国都之外，也不写明地点。

《穀梁传》对《春秋》“郑伯克段于鄢”一事解释说：“克者何？能也。何能也？能杀也。何以不言杀？见段之有徒众也。段，郑伯弟也。何以知其为弟也？杀世子、母弟目君，以其目君知其为弟也。段，弟也而弗谓弟，公子也而弗谓公子，贬为也。段失子弟之道矣，贱段而甚郑伯也。何甚乎郑伯？甚郑伯之处心积虑，成于杀也。于鄢，远也，犹曰取之其母之怀中而杀之云尔，甚之也。

然则为郑伯者宜奈何？缓追逸贼，亲亲之道也。”

意即，克是什么意思呢？就是能够的意思。能够做什么呢？能够杀人。为什么不直接说杀呢？因为要表示出追随共叔段的人很多。共叔段是郑伯的弟弟，怎么知道他是弟弟呢？因为假如国君杀了嫡亲的长子，或者同母所生的弟弟，便用国君的爵号称呼他，现在文中既然已经称呼郑伯，那么也就知道共叔段是郑伯的弟弟了。共叔段既然是国君的弟弟，却不称他为弟弟；共叔段应当是公子，也不称他为公子，这是对他的贬斥，因为共叔段已经丧失了一个公子和弟弟应有的道德行为。所以《春秋》鄙视共叔段的程度超过了对郑伯的批评。在什么地方超过了对郑伯的批评呢？因为经文并未对郑伯想尽一切方式想要杀掉弟弟的意愿提出批评。但经文说在鄢这个地方打败段的，表明共叔段已经跑到远离郑国都城的地方了，就好比说是从母亲的怀中夺过婴儿杀掉，这又是郑伯做得过分的地方。既然这样，那么对郑伯来说最好的方法是什么呢？就是不要急着追杀已经逃远了的乱臣，而应该遵循兄弟之间相亲相敬的道德。

从以上《公羊传》和《穀梁传》对《春秋》“郑伯克段于鄢”一事的解释，可见其偏重春秋笔法，微言大义，繁琐细碎，不如《左传》有重要历史和文学价值。

（五）春秋小霸郑庄公

郑庄公，公元前 743—前 701 年在位，是春秋时期的小霸和首霸。他足智多谋，继父亲郑武公，任周平王卿士。周平王宠信虢公。郑国强盛，郑庄公平定弟太叔段的叛乱，击败周桓王率领的陈、蔡、虢联军，确立小霸地位，郑庄公声威大振，使周天子威信扫地，宋卫陈等宿敌求和，郑国成为中原最强盛的诸侯国。

郑国东邻宋，北邻卫，郑与宋、卫有矛盾。公元前 719 年，宋纠集卫、陈、蔡、燕、鲁等国联军，两次攻郑。郑庄公主动与陈和好，并主动向鲁示好，结为同盟，密切与齐的关系，用齐牵制宋，大败王师，夜使祭仲劳王，恨周王弃己，用周王权威打击宿敌。公元前 713 年，借声讨宋殇公不朝周天子之罪，联合齐鲁师，以天子之命伐宋。齐鲁军队打败宋军于菅（今山东武城东南），郑军攻占宋国郜（今山东武城东）、防（今山东金乡西），打败宋、蔡、卫联军，使宋国屈服。郑庄公于公元前 701 年与齐、卫、宋结盟，俨然成为霸主，几个月后病逝，郑国由盛转衰。

西周末年，周宣王封弟友为诸侯，即郑桓公。郑桓公是周厉王的小儿子，周宣王的庶弟，宣王封在郑（今陕西华县），是西周王畿内的诸侯国，周王朝最晚分封的诸侯。郑桓公有才能，受到百姓拥戴，当郑侯三十三年，周幽王召他到王室任司徒，管理土地、赋税。

郑桓公请教周太史史伯，史伯神机妙算，告诉他安身立命之地，不在镐京王畿，在洛邑以东河济以南，即郑州以西以南，郐虢所在地区，可让妻儿老小暂居，财货宝物寄存，以后讨伐，攻无不克，依山带河，据险而守，图向四周。于是得到周幽王允许，迁洛邑以东，河济以南，郐虢所献的十个城邑，后成为春秋初期的头等强国，其孙子郑庄公首登霸主的舞台。

郑桓公看西周不会长久，把财产奴隶迁寄到东方小国郐、东虢。儿子郑武公灭郐、东虢，建都新郑。武公、庄公先后做周王朝的卿士，处于挟天子以令诸侯的有利地位。《论语·季氏》载孔子说："天下有道，则礼乐征伐自天子出。天下无道，则礼乐征伐自诸侯出。"

东周，春秋，周王朝历经二十五王。从公元前 770 年即周平王元年，到公元前 256 年，秦灭周，西周君献三十六邑三万人口给秦，这年周赧王去世，共历经 514 年。春秋初诸侯国有 140 多个，少数霸主有权威掌握天下礼乐征伐。郑庄公在中原盛极一时，在中原小国中，小试一霸：联合齐鲁，攻打宋卫，制服陈蔡，打败北戎。

周平王东迁，而后周室衰落，这时东周只有一小块地盘，已经失去对诸侯国的控制。卿士郑庄公连打胜仗，势力越来越大，不把周王室放在眼里。周平王看到郑国骄横，不愿把处理朝政的大权交给郑庄公，想将一半权力，交给另一卿士虢公翰，郑庄公不满意。周平王不敢得罪郑庄公，叫王子狐作为人质，住到郑国。郑国公子忽作为人质，住到都城雒邑，史称“周郑交质”。

公元前708年，即周桓王十二年，因为边境问题周桓王与郑国发生争执，周桓王不愿意让郑庄公摆布，亲率陈蔡卫军攻打郑国，并亲领中军的主力。郑庄公率领中军猛冲，击败王师。郑国将领神箭手祝聃，一箭射中周桓王的肩膀。祝聃一箭射尽周天子的威风。明李贽《史纲评要》卷二说：“夷王足下堂，桓王箭上肩。”周夷王举足下堂，会见诸侯，表示对诸侯礼数有加，这标志周代王权衰落，而诸侯影响增强。郑国将领祝聃，一箭射中周桓王的肩膀，周天子威风扫地。这是表达周王室衰落的两个标志性事件。《左传·桓公五年》记载后一事件说：

> 秋，王以诸侯伐郑，郑伯御之。王为中军，虢公林父将右军，蔡人，卫人属焉。周公黑肩将左军，陈人属焉。郑子元请为左拒，以当蔡人，卫人。为右拒，以当陈人。曰：“陈乱，民莫有斗心，若先犯之，必奔。王卒顾之，必乱。蔡、卫不枝，固将先奔。既而萃于王卒，可以集事。”从之，曼伯为右拒，祭仲足为左拒，原繁，高渠弥以中军奉公，为

鱼丽之陈。先偏后伍，伍承弥缝，战于繻葛。命二拒曰："旝动而鼓！"蔡、卫、陈皆奔，王卒乱。郑师合以攻之，王卒大败。祝聃射王中肩，王亦能军，祝聃请从之。公曰，君子不欲多上人，况敢陵天子乎，苟自救也，社稷无陨多矣。夜，郑伯使祭足劳王，且问左右。

意即，秋季周桓王率领周军，及陈、蔡、虢、卫四国军队，讨伐郑国。郑庄公率领大夫祭仲、商渠弥等，在郑地繻葛（今河南长葛），列阵御敌。当时周军分三个军阵，周桓王亲自率领中军。周王卿士虢公林父率领右军，统辖蔡、卫国军队。周桓公黑肩率领左军，统辖陈国军队。

郑国公子元，请求用左方阵，对付蔡、卫国军队；用右方阵，对付陈国军队。子元说："陈国刚发生动乱，百姓缺乏战斗意志。先攻击陈军，他们必定奔逃。周天子军队一面接应溃败的陈军，一面跟郑军作战，一定发生混乱。蔡、卫国军队见陈军溃逃，一定支撑不住，争先奔逃。这时，我们集中兵力，对付周天子中军，可以大获成功。"

郑庄公接受子元建议，让曼伯担任右方阵主将，祭仲足担任左方阵主将，原繁、高渠弥带领中军，护卫郑庄公，摆开像张网捕鱼的阵势，两翼靠前，中军稍后，排列二十五辆战车，在前冲锋，又用一百二十五辆战车，紧随其后，用步卒填补战车间隙，鱼贯密集而进。

战斗在郑地繻葛展开。郑庄公下令："看到军旗挥动，就击鼓进攻！"让左右军阵发起冲锋。郑军先打实力最弱的陈国军队，使蔡、卫军队畏惧，仓皇退出战场。蔡、卫、陈三国军队，四散奔逃，周王所在中军乱作一团。郑军集中兵力，左右军阵，合围攻击，周王军队大败，四散逃逸。郑将祝聃，平时练就一手好箭法。追赶中，他一箭射中周桓王肩膀。桓王忍痛，勉强指挥军队，逃出重围。

祝聃建议乘胜追击，活捉周桓王。郑庄公制止说："君子不希望逼人太甚，何况欺凌天子呢？我们是自卫，国家能免于危亡就足够了。"战后，郑庄公为了表示尊王，还特派大夫祭仲，去慰问受伤的周桓王及其左右随从。

葛繻之战使周天子威信扫地，再不敢率军与称雄的诸侯较量。郑庄公声威大振。宋、卫、陈等宿敌，都来求和。郑国成为当时中原最强盛的诸侯国。公元前 701 年，郑庄公与齐、卫、宋等国诸侯结盟，俨然成为诸侯的霸主。郑庄公功业辉煌。在位期间，分别击败周、虢、卫、蔡、陈联军，以及宋、陈、蔡、卫、鲁等国联军。御燕、侵陈，获大胜。伐许，克息，御北戎，攻无不克，战无不胜，战绩显赫。郑庄公有过人的政治才能、战略眼光，精权谋，善外交，是他在春秋列国纷争中，首霸中原，成为小霸的原因。

二、九合诸侯齐桓公

齐桓公姜小白率领诸侯联军攻伐楚国，在召陵退而结盟。《春秋·僖公四年》说：

> 春，王正月，公会齐侯、宋公、陈侯、卫侯、郑伯、许男、曹伯侵蔡，蔡溃。遂伐楚，次于陉。楚屈完来盟于师，盟于召陵。

意即，鲁僖公四年春，正月，鲁僖公会合齐侯、宋公、陈侯、卫侯、郑伯、许男、曹伯等入侵蔡国，蔡国军民溃散。随后，诸侯联军攻伐楚国，驻扎陉地。楚国屈完来到诸侯联军结盟，双方在召陵盟誓。《左传·僖公四年》展开叙述如下：

> 春，齐侯以诸侯之师侵蔡，蔡溃。遂伐楚。楚子使与师言曰："君处北海，寡人处南海，唯是风马牛不相及也。不虞君之涉吾地也何故？"管仲对曰："昔召康公命我先君太公曰：'五侯九伯，汝实征

之，以夹辅周室！’赐我先君履，东至于海，西至于河，南至于穆陵，北至于无棣。尔贡包茅不入，王祭不共，无以缩酒（渗酒：酒倒束茅渗出，寓意神饮），寡人是征。昭王南征而不复，寡人是问！”对曰：“贡之不入，寡君之罪也，敢不共给？昭王之不复，君其问诸水滨！”师进，次于陉。夏，楚子使屈完如师。师退，次于召陵。齐侯陈诸侯之师，与屈完乘而观之。齐侯曰：“岂不穀是为？先君之好是继。与不穀同好如何？”对曰：“君惠徼福于敝邑之社稷，辱收寡君，寡君之愿也。”齐侯曰：“以此众战，谁能御之？以此攻城，何城不克？”对曰：“君若以德绥诸侯，谁敢不服？君若以力，楚国方城以为城，汉水以为池。虽众，无所用之！”屈完及诸侯盟。

意即，春天，齐桓公以诸侯的军队进攻蔡国。蔡军逃散瓦解，于是又攻打楚国。楚成王派遣使者到诸侯军中说：“贵君住在北方，寡人住在南方，纵使牛马跑散，也不会到达彼此的边境。不料君王来到我国境内，这是什么缘故？”管仲代表桓公回答说：“从前召康公命令我的祖先太公说：‘天下诸侯，你都可以征伐他们，以从旁辅佐周室。’赐给我祖先征伐的范围，东到大海，西到黄河，南到穆陵，北到无棣。你们的贡物包茅，不进贡王室，天子的祭祀不能供应，没有什么用来滤酒祭神，我特来追究这件事。周昭王到南方征伐楚国，没有返回，我特来追问这件事。”楚国使者回答说：“贡物没有进贡王室，是敝国国君的罪过，岂敢不供给？至于昭王没有返回，君王到汉水边上去查问吧！”诸侯军队继续前进，驻扎在陉地。

夏天，楚成王派遣屈完前往诸侯军中。诸侯军队稍稍退却，驻扎在召陵。齐桓公陈列诸侯军队，与屈完同乘一辆战车观看。齐桓公说：“这次用兵，难道是为了我自己吗？这是为了继承先君建立的友好关系。和我共同友好，怎么样？”屈完回答说：“君王光临，向敝国的社稷之神求福，承蒙收纳敝国国君，这乃是敝国国君的愿望。”齐桓公说：“以这样的军队来作战，谁能抵抗他们？以这样的军队来攻城，什么城池不能攻破？”屈完回答说：“君王如果以德行安抚诸侯，谁敢不服从？君王如果用武力，楚国以方城作为城墙，以汉水作为城河，君王的军队虽多，也没有地方使用他们。”屈完于是同诸侯订立了和好的盟约。

屈完外交辞令谦恭礼让，凛然正气，很有智慧。齐桓公称霸诸侯，武力服楚。以齐国为首的八个诸侯国联军压境，楚国名义上接受齐桓公诸侯霸主的地位，楚使屈完与齐谈判，不卑不亢，诙谐幽默，恭顺温和，庄重严厉。齐桓公见机行事，见好就收。双方演绎出惊心动魄、斗智斗力的局面，体现出语言的艺术。

“召陵之盟”过去一百多年后，楚大夫椒举向楚灵王提到历史上夏启王、商汤王、周武王、周成王、周康王、周穆王、齐桓公和晋文公“六王二公”的功业。楚灵王仅选择齐桓公“召陵之盟”作为效仿对象。齐桓公去世后，公元前 641 年想谋求霸权的楚国，在齐国参加盟会，仍以齐国为盟主。

《春秋公羊传·僖公四年》评价说：“夷狄也，而亟病中国，南夷与北狄交。中国不绝若线，桓公救中国，而攘夷狄，卒怗荆，以此为王者之事也。”《春秋穀梁传》记载公元前 667 年齐桓公与诸侯在幽会盟时，称赞齐桓公仁义守信，认为齐桓公为燕国讨伐山戎一事，是莫大善举，对齐桓公在葵丘大会诸侯，申明周王禁令表示称赞。

《论语·宪问》引孔子说：“齐桓公正而不谲。”“桓公九合诸侯，不以兵车，管仲之力也。如其仁！如其仁！”“管仲相桓公，霸诸侯，一匡天下，民到于今受其赐。微管仲，吾其被发左衽矣。”

意即，齐桓公正直而不狡诈。齐桓公九合诸侯，不用武力，都是管仲的功劳，这就是仁。管仲做齐桓公的宰相，称霸诸侯，一匡天下，人民现在还都享受他的恩惠。没有管仲，我们都要披头散发，左开衣襟，沦为夷狄了。孟子对齐桓公持批评态度，认为他行霸道，不行王道。

五霸之首齐桓公，首先称霸中原。公元前 679 年春，齐桓公会宋桓公、陈宣公、卫惠公、郑厉公，始称霸。公元前 667 年，周惠王命其卿士召伯廖，赐命齐桓公为侯伯。公元前 667 年冬，齐桓公见郑国已屈服齐国，召集鲁、宋、陈、卫、郑、许、滑、滕国君，在宋国的幽会盟。周惠王派召伯参加。周天子代表召伯以天子名义，向齐桓公授予侯伯头衔。这是周天子正式承认齐桓公为霸主。

公元前 664 年，山戎伐北燕，北燕告急于侯伯齐。桓公与管仲、隰朋击山戎。齐师迷路，管仲放老马而随，得道。公元前 656 年，桓公率齐、鲁、宋、陈、卫、曹、郑、许八国联军伐楚。楚是南方蛮族诸侯国，春秋时期强大，向北扩张。楚成王遣使问齐桓公何故率军进入楚境，管仲以楚国不向周王进贡祭祀用的包茅、周昭王淹死在汉水两事相责。在召陵与楚订立盟约。楚成王承认："贡之不入有之，寡人之罪也。"派屈完向周王进贡包茅。召陵之盟是华夏诸侯第一次联合抗楚，迫使楚国暂时中止向中原扩张。

公元前 655 年首止之盟，齐桓公与七国君在首止与周太子郑相会，稳定太子郑的地位。公元前651年葵丘之会，齐桓公代表诸侯宣读盟约：不准把水患引向它国，不准乘别国灾荒而不卖粮食；不准更换太子；不准以妾代妻；不准妇女干政。盟约加强各诸侯国经济合作。桓公“九合诸侯”，葵丘之会最盛大，是其霸业的巅峰。

齐桓公是春秋初年首先称霸中原的第一位霸主，组织中原各国抵御戎狄侵扰，捍卫华夏先进文化。齐桓公重用管仲。管仲青年时，家庭贫困，做过商人，到过许多地方，接触过各式各样的人，见过世面。管仲与好朋友鲍叔牙友情深厚。他们一起经商赚钱，管仲总是少分给鲍叔牙。人们议论管仲贪财，不讲友谊。鲍叔牙说，管仲不是不讲友情、贪金钱、是由于他家贫困。管仲三次参加战斗，三次从阵上逃跑。人讥笑他贪生怕死，没有牺牲精神。鲍叔牙说，管仲不怕死，因为他家有年迈老母，要靠他供养。管仲多次为鲍叔牙办事，结果没办成，反而把事情搞糟了，人们认为管仲没有办事本领，鲍叔牙说，管仲是有本领的人，那些事情没办成，是由于时机没有成熟。管仲多次对人说：生我的是父母，知我的是鲍叔牙。管仲同鲍叔牙的深厚友谊，史称管鲍之交。

齐襄公是暴虐君主，百姓怨声载道，人人愤恨。小白进宫劝谏，襄公不听。他在鲍叔牙的劝说下，出奔到莒国。公元前685年，襄公族弟公孙无知与大臣连称、管至父串通发动政变，杀襄公，篡夺君位。一个多月后，齐人杀死公孙无知，迎接出奔在鲁国的小白兄长公子纠，回国即位。国内高氏、国氏贵族支持小白继位。小白抄近道，首先回到齐都临淄，当上国君。他不计前嫌，任命曾辅佐公子纠的管仲为相国。在管仲主持下，进行改革，齐国富强，为称霸奠定基础。

齐国兴兵伐鲁获胜，灭掉附庸于鲁国的遂国。齐桓公派使臣朝拜刚继位的周僖王，赢得周天子的欢心。齐国召集各国诸侯，到北杏开会，被推举为盟主，又在幽地与宋、鱼、卫、曹等八国为盟，称霸局面确立。

齐桓公于公元前681年，在鄄（今山东鄄城）召集宋、陈四国诸侯会盟，齐桓公是第一个充当盟主的诸侯。当时中原华夏各诸侯，苦于戎狄等部落的攻击，齐桓公以“尊王攘夷”为号召，北击山戎，南伐楚国，成为中原霸主，受到周天子赏赐。齐国先祖，是周文王谋臣姜尚。姜尚因助周灭商有功，被封为齐侯。周统治者赐给齐国特权：可以讨伐有罪的诸侯。凭借这一特权，齐国在西周时期发展成为东方大国，造就九合诸侯的中原第一霸主齐桓公。

三、滥用仁义宋襄公

（一）误把战争作仁义

《春秋·僖公二十二年》说："夏，宋公、卫侯、许男、滕子伐郑。冬，十有一月，己巳，朔，宋公及楚人战于泓，宋师败绩。"意即，夏季，宋襄公联合卫、许和滕三小诸侯国，率军攻伐郑国。冬季十一月初一，宋襄公跟楚军在泓水一带（今河南柘城）作战，宋军大败。《左传·僖公二十二年》展开说：

夏，宋公伐郑，子鱼曰："所谓祸在此矣！"楚人伐宋，以救郑。宋公将战。大司马固谏曰："天之弃商久矣！君将兴之，弗可赦也已！"弗听。冬，十一月，己巳，朔，宋公及楚人战于泓。宋人既成列，楚人未既济。司马曰："彼众我寡，及其未既济也，请击之！"公曰："不可！"既济而未成列，又以告。公曰："未可！"既阵而后击之，宋师败绩。公伤股，门官歼焉，国人皆咎公。

公曰："君子不重伤，不禽二毛。古之为军也，不以阻隘也。寡人虽亡国之余，不鼓不成列。"

子鱼曰："君未知战！勍敌之人，隘而不列，天赞我也。阻而鼓之，不亦可乎？犹有惧焉！且今之勍者，皆吾敌也！虽及胡耇，获则取之，何有于二毛？明耻教战，求杀敌也。伤未及死，如何勿重？若爱重伤，则如勿伤。爱其二毛，则如服焉！三军以利用也，金鼓以声气也。利而用之，阻隘可也。声盛致志，鼓儳可也。”

意即，夏季，宋襄公攻伐郑国。宋司马目夷（字子鱼）说：“看来，以前我们所说的祸患，就要在这一次发生了！”他预料宋襄公必将遭到惨败。楚成王八月率军攻伐宋国，其目的是为了援救郑国。

宋襄公准备迎战。大司马公孙固劝宋襄公坚守城池，以逸待劳，不要跟楚军作战。宋襄公不听劝告，认为天必助宋，宋国定将兴盛。公孙固谏劝宋襄公说：“上天抛弃商朝后裔宋国，已经很久了！如今国君将要兴盛它，就得罪上天，是无可赦免的罪过呀！”宋襄公不听。

冬季十一月一日，宋楚两军在泓水作战。当宋军已摆好阵势，楚军还没有完全渡过河的时候，宋将目夷主张乘机出击说：“敌军众多，我军寡少，现在乘他们还没有完全渡过河，下令出击吧！”宋襄公拒绝说：“不行，君子不乘人之危！”

等到楚军完全渡过河，还没有摆好阵势，目夷又建议趁机进攻。宋襄公仍拒绝说：“不行，君子不攻击没有列好阵势的敌军！”等到楚军完全列好阵势，宋襄公下令出击，被楚军打得大败，宋襄公大腿部受重伤（次年因伤重而死），贴身卫士全部被歼灭。宋军回城，国人责备宋襄公。

宋襄公说：“君子不能伤害敌人的伤员，不俘虏头发花白的敌人。古代仁人作战，不在险阻狭隘地方攻击敌人。我虽是殷商亡国的后裔，仍不攻击没有列好阵势的敌人！”

子鱼说：“国君不懂得作战的规律！强敌因地形狭隘，不能列阵，是上天帮助我们。乘机阻截攻击，不是很好吗？即使这样，还担心不能取胜呢！况且现在面对的是强敌。虽然遇到老兵，能捕获的就捕获，哪管他头发白不白？使将士明白耻辱，教他们学会作战，目的就是要多杀敌人。对受伤未死的敌人，为什么不可以再伤害？如果怜悯受伤的敌人，那压根儿就不要伤害敌人。如果怜悯头发花白的敌人，就不如一开始就投降。三军的作用，就是选择有利时机，攻击敌人。鸣金击鼓，是用声音鼓舞士气。选择有利时机，可以在险阻狭隘地方攻击敌人。鸣金击鼓，声音大作，鼓舞士气，意志高昂，可以攻击没有列好阵势的敌人！”

泓水之战，是春秋时宋楚之间的著名战役。两军战于泓水。楚兵强大，宋军弱小，宋襄公滥用仁义，错用仁义道德。宋襄公不懂得战争的本质和规律是保护自己和消灭敌人。宋司马目夷论战争的本质和规律，应该打高分。而宋襄公的军事学知识，应该打零分。《春秋·僖公二十三年》说："宋公兹父卒。"《左传·僖公二十三年》说："宋襄公卒，伤于泓故也。"宋襄公之死，是因为在泓水作战时，受伤惨重的缘故。

在现代战争中，我们不是宋襄公，不要那样的仁义道德。我们要把敌人的眼睛和耳朵尽可能地封住，使他们变成瞎子和聋子，要把他们指挥员的心尽可能弄得混乱些，使他们变成疯子，用以争取自己的胜利。这才是深谙战争的本质和规律。

（二）弱小称霸成泡影

宋国是周初商代贵族微子启的封国，在豫、苏、鲁、皖接壤地区，都商丘。宋襄公是宋桓公的次子，子姓，名兹父。周襄王二年（前 650）被立为宋国国君，以其庶兄公子目夷为相。

宋襄公继位，正值齐桓公霸业的鼎盛期。宋襄公为支持齐桓公霸业，还没有举行父亲的葬礼，在服丧期间，就前往参加齐桓公召集的葵丘之会。此后，齐桓公召集碱之会、牡丘之会和淮之会，宋襄公都积极参加，是齐桓公的挚友，充当齐桓公霸业的亲密伙伴。齐桓公和管仲把太子昭托付给宋襄公照料。

公元前642年，齐桓公病逝，齐国内乱，宋襄公率宋、卫、曹、邾四小国联军伐齐，扶持逃到宋国避难的公子昭，继位为齐国国君，即齐孝公。宋襄公自恃定齐有功，力图称霸，试图填补齐桓公死后霸权的空白。

宋襄公对周围小国，以霸主的姿态自居，动武、抓人和杀人。《春秋·僖公十五年》说："冬，宋人伐曹。"《左传·僖公十五年》："冬，宋人伐曹，讨旧怨也。"宋襄公为了清算旧怨，攻伐曹国。

《春秋·僖公十九年》说："十有九年，春，王三月，宋人执滕子婴齐。夏，六月，宋公，曹人，邾人，盟于曹南。鄫子会盟于邾。己酉，邾人执鄫子用之。"鲁僖公十九年春季，周历三月，宋襄公派人把滕子婴齐抓了起来。夏季六月，宋襄公与曹国和邾国君主，在曹国南部结盟。鄫子到邾国参加会盟，二十一日，邾国人把鄫子抓了起来，杀死祭祀土地神。《左传·僖公十九年》展开说：

> 宋人执滕宣公。夏，宋公使邾文公，用鄫子于次睢之社，欲以属东夷。司马子鱼曰："古者六畜不相为用，小事不用大牲，而况敢用人乎？祭祀以为人也。民，神之主也。用人，其谁飨之？齐桓公存三亡国，以属诸侯，义士犹曰薄德，今一会而虐二

国之君，又用诸淫昏之鬼，将以求霸，不亦难乎！得死为幸。”

意即，宋襄公派人把滕宣公抓了起来。夏季，宋襄公派邾文公，杀鄫子祭祀次睢（今江苏铜山）土地神，目的是让东夷慑服归属。司马子鱼说：“古代不用六畜祭祀，小祭祀不用大牲畜，何况竟敢用杀人来祭祀呢？祭祀的目的，是为民祈福，百姓是神灵的主人。用人祭祀神灵，谁敢享用？齐桓公存恤三个濒于灭亡的国家，以使诸侯归附，义士还说他德行不厚。今日一次盟会，而虐待滕国和鄫国的君主，又用来祭祀那些邪恶昏乱的鬼神，想用这来追求霸业，不是很难吗！襄公能够得以善终，就算幸运了！”

《春秋·僖公二十一年》记载：“宋人、齐人、楚人，盟于鹿上。”“秋，宋公、楚子、陈侯、蔡侯、郑伯、许男、曹伯会于盂，执宋公以伐宋。”“十有二月癸丑，公会诸侯，盟于薄，释宋公。”

宋襄公跟齐、楚君主在宋地鹿上（今山东巨野）会盟。秋季，宋襄公跟楚、陈、蔡、郑、许、曹国诸侯，在盂地（今河南睢县）会盟，楚成王把宋襄公抓了起来，发兵攻伐宋国。十二月十日，鲁僖公会合诸侯，在薄地（今河南商丘）结盟，释放宋襄公。

《左传·僖公二十一年》展开叙述说：

> 春，宋人为鹿上之盟，以求诸侯于楚，楚人许之。公子目夷曰："小国争盟，祸也。宋其亡乎？幸而后败。"……秋，诸侯会宋公于盂。子鱼曰："祸其在此乎？君欲已甚，其何以堪之！"于是楚执宋公，以伐宋。冬，会于薄，以释之。子鱼曰："祸犹未也，未足以惩君。"

意即，春季，宋襄公跟齐、楚君主，在鹿上会盟，目的是要求楚国允许中原诸侯国奉自己为盟主。楚成王答应。公子目夷说："小国争做盟主，是自取其祸。宋国恐怕要灭亡了！能晚一点失败，就算幸运了。"到了秋季，楚成王、陈穆公、蔡庄侯、郑文公、许僖公、曹共公在盂地会见宋襄公。公子目夷说："祸患恐怕要在这次会上发生吧！国君的欲望太过分了，这怎么受得了呢？"

宋襄公不听目夷劝告，不带兵马，楚成王设伏兵，把宋襄公抓了起来，楚国以五百乘大军攻伐宋国。遭到抵抗，楚军久围宋都数月不克。冬季，经鲁僖公调解，诸侯在薄地会盟，释放宋襄公。公子目夷说："看来祸患还没完，这一次对国君的惩罚还不够。"

《孟子·公孙丑上》说："以力假仁者霸，霸必有大国。”仰仗实力，假借仁义，才可以称霸。称霸一定要凭借国家实力强大。春秋五霸的基本条件，首先必须是大国。宋国跟齐、楚、秦、晋、越等大国相比，属于弱小国家。自古以来，多是大欺小，强凌弱，岂能相反？

宋襄公以弱小身份，孜孜以求霸业，实属不自量力，难以成功，必然失败。宋襄公主观上力图称霸，以弱小国家之力，客观上只能暂时欺负比宋国更弱小的国家，如滕、鄫等，总体上只能是一个可笑的失败者。弱小称霸成泡影，宋襄公在历史上是一位反面教员，负面借鉴。

（三）六鹢退飞喻襄公

《春秋·僖公十六年》说：“十有六年，春，王正月，戊申朔，陨石于宋五。是月，六鹢退飞，过宋都。”十六年春季，周历正月初一，宋国境内发现降落五块陨石。这月，发现六只鹢鸟倒退着飞过宋都。

《左传·僖公十六年》展开叙述说：

> 十六年，春，陨石于宋五，陨星也。六鹢退飞，过宋都，风也。周内史叔兴聘于宋，宋襄公问焉，曰：“是何祥也？吉凶焉在？”对曰：“今兹鲁多大丧，明年齐有乱，君将得诸侯，而不终。”退而告人曰：“君失问。是阴阳之事，非吉凶所生也。吉凶由

人。吾不敢逆君故也。”

意即，鲁僖公十六年春，宋国境内发现降落五块陨石，这是陨星坠落。发现六只鹢鸟倒退着飞过宋都，这是因为刮风。周王朝内史叔兴聘问于宋，宋襄公询问他说：“这是什么祥瑞的征兆呀？吉凶在哪里呢？”叔兴回答说：“今年鲁国将遇到多件大丧事，明年齐国将有动乱，国君您将得到诸侯的拥护，而不能善终。”

叔兴退出来告诉别人说：“国君不该这样问。陨石坠落，六鹢退飞，都是宇宙间阴阳的事变，不是由人事的吉凶所生。吉凶由人决定。我不敢违逆国君，所以才这样回答。”宋襄公迷信，史官叔兴是敷衍他。陨石坠落和六鹢退飞的记载，暗喻宋襄公不顾形势，一味盲目蛮干，只会违背客观规律，行为愚蠢可笑。

四、称霸中原晋文公

（一）城濮之战弱胜强

晋楚城濮之战，是中国史上以弱胜强的著名战例。城濮之战，导源于晋国援宋拒楚。《春秋·僖公二十六年》说：“冬，楚人伐宋，围缗。”《左传·僖公二十六年》说：“宋以其善于晋侯也，叛楚即晋。冬，楚令尹子玉，司马子西，帅师伐宋，围缗。”周襄王十八年（公元前 634），宋成公因其父襄公，曾经善待流亡宋国的晋文公，跟文公有旧交，于是背叛楚国，亲近晋国。冬季，楚成王派令尹子玉、司马子西率军攻伐宋国，围困宋国的缗邑。

《春秋·僖公二十七年》说："冬，楚人、陈侯、蔡侯、郑伯、许男围宋。"周襄王十九年（前 633）冬，楚成王率楚、陈、蔡、郑、许五国联军，围攻宋国，想迫使宋国归附楚国。

《左传·僖公二十七年》说：冬，楚子及诸侯围宋，宋公孙固如晋告急，先轸曰："报施救患，取威定霸，于是乎在矣！"狐偃曰："楚始得曹，而新婚于卫，若伐曹、卫，楚必救之，则齐宋免矣！"

公元前 633 年冬，楚成王率五国联军攻宋，宋国大司马公孙固到晋国，报告紧急情况。先轸说："报答宋襄公赠施之恩，救援宋国被围之患，在诸侯中树立晋国威望，确定晋国霸主地位，就在救宋一举！"一语道破城濮之战对晋国的重要意义。

狐偃说："楚国刚取得曹国的归附，楚成王刚娶卫国女子成婚，如果我们攻伐曹卫，楚国必定来救，那么宋齐，就能免除楚国的围困威胁。"狐偃提出"攻曹卫，诱楚救，解宋围"的谋略，正确选择城濮之战的突破口和主攻方向，是晋军掌握战争主动权的重要一环。晋楚城濮之战，晋国屡处主动，楚国屡现被动，是晋胜楚败的重要因素。先轸和狐偃的善谋，其功甚伟。

《淮南子·兵略训》说："夫飞鸟之挚也，俯其首。猛兽之攫也，匿其爪。虎豹不外其爪，而噬不见齿。故用兵之道，示之以柔，而迎之以刚。示之以弱，而乘之以强。为之以歙，而应之以张。将欲西，而示之以东。先忤而后合，前冥而后明。若鬼之无迹，若水之无创。故所向非所之也，所见非所谋也。举措动静，莫能识也。若雷之击，不可为备。所用不复，故胜可百全。与玄明通，莫知其门，是谓至神。"城濮之战的过程，引证《淮南子·兵略训》的兵学理论。狐偃所谓"攻曹卫，诱楚救，解宋围"，即为了援宋，故意攻曹卫，这是《淮南子·兵略训》说的"将欲西，而示之以东"。

"将欲西，而示之以东"，即避实击虚，避开楚军围困宋国首都的精锐锋芒，不与楚军主力正面直接冲突，用调虎离山计，以智谋取胜。正合《孙子兵法·谋攻》所谓"上兵伐谋"。《吕氏春秋·义赏》引晋文公大臣说："城濮之功，咎犯之谋也！"城濮之战晋国取胜之功，溯源于咎犯的正确谋划。

周襄王二十年（前632），晋楚城濮之战爆发。《春秋·僖公二十八年》说："春，晋侯侵曹，晋侯伐卫。楚人救卫。三月丙午，晋侯入曹，执曹伯，畀宋人。夏四月己巳，晋侯、齐师、宋师、秦师及楚人战于城濮，楚师败绩。楚杀其大夫得臣。五月癸丑，公会晋侯、齐侯、宋公、蔡侯、郑伯、卫子、莒子，盟于践土。冬，公会晋侯、齐侯、宋公、蔡侯、郑伯、陈子、莒子、邾人、秦人于温。天王狩于河阳。”

意即，春季，晋文公入侵曹国，讨伐卫国。楚成王援救卫国。三月初八日，晋侯入侵曹国，拘捕曹伯，把田地送给宋国。夏季四月初二日，晋文公率晋、齐、宋、秦四国联军，跟楚军在城濮交战，楚师大败。楚国令尹、三军主帅子玉引咎自杀。五月十六日，晋文公集合鲁、齐、宋、蔡、郑、卫、莒等国诸侯，会盟于践土。冬季，晋文公集合鲁、齐、宋、蔡、郑、陈、莒、邾、秦等国诸侯，会盟于晋国河阳的温地。明明是晋文公请周天子前来参加会盟，《春秋》为周天子和晋文公讳记为：“天子在河阳巡视狩猎。”

《左传 · 僖公二十八年》记载晋楚城濮之战的原文，以下逐段解析。

1. 晋伐曹借道于卫

春，晋侯将伐曹，假道于卫，卫人弗许。还，自南河济，侵曹，伐卫。正月戊申，取五鹿。二月，晋郤縠卒，原轸将中军，胥臣佐下军。上德也。晋侯、齐侯，盟于敛盂。卫侯请盟，晋人弗许。卫侯欲与楚，国人不欲。故出其君，以说于晋。卫侯出居于襄牛。

意即，春天，晋文公按狐偃之谋，将要攻伐曹国，就向卫国借道，卫国不答应。晋军绕道，从卫国南面渡河，侵入曹国，攻伐卫国。正月九日，夺取卫国的五鹿。二月，晋国中军主帅郤縠去世，先轸任中军主帅，胥臣任下军副帅。这是推崇他们德行好，被破格提拔。晋文公和齐昭公，在卫地敛盂会盟。卫成公请求加盟，晋文公不答应。卫成公想归附楚国，卫国人不愿意。所以卫国人把自己国君赶跑，以便取悦晋国。卫成公离开国都，住在卫地襄牛。

2. 文公入曹数曹公

公子买戍卫，楚人救卫，不克。公惧于晋，杀子丛以悦焉。谓楚人曰："不卒戍也。"晋侯围曹，门焉多死。曹人尸诸城上，晋侯患之。听舆人之谋称"舍于墓"。师迁焉。曹人凶惧，为其所得者棺而出之。因其凶也而攻之，三月丙午入曹。数之以其不用僖负羁，而乘轩者三百人也，且曰献状。

意即，鲁国大夫公子买，奉鲁僖公之命，戍守卫国。楚国人援救卫国，没有取胜。鲁僖公畏惧晋国讨伐，杀公子买，取悦晋国。鲁僖公对晋楚两国两面讨好，又对楚国人谎称："因为公子买，奉命戍守卫国，没有期满，就想回国，所以才杀了他。"

晋文公围攻曹国都城，攻打城门时，使得晋军死伤很多。而曹国人就把晋国人的尸体，堆积在城上。晋文公很忧虑，听赶车人献谋说，以牙还牙，以眼还眼，可以针锋相对，让晋军驻扎在曹国人墓地，掘其墓，暴其尸。晋军迁到曹国人墓地，曹国人很惧怕，急忙把所获晋军尸体，装殓棺材，运出城门。晋军趁曹国人惧怕慌乱之机，攻打城门。三月八日，攻入曹国都城。晋文公数落曹共公，不听贤臣僖负羁的劝谏，而供养乘豪华轿车的亲近侍从三百人。并说，我流亡曹国时，你偷看我的肋骨，现在我让你看个够！

3. 文公爱才赦魏犨

令无入僖负羁之宫，而免其族，报施也。魏犨、颠颉怒曰："劳之不图，报于何有？"爇僖负羁氏。魏犨伤于胸。公欲杀之，而爱其材。使问，且视之病，将杀之。魏犨束胸见使者曰："以君之灵，不有宁也！"距跃三百，曲踊三百，乃舍之。杀颠颉以徇于师，立舟之侨以为戎右。

意即，文公下令，晋军不能进入僖负羁的住宅，而赦免僖负羁的族人，以报答文公流亡过境曹国时，僖负羁馈赠食物玉璧的施舍。晋文公部将魏犨和颠颉愤怒地说："对我们随行流亡的功劳，不图厚报，谈何报答僖负羁？"魏犨和颠颉擅自进攻僖负羁，纵火烧毁僖负羁及其家人的住宅。魏犨在进攻中胸部受伤。晋文公打算处死魏犨，但爱惜他的才能。于是派人慰问，顺便视察他的病情，还是准备要杀他。魏犨包扎胸部，出来见文公的使臣说："托国君的福，我这不是平安无事吗？"接着奋力地前后上下，蹦跳翻腾多次，表明自己伤势不重。文公赦免魏犨，命令杀颠颉，在全军示众。让舟之侨代替魏犨，担任戎右。

4. 先轸巧计显威力

宋人使门尹般，如晋师告急。公曰："宋人告急，舍之，则绝。告楚，不许。我欲战矣，齐秦未可，若之何？"先轸曰："使宋舍我，而赂齐秦，借之告楚。我执曹君，而分曹卫之田，以赐宋人。楚爱曹卫，必不许也。喜赂，怒顽，能无战乎？"公悦。执曹伯，分曹卫之田，以畀宋人。

意即，宋国人派大夫门尹般，到晋国军中告急。晋文公用一个三难推理的说辞，表达晋军的困境和自身的忧虑：“宋国人向我们求救告急，我们不管，等于跟宋国绝交；我们求告楚国退兵，楚国不会答应；我想作战，齐国、秦国不同意：该怎么办呢？”

先轸使出一计，解除晋军困境和文公忧虑，破解文公三难推理。即让宋国人不要向晋军求救，转而去贿赂齐秦两国，借齐秦两国之口，求告楚国退兵。同时由晋国拘捕曹国君主，分割曹卫两国土地，送给宋国人。楚国不愿失去曹卫，必然不答应齐秦两国让楚退兵的劝告。齐秦两国，高兴接受宋国贿赂，恼怒于楚国凶顽，就会同意参战。先轸此计，一箭数雕。其谋略的要点，是削弱楚附庸国曹卫，联络齐秦两大国，孤立楚国一强。即在晋、宋、曹、卫、齐、秦、楚各国间，充分运用软实力，巧用外交手段，纵横捭阖，借力使力，声东击西，避实击虚，不战而屈人之兵，用智谋取胜。

文公听了先轸的计谋，很高兴，大为赞赏，依计而行，拘捕曹国君主，分割曹卫土地送给宋国人。城濮之战的后续发展，充分显示先轸妙计的巨大威力。

5. 楚将不听楚王劝

楚子入居于申，使申叔去谷，使子玉去宋，曰：

“无从晋师！晋侯在外，十九年矣，而果得晋国。险阻艰难，备尝之矣。民之情伪，尽知之矣。天假之年，而除其害。天之所置，其可废乎？《军志》曰：‘允当则归。’又曰：‘知难而退。’又曰：‘有德不可敌。’此三志者，晋之谓矣！”子玉使伯棼请战曰：“非敢必有功也，愿以间，执谗慝之口！”王怒，少与之师，唯西广、东宫与若敖之六卒，实从之。

意即，楚成王退却，到楚国申地驻扎。命令申叔离开他戍守的齐国谷地，命令楚国令尹子玉离开宋国，解除对宋国围困。成王说：“不要跟踪追赶晋军！晋文公在外，流亡十九年，果然当上晋国国君。但他艰难险阻，都尝遍了；民间的真假是非，都知道了。上天赐给他年寿，除去他的祸害。上天安排，能够废除吗？《军志》说：‘适可而止。’又说：‘知难而退。’还说：‘有德之人不可敌。’这三句名言，就是说的晋国呀！”

子玉不甘心退兵，让伯棼向成王转告作战请求说：“虽不敢说必定成功，但希望能用我的努力，堵谗佞小人的嘴！”子玉的刚愎自用，使成王愤怒，只给他少量军队，派西广、东宫和若敖的一百八十乘战车，士卒六百人，跟随他去。楚成王适时退却，对下属告诫，表现冷静清醒。子玉把成王告诫置诸脑后，反其道而行，导致兵败自杀的悲剧。

6. 先轸计谋再给力

> 子玉使宛春告于晋师曰："请复卫侯，而封曹，臣亦释宋之围。"子犯曰："子玉无礼哉！君取一，臣取二。不可失矣！"先轸曰："子与之！定人之谓礼。楚一言而定三国，我一言而亡之。我则无礼，何以战乎？不许楚言，是弃宋也；救而弃之，谓诸侯何？楚有三施，我有三怨。怨仇已多，将何以战？不如私许复曹卫以携之，执宛春以怒楚。既战而后图之。"公悦，乃拘宛春于卫，且私许复曹卫，曹卫告绝于楚。

意即，子玉派宛春告诉晋军说："请恢复卫侯的君位，把分割曹国的土地归还曹国，我就解除对宋国的围困。"子犯（即狐偃）说："子玉真是无礼呀！他让我们国君，只得到一个好处，而他作为臣下，却得到两个好处。我们不可失掉攻打楚国的机会！"

先轸说："应该答应子玉的请求！安定别人，叫作有礼。楚国一句话，安定三个国家。我们一句话，灭亡三个国家。我们无礼，怎么作战？不答应楚国的请求，是抛弃宋国；本来打算援救宋国，却又抛弃宋国，对各国诸侯怎么交代？楚国有三个恩施，我们有三个怨仇。怨仇多了，怎么作战？不如私下允许恢复卫侯的君位，把分割曹国的土地归还曹国，离间曹、卫跟楚国的关系。拘捕宛春，以激怒楚国。打起仗来，再考虑其他有关问题。”文公听了，很高兴，就把宛春拘禁在卫地，并且私下允许恢复曹国土地和卫侯君位，曹、卫就跟楚国绝交。

7. 退避三舍成圈套

> 子玉怒，从晋师。晋师退。军吏曰：“以君辟臣，辱也。且楚师老矣，何故退？”子犯曰：“师直为壮，曲为老，岂在久乎？微楚之惠，不及此。退三舍避之，所以报也。背惠食言，以亢其仇，我曲楚直。其众素饱，不可谓老。我退而楚还，我将何求？若其不还，君退臣犯，曲在彼矣。退三舍，楚众欲止，子玉不可。”

意即，子玉愤怒，追赶晋军。晋军后退。晋军官吏说：“国君躲避臣子，是耻辱。楚军疲惫，为何后退？”子犯说：“军队理直才气壮，理曲就疲惫，岂在时间长久？如果当初没有楚国的恩惠，我们就不会有今天。退避三舍，是为报答楚国。忘记恩惠，自食诺言，保护他们的仇敌宋国，我们理屈，而楚国理直。楚国兵众，一向士气饱满，不能说疲惫。我们后退，楚国撤兵，我们就别无所求。如果楚国不撤兵，我们国君后退，他们臣下进犯，理屈的一方就是楚国。晋军退避三舍，楚国兵众，想停止不追，子玉不答应。”子玉率军，落入晋军诱敌深入的圈套。

8. 晋宋齐秦对强楚

夏四月戊辰，晋侯、宋公、齐国归父、崔夭、秦小子憖次于城濮。楚师背酅而舍。晋侯患之。听舆人之诵曰：“原田每每，舍其旧而新是谋。”公疑焉。子犯曰：“战也！战而捷，必得诸侯。若其不捷，表里山河，必无害也。”

公曰：“若楚惠何？”栾贞子曰：“汉阳诸姬，楚实尽之。思小惠而忘大耻，不如战也。”

晋侯梦与楚子搏，楚子伏己而盬其脑，是以惧。子犯曰：“吉！我得天，楚伏其罪。吾且柔之矣！”

子玉使斗勃请战，曰：“请与君之士戏，君冯轼而观之，得臣与寓目焉。”晋侯使栾枝对曰：“寡君闻命矣。楚君之惠，未之敢忘，是以在此。为大夫退，其敢当君乎！既不获命矣，敢烦大夫谓二三子：戒尔车乘，敬尔君事，诘朝将见。”

晋车七百乘，韅靷鞅靽。晋侯登有莘之墟以观师，曰："少长有礼，其可用也。"遂伐其木，以益其兵。

意即，夏四月初一，晋文公、宋成公、齐大夫国归父、崔夭、秦穆公儿子小子慭，率晋宋齐秦四国联军驻扎在城濮（今山东鄄城）。楚军背靠险要丘陵酅地扎营。晋文公忧患不能战胜楚军。听赶车人唱道："原田野草多茂盛，舍其旧根撒新种！"晋文公知道士兵作战心切，又有疑虑。狐偃对文公说："作战吧！作战胜利，必得诸侯拥戴。如果不胜，晋国外有黄河险阻，内有太行山屏蔽，必定无害！"以此消除晋文公的疑虑。

晋文公说："从前楚国对我流亡时的恩惠，怎么办？"下军主将栾枝说："汉水北面的姬姓诸侯国，全被楚国吞并。想起过去小恩小惠，忘记奇耻大辱，不如跟楚国作战！"晋文公精神紧张，夜梦跟楚成王搏斗，楚成王趴在文公身上，吸食文公脑汁，所以害怕。狐偃为文公解梦说："这是吉利的征兆！你面朝上，说明得天助。楚王面朝下，是伏地认罪。我们就用以柔克刚的谋略，战胜楚国！"

楚国令尹子玉（即成得臣）派遣斗勃，向晋文公挑战说："请让我们跟君主的斗士角力游戏。君主靠在车前横木上观看，我得臣陪君主一起观看！”晋文公派下军将栾枝回复说：“我们国君领教了！楚君恩惠，至今不敢忘，所以才退到这里。我们本以为大夫您已经退兵了。因为我们国君已经后退，您作为臣子难道敢抵挡我们国君吗？既然您不肯退兵，那就烦请转告贵国将领：备好战车，记住任务，明早再见！”晋军七百辆战车，装备齐全。晋文公登上古莘国旧址，检阅军队说：“老少有礼，投入战斗！”于是砍树伐木，修补兵器，一切就绪。

9. 兵不厌诈胜楚军

己巳，晋师陈于莘北。胥臣以下军之佐当陈蔡。子玉以若敖之六卒将中军曰：“今日必无晋矣！”子西将左，子上将右。胥臣蒙马以虎皮，先犯陈蔡，陈蔡奔。楚右师溃。狐毛设二旆而退之，栾枝使舆曳柴而伪遁。楚师驰之。原轸、郤溱以中军公族横击之。狐毛、狐偃以上军夹攻子西。楚左师溃，楚师败绩，子玉收其卒而止，故不败。晋师三日馆谷，及癸酉而还。甲午，至于衡雍，作王宫于践土。

意即，四月己巳，晋军在莘北，摆开战阵。楚军主帅子玉，率领若敖氏六百兵卒，坐镇楚国中军。子玉狂傲地说：“今天必定没有晋国了！”子西率领楚国左军，子上统率楚国右军。

晋军左翼下军副帅胥臣率领军队，抵挡楚军右翼陈蔡军。胥臣用老虎皮蒙住驾车战马，先攻击子上统率楚右翼陈蔡军，陈蔡军惊恐奔逃，楚国右军溃败。晋军右翼上军主将狐毛设置将佐两面大旗，命令二旗后退，伪装晋军右翼主副将都在后退，引诱楚国左军出击。晋下军主将栾枝在阵后，用战车拖曳柴枝，扬起尘土，伪装后面军队都在逃遁，引诱楚国左军进击，暴露侧翼。先轸、郤溱率领晋中军贵族精锐部队，拦腰截击子西率领楚左军。狐毛、狐偃率领晋上军，从两侧夹攻楚左军。晋下军主将栾枝率领伪装后退晋军，回军与中、上军合围歼敌。楚左军溃败。楚军主帅子玉，见楚军左右翼溃败，下令中军兵卒，停止进攻，保住中军。晋楚城濮之战，以楚军失败告终。晋军占楚营地，住楚军营，吃楚军粮。三天后，到六日才班师回国。二十七日到衡雍，在践土为周襄王建造行宫，接待周天子，会盟诸侯。

10. 城濮之战以德攻

乡役之三月，郑伯如楚致其师。为楚师既败而惧，使子人九行成于晋。晋栾枝入盟郑伯。五月丙午晋侯及郑伯盟于衡雍。丁未献楚俘于王：驷介百乘，徒兵千。郑伯傅王，用平礼也。己酉王享醴，命晋侯宥。王命尹氏及王子虎、内史叔兴父策命晋侯为侯伯，赐之大辂之服、戎辂之服，彤弓一，彤矢百，玈弓矢千，秬鬯一卣，虎贲三百人。曰："王谓叔父：'敬服王命，以绥四国，纠逖王慝。'"晋侯三辞，从命，曰："重耳敢再拜稽首，奉扬天子之丕显休命。"受策以出。出入三觐。

卫侯闻楚师败，惧，出奔楚，遂适陈，使元咺奉叔武以受盟。癸亥王子虎盟诸侯于王庭，要言曰："皆奖王室，无相害也。有渝此盟，明神殛之，俾坠其师，无克祚国，及而玄孙，无有老幼。"君子谓是盟也信，谓晋于是役也，能以德攻。

初，楚子玉自为琼弁玉缨，未之服也。先战，梦河神谓己曰："畀余，余赐女孟诸之麋。"弗致也。大心与子西使荣黄谏，弗听。荣季曰："死而利国，犹或为之，况琼玉乎！是粪土也，而可以济师，将何爱焉？"弗听。出，告二子曰："非神败令尹，令尹其不勤民，实自败也。"

既败，王使谓之曰："大夫若入，其若申、息之老何？"子西、孙伯曰："得臣将死，二臣止之，曰：'君其将以为戮。'"及连谷而死。晋侯闻之，而后喜可知也，曰："莫余毒也已！蒍吕臣实为令尹，奉己而已，不在民矣。"

城濮之战，晋中军风于泽，亡大旆之左旃。祁瞒奸命，司马杀之以徇于诸侯，使茅茷代之。师还，壬午济河。舟之侨先归，士会摄右。秋七月丙申振旅，恺以入于晋，献俘授馘，饮至，大赏。征会讨贰。杀舟之侨，以徇于国。民于是大服。君子谓文公其能刑矣，三罪而民服。《诗》云："惠此中国，以绥四方。"不失赏刑之谓也。

意即，城濮之战前三个月，郑文公到楚国，把郑国军队交给楚国指挥。现在郑文公，因楚军打败仗而害怕，便派大夫子人九，向晋国求和。晋国栾枝，去郑国与郑文公议盟。五月九日，晋文公和郑文公，在郑国衡雍结盟。十二日，晋文公把楚国俘虏献给周襄王，有四马披甲兵车百辆，步兵千人。郑文公替周襄王主持典礼仪式，用从前周平王接待晋文侯的礼节，接待晋文公。

十四日，周襄王用甜酒款待晋文公，劝晋文公进酒。周襄王命令尹氏、王子虎和内史叔兴父，用策书任命晋文公为诸侯首领，赏赐大辂车、戎辂车和服饰仪仗，红色弓一把，红色箭百支，黑色弓十把，黑色箭千支，黑黍酿造香酒一卣，勇士三百。并传达周王的话说："恭敬地服从周王的命令，安定四方诸侯，监督惩治坏人。"晋文公辞让三次，接受王命说："重耳再拜叩首，接受发扬周天子伟大、光明、美善的命令！”晋文公接受策书退出，前后三次朝见周襄王。

卫成公听到楚军被晋军打败，害怕了，先逃到楚国，后又逃到陈国。卫国派元咺辅佐叔武，到王室，接受晋国与诸侯盟约。二十六日，王子虎和诸侯在周王厅堂订立盟约说：“各位诸侯扶助王室，不互相残害。有违背盟誓，圣明神灵惩罚，使军队覆灭，不能享有国家，直到子孙后代，不论年长年幼，都不能逃脱惩罚！”君子认为这盟约诚信，说晋国在这次战役中，能依凭德义征讨。

当初，楚国子玉制作用美玉装饰的马冠和马缨，没有用上。交战之前，子玉梦见河神对自己说：“把它们送给我！我赏赐给你宋国孟诸沼泽地。”子玉不肯送。子玉儿子大心和楚国大夫子西让荣黄劝子玉，子玉不听。荣黄说：“人死了能对国家有利，也要去死，何况是美玉！不过是粪土，可以帮助军队得胜，有什么可吝惜？”子玉不听。荣黄出来告诉大心和子西：“不是河神要让令尹打败仗，是令尹不肯为民众尽力，实在自找失败！”

楚军战败，楚王派人对子玉说：“如果你回楚国，怎么对弟子战死的申、息父老交代？”子西和大心对使臣说：“子玉本想自杀，我们两人拦住他说：‘国君还要惩罚你！’”子玉到连谷自杀。晋文公听到子玉自杀的消息，喜形于色说：“今后没有人危害我了！楚国芳吕臣当令尹，只知保全自己，不会为老百姓着想。”

城濮之战中，晋中军在沼泽地遭遇大风，大风刮走前军左边的大旗。祁瞒触犯军令，司马杀了他，通报诸侯，使茅茷接替他。军队返还。六月十六日渡河。舟之侨先行回国，由士会代理车右。秋天七月丙申日，军队胜利归来，在乐曲声中进入晋都，在太庙报告俘虏杀死敌军人数，饮宴犒赏，征召会盟，讨伐二心，杀舟之侨，通报全国，民众于是大为顺服。君子评价说，文公能正确用刑。杀了颠颉、祁瞒和舟之侨三个罪人，而民众顺服。《诗》说：“惠及中国，安定四方。”说的就是赏罚得当。

（二）城濮之战用诈术

兵不厌诈。《孙子兵法·军争》说：“兵以诈立。”又《计》说：“兵者，诡道也。故能而示之不能，用而示之不用，近而示之远，远而示之近。利而诱之，乱而取之，实而备之，强而避之，怒而挠之，卑而骄之，佚而劳之，亲而离之，攻其无备，出其不意。”

《韩非子·难一》引晋文公舅父狐偃说：“战阵之间，不厌诈伪。”兵书《唐太宗李卫公问对》说：“千章万句不出乎多方以误之。”《汉书·艺文志》说：“自春秋至于战国，出奇设伏，变诈之兵并作。”

《左传·僖公二十八年》说“胥臣蒙马以虎皮，先犯陈蔡”的诈术，导致“陈蔡奔，楚右师溃”的胜利结果。“狐毛设二旆而退之，栾枝使舆曳柴而伪遁”的诈术，导致“楚师驰之，原轸、郤溱以中军公族横击之，狐毛、狐偃以上军夹攻于西，楚左师溃，楚师败绩”的胜利结局。

晋军再三成功运用诈术，使楚军误判上当，最后晋军击败不可一世的楚军，使晋国取得城濮之战的决定性胜利。晋楚城濮战前的军事力量对比是：晋国有战车七百乘，五万多兵力，楚国有楚陈蔡郑许五国联军十余万众。晋军以少胜多，以弱胜强的力量对比和战略形势，促成晋文公及其谋士们以柔克刚，智谋制胜的战术运用。

晋军成功运用诈术，造成楚军的人为过失，误断误判，受骗上当，这是晋楚两军对垒中的无形无价之宝。晋军制造假象，掩蔽真相。先是瞒天过海，乱敌视听。然后诱敌深入，请君入瓮。最后声东击西，围魏救赵。晋文公及其谋士们被迫运用的诈骗之术，促成晋楚城濮之战中晋胜楚败的最终结局。

《韩非子·难一》说：

> 晋文公将与楚人战，召舅犯问之曰：“吾将与楚人战，彼众我寡，为之奈何？”舅犯曰：“臣闻之，繁礼君子，不厌忠信。战阵之间，不厌诈伪。君其诈之而已矣！”文公辞舅犯，因召雍季而问之曰：

“我将与楚人战，彼众我寡，为之奈何？”雍季对曰：“焚林而田，偷取多兽，后必无兽。以诈遇民，偷取一时，后必无复。”文公曰：“善。”辞雍季，以舅犯之谋与楚人战以败之。归而行爵，先雍季，而后舅犯。群臣曰：“城濮之事，舅犯谋也！夫用其言，而后其身可乎？”文公曰：“此非君所知也。夫舅犯言，一时之权也。雍季言，万世之利也。”仲尼闻之曰：“文公之霸也宜哉！既知一时之权，又知万世之利。”

《吕氏春秋·义赏》说：

昔晋文公将与楚人战于城濮，召咎犯而问曰：“楚众我寡，奈何而可？”咎犯对曰：“臣闻繁礼之君，不足于文。繁战之君，不足于诈。君亦诈之而已！”文公以咎犯言告雍季，雍季曰：“竭泽而渔，岂不获得？而明年无鱼。焚薮而田，岂不获得？而明年无兽。诈伪之道，虽今偷可，后将无复，非长术也！”文公用咎犯之言，而败楚人于城濮。反而为赏，雍季在上。左右谏曰：“城濮之功，咎犯之谋也。君用其言，而赏后其身，或者不可乎！”文公曰：“雍季之言，百世之利也。咎犯之言，一时之务也。焉有以一时之务，先百世之利者乎？”孔子闻之曰：“临难用诈，足以却敌。反而尊贤，足以报德。文公虽不终始，足以霸矣！”

上述两段话，文字大同小异。《韩非子·难一》说，晋文公将跟楚人作战，召来狐偃询问说：“我将跟楚人作战，敌众我寡，怎么办？”狐偃回答：“我听说，战阵之间，不厌诈伪。您运用诈术就行了！”文公运用狐偃的诈术谋略，把楚成王军队打败。《吕氏春秋·义赏》用相似的文字，引晋文公大臣评价说：“城濮之功，咎犯之谋也！”并引孔子说：“临难用诈，足以却敌。”“文公虽不终始，足以霸矣！”

《论语·宪问》引孔子说：“晋文公谲而不正，齐桓公正而不谲。”谲，即欺诈。城濮之战中，楚强晋弱，远离本土，进行外线作战，晋文公和谋士们，不用欺诈，就不能取胜于强楚的霸权。狐偃引常言说“战阵之间，不厌诈伪”，对敌人可以尽量运用欺诈战术，决不能像宋襄公一样，主张对敌人讲仁义慈爱，结果只能是搬石头砸自己的脚，伤及自身。两军对垒，对敌用诈，符合战争本质，即保存自己，消灭敌人。

（三）城濮之战定霸主

春秋初期，齐桓公称霸中原，逐渐强盛的楚晋两国，开始争霸。地处江汉间的楚国，日渐强盛，蚕食鲸吞邻近诸侯，控制长江流域大半。楚文王时，楚国向北发展，攻占黄河流域的申、息、邓诸侯，慑服蔡国。楚成王见齐桓公称霸中原，北上受阻，转向东面淮河流域发展。后来齐国衰弱，楚国挥师北上，控制鲁、卫、宋、郑、陈、蔡、曹等诸侯。周襄王十四年（前 638），楚军在泓水之战中重创企图争霸的宋襄公，进而与当时强盛的中原大国晋国争霸。

周襄王十六年（前 636），流亡在外十九年的晋公子重耳，回国即位，称晋文公。文公重用随同流亡的狐毛、狐偃、赵衰、先轸等人，修明政治，发展经济。壮大军旅，国势强盛。尊崇王室，联络齐秦。与楚国针锋相对，争夺中原霸权。晋楚决战，势在难免。

公元前 632 年，晋楚城濮决战，晋军针对楚军主帅子玉骄躁轻敌的特点，采取避强击弱，佯退诱敌，各个击破的战法取胜。晋文公在郑地践土（今河南原阳）召集诸侯会盟，周襄王策命文公为侯伯（诸侯之长）。这年冬天，晋文公会诸侯于温（今河南温县），周襄王被召赴会，晋文公成为中原霸主。

晋楚城濮之战，在春秋史上有重大意义。城濮之战中，晋国采取积极防御，攻势防御的战略方针，以防御为手段，以反攻为目的，是以弱胜强，以少胜多的典型战例。城濮之战是春秋晋楚争夺中原霸权的战略决战。

城濮之战初，楚军实力占优势，晋军劣于对手。晋军远离本土后方，处于渡河外线作战，地位不利。但晋军善察战机，选邻近晋国的楚与曹卫为突破口，先胜弱敌，取得前进基地。晋军善于伐谋伐交，用谋略争取与齐秦结成统一战线，使秦齐出兵助晋，与晋军会合，形成三强联合对楚的战略格局，从而争取政治、外交和军事的主动权。扬长避短，后发制人取胜。退避三舍，诱敌深入。避楚锋芒，伺机决战。集中优势，乘隙蹈虚。灵活选择主攻方向，先攻打薄弱环节。各个击破，击败楚军。扼止楚国北进势头，稳定中原形势，奠定晋国霸主地位。城濮一战，晋文公建立霸权，楚国北进锋芒受挫，退回桐柏山、大别山以南地区，中原诸侯朝宗晋国。

（四）大器晚成磨难多

《孟子·告子下》说："故天将降大任于斯人也，必先苦其心志，劳其筋骨，饿其体肤，空乏其身，行拂乱其所为，所以动心忍性，曾益其所不能。"意即，上天将要降落重大责任在这人身上，一定要先使他内心痛苦，筋骨劳累，经受饥饿，肌肤消瘦，受贫困之苦，做事颠倒错乱，总不如意，使他内心警觉，性格坚定，增加所不具备的才能。历经磨难，才具有担当大任的资格、素质和素养。

春秋时期称霸中原的晋文公，是这方面的突出典型。

晋文公是春秋五霸之一。他是晋献公次子，名重耳。晋献公大儿子是太子申生。申生是齐桓公女儿齐姜所生。齐姜死得早。重耳是犬戎部落狄国狐氏女（即晋献公国舅狐突的女儿）姐姐大戎狐姬（名狐季姬）生，是太子申生的同父异母弟。重耳弟夷吾（即晋惠公），是犬戎部落翟国狐氏女（即晋献公国舅狐突的女儿）妹妹小戎子生。重耳和夷吾二人的生母是亲姐妹。

晋献公五年（前 672）伐骊戎，得到骊姬和少姬姐妹。这对姐妹都受到晋献公的宠幸。重耳因骊姬之乱，流亡在外十九年，饱尝艰辛磨难。公元前 665 年，晋献公派重耳守蒲城。公元前 656 年，申生被骊姬诬害而死。重耳遭骊姬之乱迫害，离开晋都城绛，到蒲城。晋献公派宦者履鞮（即勃鞮）谋杀重耳，重耳越墙逃走。因为重耳的母亲是大戎部落狄国人，所以重耳避难，就往狄国逃跑。

公元前 651 年，晋献公逝世，荀息任国相。骊姬立儿子奚齐为国君，里克杀骊姬和奚齐，荀息自杀。里克派人迎重耳回国即位，重耳辞谢未归。公元前 650 年，夷吾登位自立，即晋惠公。公元前 644 年，晋惠公七年，派宦者履鞮第二次追杀重耳，重耳脱逃，决定离开翟族聚居地。重耳听说齐桓公宰相管仲去世，决定去齐国，为齐桓公效劳，希望得到齐国帮助和保护。

齐桓公送他 20 辆马车，许配宗族女齐姜给重耳。重耳在齐国过着安逸生活，逐渐放弃回国的愿望。公元前 639 年，赵衰、狐偃在桑树下，商量如何离开齐国。女奴在桑树上听到对话，回宫告诉重耳妻齐姜。齐姜害怕女奴泄露秘密，把她杀了。齐姜劝告重耳，赶快离开齐国，重耳不听。赵衰把重耳灌醉，把重耳抬到马车上，离开齐国都临辎，重耳醒来已晚。拿戈追杀狐偃，没有成功。

公元前 638 年泓水之战，楚国打败宋襄公军队，重耳到宋国，宋襄公送他 20 辆马车。公元前 637 年，重耳路过郑国，郑国大夫叔瞻劝郑文公以礼待重耳，郑文公以“诸侯亡公子过此者众，安可尽礼”为由，不听叔瞻劝告，对重耳不予礼遇接待。后来，重耳等人经楚国，终于来到秦国。

公元前 636 年，秦穆公护送重耳回晋国即位，称晋文公，文公在诸侯中威信高。曾侍奉晋惠公的旧臣吕省和郄芮，害怕遭到晋文公迫害，想谋杀文公，计划放火烧文公的宫室。履鞮听到吕省和郄芮的阴谋，想报告给晋文公，因履鞮曾两次试图刺杀文公，文公拒绝见他。履鞮解释，自己是奉命行事，“故得罪于君”。并提醒文公“齐桓公置管仲射钩，没有忌恨。使管仲相，桓公以霸”。文公见履鞮，履鞮向文公揭发吕省和郄芮阴谋。吕省和郄芮逃走，被秦穆公诱杀。

公元前635年，周襄王弟太叔带发动叛乱，周襄王逃到郑国，向晋文公请求援助。文公答应周襄王，打败太叔带，护送周襄王回京。为感谢晋文公恩惠，周王把河内、阳樊等地区，赏赐给晋国。

司马迁《史记·晋世家》评价说："晋文公，古所谓明君也。亡居外十九年，至困。"概述历史说："晋文公重耳，晋献公之子也。自少好士，年十七，有贤士五人：曰赵衰，狐偃咎犯，文公舅也，贾佗，先轸，魏武子。自献公为太子时，重耳固已成人矣。献公即位，重耳年二十一。献公十三年，以骊姬故，重耳备蒲城守秦。献公二十一年，献公杀太子申生，骊姬谗之，恐，不辞献公而守蒲城。献公二十二年，献公使宦者履鞮趣杀重耳，重耳逾垣，宦者逐斩其衣袪。重耳遂奔狄。狄，其母国也。是时重耳年四十三。从此五士，其余不名者数十人，至狄。"《左传·僖公二十三年》叙述重耳坎坷经历如下：

> 晋公子重耳之及于难也。晋人伐诸蒲城，蒲城人欲战，重耳不可，曰："保君父之命而享其生禄，于是乎得人。有人而校，罪莫大焉。吾其奔也。"遂奔狄。从者狐偃、赵衰、颠颉、魏武子、司空季子。
>
> 狄人伐廧咎如，获其二女叔隗、季隗，纳诸公子，公子取季隗，生伯儵、叔刘，以叔隗妻赵衰，生

盾。将适齐，谓季隗曰："待我二十五年，不来而后嫁。"对曰："我二十五年矣，又如是而嫁，则就木焉。请待子。"处狄十二年而行。

过卫，卫文公不礼焉。出于五鹿，乞食于野人，野人与之块。公子怒，欲鞭之。子犯曰："天赐也！"稽首受而载之。

及齐，齐桓公妻之，有马二十乘。公子安之。从者以为不可，将行，谋于桑下。蚕妾在其上，以告姜氏。姜氏杀之，而谓公子曰："子有四方之志，其闻之者，吾杀之矣。"公子曰："无之。"姜曰："行也！怀与安，实败名。"公子不可。姜与子犯谋，醉而遣之。醒，以戈逐子犯。

及曹，曹共公闻其骈胁，欲观其裸。浴，薄而观之，僖负羁之妻曰："吾观晋公子之从者，皆足以相国。若以相，夫子必反其国。反其国，必得志于诸侯。得志于诸侯而诛无礼，曹其首也。子盍早自贰焉？"乃馈盘飧，置璧焉。公子受飧反璧。及宋，宋襄公赠之以马二十乘。

及郑，郑文公亦不礼焉。叔詹谏曰："臣闻天之所启，人弗及也，晋公子有三焉，天其或者将建诸，君其礼焉！男女同姓，其生不蕃。晋公子，姬出也，而至于今，一也。罹外之患，而天不靖晋国，殆将启之，二也。有三士足以上人，而从之，三也。晋、郑同侪，其过子弟固将礼焉，况天之所启乎？”弗听。

及楚，楚子飨之，曰：“公子若反晋国，则何以报不谷？”对曰：“子女玉帛，则君有之。羽毛齿革，则君地生焉。其波及晋国者，君之余也。其何以报君？”曰：“虽然，何以报我？”对曰：“若以君之灵，得反晋国，晋楚治兵，遇于中原，其避君三舍。若不获命，其左执鞭弭，右属橐鞬，以与君周旋。”子玉请杀之。楚子曰：“晋公子广而俭，文而有礼。其从者肃而宽，忠而能力。晋侯无亲，外内恶之。吾闻姬姓唐叔之后，其后衰者也，其将由晋公子乎！天将兴之，谁能废之？违天，必有大咎。”乃送诸秦。

秦伯纳女五人，怀嬴与焉。奉匜沃盥，既而挥之。怒曰：“秦晋，匹也，何以卑我？”公子惧，降服而囚。他日，公享之，子犯曰：“吾不如衰之文也，请使衰从。”公子赋《河水》，公赋《六月》。赵衰曰：“重耳拜赐！”公子降，拜，稽首。公降一级而辞焉。衰曰：“君称所以佐天子者命重耳，重耳敢不拜？”

意即，重耳遭难，晋军讨伐蒲城。蒲城人打算抵抗，重耳不同意说：“我靠君父命令享有养生俸禄，得百姓拥护。有百姓拥护，同君父较量，没有比这更大的罪过。我还是逃走吧！”于是逃到狄国。一块出逃有狐偃、赵衰、颠颉、魏武子、司空季子。

狄国人攻打唐咎如部落，俘获君长两女儿叔隗和季隗，送给重耳。重耳娶季隗，生伯鯈和叔刘。把叔隗给赵衰做妻，生赵盾。重耳想到齐国，对季隗说：“等我二十五年，我不回来，你再改嫁。”季隗回答说：“我已二十五岁，再过二十五年改嫁，该进棺材。让我等您。”重耳在狄国住十二年离开。

重耳经卫国，卫文公子不以礼待。重耳到五鹿，向乡下人讨饭，乡下人给了他一块泥土。重耳大怒，想用鞭子抽他。狐偃说：“这是上天的恩赐。重耳叩头感谢，把泥块放到车上。重耳到齐国，齐桓公给他娶妻，给他二十辆车，八十匹马。重耳过得安逸，随行人认为不可以，想去别地，于是在桑树下商量。养蚕女奴在桑树上听了，回去报告给了重耳妻姜氏。姜氏杀女奴，对重耳说：“你有远行四方的打算，听到这事的人，我已杀了。”重耳谎称：“没有这回事。”姜氏说：“你走吧，怀恋妻子，安于现状，实在败坏功名。”重耳不肯走。姜氏与狐偃商量，用酒把重耳灌醉，送出齐国。重耳酒醒，拿戈追击狐偃为时已晚。

到曹国，曹共公听说重耳肋骨连在一起，想看他的裸体。重耳洗澡时，曹共公走近看他肋骨。曹国大夫僖负羁妻子对丈夫说："我看晋国公子的随从人员，都定能担当治国大任。如果让他们辅佐公子，公子一定能回到晋国当国君。回到晋国当国君，一定能在诸侯中称霸。在诸侯中称霸，若要讨伐对他无礼的国家，曹国是头一个。你为什么不趁早向他表示，自己对他与曹君不同呢？"僖负羁给重耳送一盘饭，饭中藏一块宝玉。但重耳接受饭食，退还宝玉。

到宋国，宋襄公送重耳二十辆马车。到郑国，郑文公不礼遇重耳。大夫叔詹劝郑文公说："臣下听说上天赞助的人，其他人是赶不上的。晋国公子有三件不同寻常的事，或许上天要立他为国君，您还是以礼款待他吧！同姓男女结婚，按说子孙后代不能昌盛。晋公子重耳父母都姓姬，他一直活到今天，这是第一件不同寻常的事。遭到流亡在国外的灾难，上天却不让晋国安定下来，大概是要为他开路，这是第二件不同寻常的事。有三位才智过人的贤士跟随，这是第三件不同寻常的事。晋和郑是同姓国家，晋国公子路过郑国，本来应该以礼相待，何况晋公子是上天所助的人呢？"郑文公没有听从叔詹的劝告。

到楚国，楚成王设宴款待重耳，问道："如果公子返回晋国，拿什么来报答我？"重耳说："美女宝玉丝绸您都有。鸟羽兽毛象牙皮革是贵国特产。流散到晋国的东西都是您剩余不要的。我拿什么来报答您？"楚成王说："尽管如此，总得拿什么来报答我吧？"重耳回答："如果托您的福，我能返回晋国，一旦晋国和楚国交战，双方军队在中原遭遇，我就让晋军退避三舍。如果得不到您退兵的命令，我就只好左手拿着马鞭弓梢，右边挂着箭袋弓套，奉陪您较量。"楚国令尹子玉请求成王杀公子重耳。楚成王说："晋公子志向远大，生活俭朴，言辞文雅，合乎礼仪。随从态度恭敬，待人宽厚，忠诚尽力。现在晋侯没有亲近的人，国内外的人都憎恨他。我听说姓姬一族，唐叔一支是衰落得最迟的，恐怕要靠晋公子振兴。上天要让他兴盛，谁又能废黜他？违背天意，必定遭遇大祸。"楚成王派人把重耳送到秦国。

秦穆公把五个女子送给重耳作姬妾，秦穆公女儿怀嬴在其中。秦穆公女儿怀嬴，原先嫁给当时在秦国当人质的太子圉（后为晋怀公），名叫怀嬴。怀嬴后又嫁她前夫的二叔晋文公，改名叫文嬴。文嬴捧盛水器具，让重耳洗手。重耳洗完，挥手让文嬴走开。文嬴生气地说："秦国和晋国同等，你为什么瞧不起我？"重耳害怕了，就脱去衣服，把自己关起来谢罪。又有一天，秦穆公宴请重耳。狐偃说："我比不上赵衰擅长辞令，让赵衰陪你去。"宴会上，重耳作《河水》诗，秦穆公作《六月》诗。赵衰说："重耳拜谢君王恩赐！"公子重耳走下台阶，拜谢，叩头。秦穆公走下一级台阶，表示不敢接受叩谢大礼。赵衰说："君王提出要重耳担当辅佐周天子的使命，重耳怎么敢不拜谢？"

五、独霸西方秦穆公

秦穆公，秦国君，嬴姓，名任好。秦德公少子，秦宣公、秦成公弟。公元前659—前621年在位，共三十九年。谥号穆，春秋五霸之一。出兵攻打蜀国和函谷关以西国家，开地千里，败晋国，俘晋惠公，灭梁、芮两国，扶持晋文公回国即位，实现秦晋联盟。秦穆公帮助晋文公在城濮之战胜楚。晋文公死后，秦穆公想代晋成霸主，秦晋联盟瓦解，秦晋对抗。公元前627年崤之战和公元前625年彭衙之战，两次被晋军打败，秦国东进的路，被晋国阻挡。秦国调转矛头，向西开拓发展。

秦国原是居住在秦亭（今甘肃张家川）周围的嬴姓部落，秦襄公护送平王东迁有功，封为诸侯，赐给岐以西的土地，正式建国。秦国疆土不断向东扩张，到穆公继位，占有大半个关中。在今陕甘宁，当时有许多戎狄部落，常袭秦国边地，抢掠物产人口，秦人困窘不安。

公元前623年，秦穆公征伐西戎，兼并二十多个戎狄小国，辟地千里，成西方霸主，国界南到秦岭，西到甘肃临洮，北到宁夏盐池，东到黄河。《韩非子 · 十过》说，秦穆公“兼国十二，开地千里”。秦国在西方经过长期发展，不断扩大地盘。春秋以后，西周在今陕西境内的土地，大都归秦所有。秦国在秦穆公时，经济力量已相当雄厚。周襄王派遣召公过，带金鼓送秦穆公，表示祝贺，命秦穆公为西方诸侯之伯，称霸西戎。秦国加速西方民族融合，为战国末秦统一全国奠定基础。

（一）秦晋之好结同盟

成语有“秦晋之好”意即，秦晋两国世代互相联姻，亦作“秦晋之缘”、“秦晋之匹”、“秦晋之偶”、“秦晋之盟”、“秦晋之约”。秦晋之好，本指政治联姻、国家联姻，后泛指联姻、婚姻。

公元前676年，晋武公之子姬诡诸继承君位，即晋献公。献公之父武公，晚年娶齐桓公女儿齐姜。齐姜跟太子姬诡诸有私情。姬诡诸继位，把庶母齐姜娶为夫人，生女伯姬和太子申生。秦穆公利用联姻，跟晋国结成同盟，抗衡诸侯。

“秦晋之好”的开端，是秦穆公娶晋献公跟齐桓公女儿齐姜所生的大女儿伯姬为夫人，伯姬改名穆姬。秦穆公夫人穆姬，是晋献公太子申生的同母姐姐，下面还有同父异母弟弟重耳（即晋文公）、夷吾（即晋惠公）、奚齐、卓子等。

后二十年，有两度“秦晋之好”。秦穆公把女儿嫁给晋文公侄子，即晋惠公的太子圉（后为晋怀公），名怀嬴。就是说，怀嬴是父亲秦穆公姐夫晋文公的侄媳妇。后来，秦穆公把怀嬴改嫁晋文公，为晋文公正妻。怀嬴改名文嬴，秦穆公成为夷吾的姐夫，后来又是夷吾儿子公子圉的岳父，再后来又是秦穆公小舅子重耳的岳父。三次“秦晋之好”的姻亲关系，错综复杂。

秦穆公为求当霸主，向晋献公求婚。晋献公把大女儿嫁给他。晋献公为讨好妃子骊姬，立小儿子奚齐为国君继承人，逼死太子申生。另外两个儿子夷吾和重耳，分别逃亡。后夷吾得到姐夫秦穆公帮助，回国即位，就是晋惠公。不久夷吾与秦国失和，攻打秦国，终遭惨败，割地求和，叫儿子公子圉到秦国做人质。

秦穆公为了控制公子圉，把女儿怀嬴嫁给公子圉。公子圉听说父亲夷吾病重，怕君位传给别人，就舍弃妻子怀嬴，偷跑回晋国。次年，夷吾死，公子圉即位后，跟秦国不和。秦穆公帮助重耳当晋国国君，把逃到楚国的重耳接来，把重耳的侄媳妇、公子圉的妻子怀嬴，改嫁重耳。后来秦穆公的小舅子兼女婿重耳，在秦穆公帮助下，回国杀公子圉，当上晋国国君。秦穆公在重耳死后，借机打败已成为中原霸主的晋国，成春秋五霸之一。在春秋战国复杂的政治关系中，没有永远的敌友。秦晋之好结同盟，也伴随着分离对抗、恩怨情仇。

秦国要向东方发展，首当其冲就会碰到东邻晋国这堵高墙。晋献公晚年，骊姬之乱，太子申生被迫自杀，公子重耳和夷吾出逃。秦穆公九年（前 651）晋献公死，骊姬子奚齐继位，旋即被其臣里克杀死。秦穆公派百里奚，带兵送夷吾回国继位，即为晋惠公。夷吾事先承诺将河西八城，割给秦，作为谢礼。但夷吾即位后却毁约。

秦穆公十二年（前 648）晋国旱灾，秦穆公输粮给晋。秦穆公十四年（前 646），秦国饥荒，晋国非但不给秦国粮食救灾，反而乘机出兵攻秦。韩原一战，秦军生擒晋惠公。在周襄王和穆姬请求下，秦穆公与晋惠公结盟，秦国放晋惠公回国。晋惠公送太子圉到秦国做人质，秦穆公把女儿嫁给太子圉，取名怀嬴。晋惠公把晋国黄河以西地方，献给秦国，秦东部疆界扩至龙门。

秦穆公二十三年（前 637），晋惠公死，公子圉逃回晋国继位，是为晋怀公，继续迫害逃亡的公子重耳。秦穆公将重耳从楚国迎来，将女儿公子圉的妻子怀嬴和另外四位宗族女儿，嫁给重耳。次年，送重耳回国即位，是为晋文公。晋文公在秦国帮助下，尊王攘夷，败楚城濮，成为霸主。

秦穆公三十年（前630），秦出兵帮助晋文公围郑。郑老臣烛之武，夜里用绳子吊着出城，见秦穆公说："郑国灭亡，于秦不利。晋国力量增强，则秦国势力减弱。晋人开拓东边领土，下次就会向西边秦国用兵。大君何必损害自己国家利益，帮助晋国？"秦穆公与郑国结盟，留杞子、逢孙、杨孙戍守郑国，为公元前627年秦晋崤之战预留伏笔。

（二）重用贤人百里奚

百里奚原为虞国大夫，晋灭虞后被俘，后作为秦穆公夫人（即晋献公女儿）的陪嫁奴仆送往秦国。后逃亡到楚邑宛（今河南南阳），被楚人俘虏。秦穆公听说他贤能，用五张黑公羊皮（当时赎一名奴仆的代价）将其赎回。

秦穆公见百里奚是七十多岁的老人，说可惜年纪大。百里奚说："如果您让我追逐天上飞鸟，捕捉猛兽，臣确实太老。如果和您一起商讨国家大事，臣不算太老。"秦穆公说："我想让秦国超过其他国家，有什么办法？"百里奚说："秦国在边陲，地势险要，兵马强悍，进可以攻，退利于守，要充分利用有利条件，乘机而进。"秦穆公封他为上卿，治理国事。

百里奚说："大王，臣有个朋友叫蹇叔，他的才能远胜过我，请大王封他为上卿。"蹇叔，春秋时秦国岐（今陕西岐山）人，寓居宋国，为百里奚好友。秦穆公派使者带重金，把隐居的蹇叔请来秦国，任为上大夫。秦穆公对蹇叔说："百里奚对我说你有才能，我想听你的意见。"蹇叔说："秦国之所以不能立于强国之中，是威德不够。"秦穆公说："怎样才能做到？"蹇叔说："治法要严，别的国家就不敢欺负您。对百姓要宽容，人民就会拥护您。要想国家强盛，必须教民礼节，贵贱分明，赏罚公正，不能贪心，不能急躁。今日许多强国，霸业已经衰落。秦国富强，称霸日子就不远了。"秦穆公封百里奚为左庶长，蹇叔为右庶长，称为"二相"。

因为百里奚被用五张公羊皮赎回，故人称五羖大夫。百里奚向秦穆公推荐蹇叔儿子西乞术、白乙丙。秦穆公拜蹇叔为右相，百里奚为左相。百里奚儿子孟明视，投奔秦国，秦穆公拜其为将军。秦穆公用五张羊皮，换来五位贤人，传为千古佳话。

秦穆公为强国，四处求贤，重用客卿。李斯《谏逐客书》说："昔穆公求士，西取由余于戎，东得百里奚于宛，迎蹇叔于宋，徕邳豹、公孙枝于晋。此五子者，不产于秦，而穆公用之，并国二十，遂霸西戎。"

意即，从前秦穆公寻求贤士，西面从戎国聘请由余，东面从宛地得到百里奚，从宋国迎来蹇叔，从晋国求来丕豹和公孙枝。这五位贤士，都不生长在秦国，穆公重用他们，兼并二十多个诸侯国，于是称霸西戎。

（三）得精忘粗九方皋

谋臣武士，辅佐穆公，使秦国兵强马壮。秦穆公善用人才，有伯乐推荐九方皋相马的故事。《列子》记载：

> 秦穆公谓伯乐曰："子之年长矣，子姓有可使求马者乎？"伯乐对曰："良马，可形容筋骨相也。天下之马者，若灭若没，若亡若失，若此者绝尘弭辙。臣之子皆下才也，可告以良马，不可告以天下之马也。臣有所与共担纆薪菜者，有九方皋，比其于马，非臣之下也。请见之。"穆公见之，使行求马。
>
> 三月而反，报曰："已得之矣，在沙丘。"穆公曰："何马也？"对曰："牝而黄。"使人往取之，牡而骊，穆公不悦。召伯乐而谓之曰："败矣，子所使求马者，色物、牝牡尚弗能知，又何马之能知也？"
>
> 伯乐喟然太息曰："一至于此乎！是乃其所以千万臣而无数者也。若皋之所观，天机也，得其精而忘其粗，在其内而忘其外。见其所见，不见其所不见。视其所视，而遗其所不视。若皋之相者，乃有贵乎马者也。"马至，果天下之马也。

意即，秦穆公对伯乐说："你年纪老了，你子孙中有可以派去访求良马的人吗？”伯乐回答：“良马可以凭形体外貌和筋骨鉴别，但天下稀有的骏马，其神气却在若有若无，似明似灭之间。像这样的马，奔驰起来，足不沾尘土，车不留轮迹，极为迅速。我的子孙，都是下等人才，可以教他们识别良马，但无法教他们识别天下稀有的骏马。有一个同我一起挑担子，拾柴草的朋友，叫九方皋，他相马的本领不在我下，请让我引他来见您。”穆公召见了九方皋，派他外出找马。

过了三个月，他回来报告说：“已经得到一匹好马，在沙丘。”穆公问：“是什么样的马？”他回答：“是一匹黄色的母马。”穆公派人去沙丘取马，却是一匹黑色的公马。穆公不高兴，把伯乐召来，对他说：“坏事啦！你介绍的那位找马的人，连马的黄黑、雌雄都分辨不清，又怎能鉴别马的好坏呢？”

伯乐大叹口气说：“竟到这种地步吗？这正是他比我高明不止千万倍的地方啊！像九方皋所看到的，是马的内在神机，观察到它内在的精粹，而忽略它的表面现象。洞察它的实质，而忘记它的外表。只看他所应看的东西，不看他所不必看的东西。只注意他所应注意的内容，而忽略他所不必注意的形式。像九方皋这样的相马，有比鉴别马还要宝贵得多的意义。”等马送来了，穆公一看，果然是天下难得的骏马。

（四）宽厚仁爱得厚报

秦穆公宽厚仁爱，不计小事。刘向《说苑·复恩》记载：

> 秦穆公尝出，而亡其骏马，自往求之。见人已杀其马，方共食其肉。穆公谓曰："是吾骏马也！"诸人皆惧而起。穆公曰："吾闻食骏马肉，不饮酒者杀人。"即以次饮之酒。杀马者皆惭而去。居三年，晋攻秦穆公，围之。往时食马肉者，相谓曰："可以出死，报食马得酒之恩矣！"遂溃围。穆公卒得以解难，胜晋，获惠公以归。此德出而福反也。

意即，秦穆公曾外出，丢失骏马，便自己去寻找。看见有人已经把他的马杀了，正准备吃马肉。秦穆公说："这是我的骏马！"这些人都吓得站起身来。秦穆公缓和气氛说："我听说，吃骏马肉，不喝酒会死！"于是，按次序给他们喝酒。杀马的人都惭愧地走开了。过了三年，晋国出兵攻打秦国，包围秦穆公。以前那些吃骏马肉的人，相互说："可以出战拼死，报答当年吃马肉，反而得酒喝的恩德！"于是拼命击溃晋军的包围圈。秦穆公最终得以解除危难，战胜晋国，俘获晋惠公，胜利归国。这是以德待人，得到福报的范例。

（五）秦晋争霸崤之战

《春秋·僖公三十三年》说："夏，四月，辛巳，晋人及姜戎败秦师于淆。"即夏四月十三日，晋国人和姜戎在崤山打败秦军。以下逐段解析《左传》记载晋秦争霸崤之战过程的原文。

1. 秦军贸然袭郑国

《左传·僖公三十二年》说：

冬，晋文公卒。庚辰，将殡于曲沃，出绛，柩有声如牛。卜偃使大夫拜，曰："君命大事：将有西师，过轶我。击之，必大捷焉。"

杞子自郑使告于秦曰："郑人使我掌其北门之管。若潜师以来，国可得也。"穆公访诸蹇叔。蹇叔曰："劳师以袭远，非所闻也。师劳力竭，远主备之，无乃不可乎！师之所为，郑必知之。勤而无所，必有悖心。且行千里，其谁不知？"

公辞焉，召孟明、西乞、白乙，使出师于东门之外。蹇叔哭之，曰："孟子，吾见师之出，而不见其入也！"公使谓之曰："尔何知？中寿，尔墓之木拱矣。"蹇叔之子与师，哭而送之，曰："晋人御师必于崤。崤有二陵焉。其南陵，夏后皋之墓也。其北陵，文王之所避风雨也。必死是间，余收尔骨焉！"

秦师遂东。

意即，鲁僖公三十二年冬天，晋文公去世。十二月十日晋国要把晋文公的棺材停放在曲沃，择日安葬。护送棺柩的队伍，刚走出绛城，棺材里响起像牛叫的声音。卜偃让大夫行跪拜礼说："君王命令我们：准备打仗。将有西方军队，经过我国。我军攻击，必能取得重大胜利！"

秦大夫杞子依秦郑盟约，带兵帮郑国守城。杞子从郑国派人向秦国报告说："郑人让我掌管他们国都北门的钥匙，秦国派兵偷袭，可以攻灭郑国。"秦穆公征求蹇叔的意见。蹇叔说："使军队劳累，还要袭击远方，我没听说过这样的事。军队劳累，力量耗尽，再加上远方君主有防备，恐怕不行吧？军队的行动，郑国一定会知道。如果劳师动众而无所得，士兵必然怨恨。行军千里，谁会不知道？"

秦穆公不听蹇叔劝告。召集孟明视、西乞术、白乙丙主副帅，派他们带兵从东门外出发。蹇叔哭着说："孟明视，我看着军队出征，将看不到你们回来！"秦穆公派人对他说："你知道什么？你的年寿满了，等到军队回来，你坟头上的树，该长到两手合抱粗了！"

蹇叔哭送他们说："晋人必在崤山设伏，截击我军。

崤有南北两座山。南面一座是夏朝国君皋的墓地。北面一座山，是周文王避风雨的地方。你们一定会死在这两座山间的峡谷，我准备到那里去，收拾你们的尸骨！”秦国军队向东进发。

2. 郑弦高智犒秦师

春，秦师过周北门，左右免胄而下，超乘者三百乘。王孙满尚幼，观之，言于王曰：“秦师轻而无礼，必败。轻则寡谋，无礼则脱。入险而脱，又不能谋，能无败乎？”

及滑，郑商人弦高将市于周，遇之。以乘韦先，牛十二犒师，曰：“寡君闻吾子将步师出于敝邑，敢犒从者，不腆敝邑，为从者之淹，居则具一日之积，行则备一夕之卫。”且使遽告于郑。

郑穆公使视客馆，则束载、厉兵、秣马矣。使皇武子辞焉，曰：“吾子淹久于敝邑，唯是脯资饩牵竭矣。为吾子之将行也，郑之有原圃，犹秦之有具囿也。吾子取其麋鹿，以闲敝邑，若何？”杞子奔齐，逢孙、杨孙奔宋。孟明曰：“郑有备矣，不可冀也。攻之不克，围之不继，吾其还也。”灭滑而还。

意即，僖公三十三年春天，秦军经过周朝都城的北门。大将兵车左右的战士虽下车致敬，但仅脱下头盔却没有卸甲束兵，接着有三百辆兵车左右的战士，则刚下车，就又一跃而跳上车，表现失礼。周襄王的孙子王孙满还是幼年，看到这种情形，向周襄王说："秦国军队轻佻无礼，一定失败。轻佻就少谋，无礼就疏略。进入险境而疏略，又缺少谋略，能不失败吗？"

秦军经过滑国。郑国商人弦高，将要到周朝都城经商，遇到秦军。弦高先送四张熟牛皮，再送十二头牛，犒劳秦军说："敝国国君，听说你们将要行军经过敝国，冒昧犒劳您的部下。敝国不富裕，您的部下要久住，住一天，就供给一天食粮。要走就准备好那一夜的保卫工作。"暗地里派人急速去郑国禀报。

郑穆公派人到驿站察看，杞子部下已捆好行装，磨快兵器，喂饱马匹，准备好做秦军内应。郑穆公派皇武子致辞说："你们在敝国居住时间很长了，只是敝国吃的东西快没了，你们也该要走了吧。郑国有原圃，就像秦国有具囿一样，你们回到本国具囿猎取麋鹿，让敝国安宁休息一下怎样？"杞子逃到齐国，逢孙、杨孙逃到宋国。孟明说："郑国有准备，不能指望什么。进攻不能取胜，包围没有后援，我们回去吧！"就灭掉滑国，返回秦国。

3. 大败秦师于峭山

晋原轸曰："秦违蹇叔，而以贪勤民，天奉我也。奉不可失，敌不可纵。纵敌患生，违天不祥，必伐秦师。"栾枝曰："未报秦施而伐其师，其为死君乎？"先轸曰："秦不哀吾丧，而伐吾同姓，秦则无礼，何施之为？吾闻之，一日纵敌，数世之患也，谋及子孙，可谓死君乎？"遂发命，遽兴姜戎。子墨衰绖，梁弘御戎，莱驹为右。

夏四月辛巳，败秦师于峭，获百里孟明视、西乞术、白乙丙以归，遂墨以葬文公。晋于是始墨。文嬴请三帅，曰："彼实构吾二君，寡君若得而食之，不厌，君何辱讨焉！使归就戮于秦，以逞寡君之志，若何？"公许之。先轸朝，问秦囚。公曰："夫人请之，吾舍之矣。"先轸怒曰："武夫力而拘诸原，妇人暂而免诸国。堕军实而长寇仇，亡无日矣。"不顾而唾。

公使阳处父追之，及诸河，则在舟中矣。释左骖，以公命赠孟明。孟明稽首曰："君之惠，不以累臣衅鼓，使归就戮于秦，寡君之以为戮，死且不朽。若从君惠而免之，三年将拜君赐。"秦伯素服郊次，乡师而哭曰："孤违蹇叔以辱二三子，孤之罪也。不替孟明，孤之过也。大夫何罪？且吾不以一眚掩大德。”

意即，晋国原轸说：“秦国违背蹇叔的意见，贪得无厌，使百姓劳苦，是上天送给我们的好机会。送上门的好机会不能放弃，敌人不能轻易放过。放走敌人产生后患，违背天意，不吉利，一定要讨伐秦军！”

栾枝说：“没有报答秦国恩惠，而攻伐秦军，难道心中还有我们已死的国君吗？”原轸说：“秦国不为我们国丧举哀，反而讨伐我们同姓国，秦国就是无礼，我们还报什么恩呢？我听说一旦放走敌人，就会给后世几代人留下祸患！为后世子孙考虑，可说是纪念已死的国君吧！”

于是发布命令，立即调动姜戎的军队。晋襄公把白色孝服染成黑色，梁弘驾御国君的指挥车，莱驹担任车右武士。夏季四月十三日，晋军在崤山打败秦军，俘虏秦军三帅孟明视、西乞术、白乙丙而回。于是穿着黑衣服，给晋文公送葬，晋国从此以黑色为丧服的颜色。

晋文公夫人文嬴，向晋襄公请求，把秦国的三个将帅放回去，说：“他们的确是离间我们秦晋两国国君的关系。秦穆公如果得到这三个人，就是吃了他们的肉都不满足，何劳你去惩罚他们呢？让他们回到秦国去受死刑，以满足秦穆公的心愿，怎么样？”晋襄公答应她。

先轸上朝见襄公，问秦国囚徒哪里去了。襄公说："夫人为这事请求我，我把他们放了。"先轸愤怒地说："战士们花了很大力气，才把他们从战场上抓回来，顷刻之间，就把他们放走，毁弃我军战果，助长了敌人气焰，离亡国没几天了！"不回望襄公，就吐唾沫。

晋襄公派阳处父，去追赶孟明视三人。追到河边，孟明视三人已上船离岸。阳处父解下车左边的马，假托晋襄公名义赠给孟明视。孟明视在船上叩头说："贵国国君宽宏大量，不用我们这些俘虏的血，涂抹战鼓，让我们回到秦国去受死刑。如果我们国君把我们杀死，身虽死，不会忘记晋君的恩德。如果我们国君，遵从晋君的好意，赦免我们，三年后将来拜谢晋君的恩赐！"

秦穆公穿着白色衣服，在郊外等候，对着被释放回来的将士哭着说："我违背蹇叔的劝告，让你们受委屈，是我的罪过呀！我不解除孟明视等人的职务，因为这是我的过错。大夫有什么罪过？况且我也不会因为一次过错，而抹杀他们的大功啊！"

4. 败后检讨秦穆公

《尚书·秦誓》记秦穆公战败后检讨说：

> 公曰：嗟！我士，听无哗！予誓告汝群言之首。古人有言曰："民讫自若，是多盘。责人斯无

难，惟受责俾如流，是惟艰哉！”我心之忧，日月逾迈，若弗云来。惟古之谋人，则曰“未就予忌”。惟今之谋人，姑将以为亲。虽则云然，尚猷询兹黄发，则罔所愆。

番番良士，旅力既愆，我尚有之。仡仡勇夫，射御不违，我尚不欲。惟截截善谝言，俾君子易辞，我皇多有之！

昧昧我思之：如有一介臣，断断猗，无他技，其心休休焉，其如有容。人之有技，若己有之。人之彦圣，其心好之。不啻若自其口出，是能容之，以保我子孙黎民，亦职有利哉！

人之有技，冒疾以恶之。人之彦圣，而违之，俾不达。是不能容。以不能保我子孙黎民，亦曰殆哉！邦之杌陧，曰由一人。邦之荣怀，亦尚一人之庆！

意即，穆公说：啊！我的官员们，你们都听着，不要喧哗！我要发表誓言，告诉你们最重要的话。古人有话说：“人自以为是，就会多犯错误。责备别人不难，受别人责备，从善如流，就困难啊！”我心里忧虑，时间过去了，就不会回来啊！只是古代善谋之人，我没有来得及见到。现在善谋之人，我将视为亲人。虽然这样说，我还是要请教黄发老人，才不会犯错误。

白发苍苍的善良老臣，虽然年老体衰，我还是应该亲近他们。勇武健壮的勇士，箭无虚发，御技高强，我还不心满意足。浅薄无知，花言巧语，使君子轻忽误事，我怎能亲近他们？

我暗地思量，如有一位忠臣，忠实诚恳，没有别的本领，但品德高尚，心地宽厚，容人容物。别人有本事，就像自己有本事一样高兴。别人品德高尚，本领高强，不但口头称道，而且从内心里喜欢。这种宽宏大量的人，可保护我子孙黎民，为子孙黎民造福啊！

别人有本领，就妒忌讨厌。别人有好品德，就故意压制，使美德不为君主了解。这种心胸狭窄的人，不能保护我子孙黎民，实在危险！国家危难，因君主用人不当。国家安宁，因君主用人得当。

秦穆公准备偷袭郑国，军队出发前，老臣蹇叔等忠言劝止，穆公不听。秦军惨败，将帅回国，秦穆公回心转意，自我责备，虚心检讨，作《秦誓》。《荀子·大略》说："《春秋》贤穆公能变。"杨倞注："谓不用蹇叔、百里之言，败于崤、函，而自变悔，作《秦誓》，询兹黄发是也。"誓词中，穆公忏悔，不能采纳不同意见，决心多听老臣意见。《尚书》记载历史事实，《秦誓》晚出。

秦穆公得知孟明视、西乞术和白乙丙三帅侥幸逃回，就身穿丧服，亲自到城外迎接。秦穆公不但没有责备，反而自己承担责任。孟明视等人，见秦穆公没有怪罪，仍掌握兵权，十分感激，决心立功赎罪。他们操练士卒，演练阵法，为报仇不懈努力。

公元前625年，孟明视认为秦军有打败晋军的实力，向秦穆公请示，率兵攻伐晋国。孟明视、西乞术和白乙丙三帅，带领四百辆兵车出发。晋襄公料秦国不甘心，也没有放松备战。见秦国来攻，就派大军迎战。两军相逢厮杀，秦军败阵。孟明视原以为这次可取胜，没想到吃了败仗，觉得这回秦穆公不会饶恕。没想到，秦穆公没有责备，还让他继续执掌兵权。

通过两次失败，孟明视开始从自己身上找原因。他认识到自己指挥才能不够，训练军队、作战方法有缺陷。变卖家财，抚恤伤亡将士家属，亲自训练军队，与士兵同甘共苦。晋襄公命大将先且居（先轸之子），率领晋宋陈郑四国联军攻打秦国。孟明视沉着冷静，认为秦军尚未做好充分准备，不可应战，继续紧闭城门，加紧训练。

《春秋·文公三年》说："秦人伐晋。"《左传·文公三年》记载说：

> 秦伯伐晋，济河焚舟，取王官及郊。晋人不出。遂自茅津济，封崤尸而还。遂霸西戎，用孟明也。君子是以知秦穆公之为君也，举人之周也，与人之壹

也。孟明之臣也，其不懈也，能惧思也。子桑之忠也，其知人也，能举善也。《诗》曰：“于以采蘩？于沼于沚。于以用之？公侯之事。”秦穆有焉。“夙夜匪解，以事一人。”孟明有焉。“诒厥孙谋，以燕翼子。”子桑有焉。

意即，秦穆公讨伐晋国，过了黄河，就把渡船焚毁，誓死决战。夺取晋国的王官和郊地。晋军听从赵衰劝告，闭门不出城迎战。秦军从茅津渡过黄河，在崤山埋葬秦军死难将士尸骨，封土树碑，以示纪念，然后回国。秦穆公从此称霸西戎，原因是重用孟明视等贤人。

君子因此知道，秦穆公作为国君，举荐人才，考虑周到。使用人才，果断专一。孟明视作为贤臣，坚持不懈，戒惧深思。子桑（即公孙枝）忠诚，知人善任，举荐贤人。《诗》说：“想采蘩草何处去？要到沼泽和沙洲。采得蘩草有何用？公侯祭祀置案头。”秦穆公就是这样，到处求贤，贤能乐于尽力。《诗》说：“日夜操劳不懈怠，专事一人是君王。”孟明视就是这样的人。《诗》说：“深谋远虑传后代，庇荫儿孙保安康。”子桑（公孙枝）就是这样的人。

秦穆公是秦国发展过程中的重要人物，对中原华夏文明心仪神往。《史记·秦本纪》载秦穆公问由余：“中国以诗书礼乐法度为政，然尚时乱，今我夷无此，何以为治，不亦难乎？”说明他向往中原华夏地区“以诗书礼乐法度”治国。《左传》载秦穆公，学中原诸侯君主模样，跟晋公子重耳，赋诗表意：“公子赋《河水》，公赋《六月》。”

六、楚庄大王一鸣惊

（一）问鼎中原楚庄王

“问鼎”的典故，意指图谋王位，夺取政权。春秋时，楚庄王北伐，陈兵洛水，向周天子炫耀武力。周定王派大夫王孙满以犒劳军队为名，打探虚实。《春秋·宣公三年》说：“楚子伐陆浑之戎。”指楚庄王攻伐洛邑西南的陆浑戎族部落。《左传·宣公三年》记载：

> 楚子伐陆浑之戎，遂至于洛，观兵于周疆。定王使王孙满劳楚子，楚子问鼎之大小轻重焉。对曰：“在德不在鼎。昔夏之方有德也，远方图物。贡金九牧，铸鼎象物。百物而为之备，使民知神奸。故民入川泽山林，不逢不若。螭魅罔两，莫能逢之。用能协于上下，以承天休。桀有昏德，鼎迁于商，载祀六百。商纣暴虐，鼎迁于周。德之休明，虽小，重也。其奸回昏乱，虽大，轻也。天祚

明德，有所底止。成王定鼎于郏鄏。卜世三十，卜年七百，天所命也。周德虽衰，天命未改。鼎之轻重，未可问也！”

意即，楚庄王攻打陆浑戎人，到了洛水，在王都郊外阅兵，炫耀武力。周定王派王孙满慰劳楚庄王，楚庄王劈头就问周朝传国之宝九鼎的大小轻重，九鼎是王权的象征。楚庄王问鼎，有夺取周王朝天下的意思，妄图统一全中国。

王孙满回答说：“统治天下，在于道德，不在于鼎。从前夏朝在实行德政的时候，远方各地，把各种奇异东西都画成图像。九州贡献出金属，铸为九鼎。把画下来各种东西的图像，铸在鼎上，教人民知道神物怪异。人民进入川泽山林，就不会碰到对自己不利的东西，魑魅魍魉妖怪，都不会遇到，因此能够上下和谐，受到上天的保佑。夏桀昏乱，鼎迁到商朝，前后六百年。商纣暴虐，鼎又迁到周朝。天子德行美善光明，鼎虽然小，也是重的。如果奸邪昏乱，鼎虽然大，也是轻的。上天赐福给有美德的人，有一定限度。成王把九鼎安置在郏鄏，曾经占卜过，可以传世三十代，享国七百年，这是上天的命令。今天周朝的德行，虽然衰减，可天命没有改变。九鼎的轻重，是不能问的。”

这就是“问鼎中原”成语的出处。

夏商周三朝，把鼎当作国王政权的象征。楚庄王兼并小国，野心膨胀。他问鼎轻重，有取代周王、一统天下之意。王孙满识破庄王野心，用德和天命为说辞。周朝当时维持天子名义，楚国侵犯，势必激起各诸侯国反对，王孙满警告颇有分量。

楚国是长江中下游建立的诸侯国。周初参加武王伐纣，得到周王朝的封号，这是楚国首次得到周王室的正式承认。《史记·孔子世家》引楚令尹子西对楚昭王说：“楚之祖，封于周，号为子男五十里。”周成王把方圆五十里的蛮荒之地，封给楚先祖熊绎，称楚子（居住楚地的子爵）。司马迁在《史记·楚世家》说：“当成王之时，举文、武勤劳之后嗣，而封熊绎于楚蛮，封以子男之田，姓芈氏，居丹阳。”楚国最早兴起于古丹淅之地，辖地今湖北和湖南、重庆、广东、安徽、江苏、河南、江西部分。楚国从偏居丹阳一隅的蛮夷之邦，南征北战，变为地方千里的大国。不断开疆辟土，形成大范围的民族融合，使楚国充满生机活力。楚国与中原华夏各诸侯常发生战争，先后吞并数十个弱小诸侯国，成为春秋前期南方一强。

（二）一鸣惊人楚庄王

楚庄王名叫芈旅，公元前613—前591年在位，共23年。即位初，不理朝政，终日饮酒作乐。大臣规劝，终于奋发，一鸣惊人。在位时，用兵陈、蔡、郑、宋等国，向北扩张，同晋国在中原争霸。

《韩非子·喻老》说：

> 楚庄王莅政三年，无令发，无政为也。右司马御座而与王隐曰："有鸟止南方之阜，三年不翅，不飞不鸣，默然无声，此为何名？"王曰："三年不翅，将以长羽翼；不飞不鸣，将以观民则。虽无飞，飞必冲天。虽无鸣，鸣必惊人。子释之，不谷知之矣。"处半年，乃自听政。所废者十，所起者九，诛大臣五，举处士六，而邦大治。举兵诛齐，败之徐州，胜晋于河雍，合诸侯于宋，遂霸天下，庄王不为小害善。故有大名；不蚤见示，故有大功。故曰："大器晚成，大音希声。"

意即，楚庄王执政三年，没有发布命令，没有处理政事。右司马侍座，用隐语对庄王说："有一只鸟，栖息在南边的土岗上，三年不展翅，不飞不鸣，默然无声，这鸟怎么称呼？"庄王说："三年不展翅，是为了长羽翼。不飞不鸣，是为了观察民情。虽然没有起飞，一飞必定冲天。虽然没有鸣叫，一鸣必定惊人。"过了半年，庄王亲自处理政事。废弃十项旧规，创制九项新规，诛杀大臣五名，举用在野贤士六名，国家大治。举兵伐齐，在徐州打败齐国，在河雍战胜晋军，在宋地会盟诸侯，于是称霸天下。庄王不为小事妨害大善，所以能有大名。不过早表现，所以能有大功。所以说："大器晚成，大音稀声。"《史记·楚世家》说：

> 庄王即位三年，不出号令，日夜为乐，令国中曰："有敢谏者死无赦！"伍举入谏。庄王左抱郑姬，右抱越女，坐钟鼓之间。伍举曰："愿有进隐！"曰："有鸟在于阜，三年不飞不鸣，是何鸟也？"庄王曰："三年不飞，飞将冲天。三年不鸣，鸣将惊人。举退矣，吾知之矣！"居数月，淫益甚。大夫苏从乃入谏。王曰："若不闻令乎？"对曰："杀身以明君，臣之愿也！"于是乃罢淫乐，听政，所诛者数百人，所进者数百人，任伍举、苏从以政，国人大悦。是岁灭庸，六年伐宋，获五百乘。

意即，楚庄王在位三年，不发布政令，日夜寻欢作乐，命令国人："有敢来谏劝的，格杀勿论，决不赦免！"大夫伍举进来谏劝楚庄王。庄王左边搂抱郑国美女，右边搂抱越国美女，坐在钟鼓乐器之间。伍举轻松地说："我想请您猜个谜！"庄王没反对。伍举就说："山岗有只鸟，三年不飞鸣，这是什么鸟呢？”庄王说：“三年不飞，一飞冲天。三年不鸣，一鸣惊人。你退下吧，我知道了！”过了几个月，庄王淫乐更加厉害。大夫苏从进来谏劝楚庄王。楚庄王问：“你没有听到‘不许进谏’的命令吗？”苏从说：“牺牲自己，而能让国君贤明，正是我所希望的呀！”庄王于是停止淫乐，治理政事，诛杀数百人，进用数百人，任命伍举、苏从执掌国政，国人很高兴。当年攻灭庸国，第六年攻伐宋国，获战车五百辆。

（三）葬马逸事楚庄王

《史记·滑稽列传》说：

> 优孟，故楚之乐人也。长八尺，多辩，常以谈笑讽谏。楚庄王之时，有所爱马，衣以文绣，置之华屋之下，席以露床，啖以枣脯。马病肥死，使群臣丧之，欲以棺椁大夫礼葬之。左右争之，以为不可。王下令曰：“有敢以马谏者，罪至死！”优孟闻之，入殿门，仰天大哭，王惊而问其故。优孟曰：“马者王之所爱也。以楚国堂堂之大，何求不得？而以大夫礼葬之，薄，请以人君礼葬之！”王曰：“何如？”对曰：“臣请以雕玉为棺，文梓为椁，楩枫豫章为题凑，发甲卒为穿圹，老弱负土，齐赵陪位于前，韩魏翼卫其后，庙食太牢，奉以万户之邑。诸

侯闻之，皆知大王贱人而贵马也！”王曰：“寡人之过一至此乎！为之奈何？”优孟曰：“请为大王六畜葬之。以垅灶为椁，铜历为棺，赍以姜枣，荐以木兰，祭以粮稻，衣以火光，葬之于人腹肠！”于是王乃使以马属太官，无令天下久闻也。

意即，优孟是楚国的歌舞艺人。他身高八尺，口才多辩，时常用说笑方式讥讽谏劝。楚庄王时，对他所喜爱的马，给它穿华美的绣花衣，养在富丽堂皇的宫室，卧在铺有竹席的凉床，吃蜜饯枣脯。马因为得肥胖病而死，庄王派群臣给马治丧，要用棺椁装殓，按大夫礼仪的级别葬埋。左右近臣都争着说不该这样。庄王下命令说：“有谁再敢以葬马的事进谏，就处以死罪！”优孟听到，走进殿门，朝天大哭，庄王吃惊地问他原因。优孟说：“马是大王所喜爱的。就凭楚国这样强大的国家，有什么事情办不到。却用大夫的礼仪埋葬它，太薄了。请用人君的礼仪埋葬！”庄王说：“怎么办？”优孟说：“我建议用雕镂玉石为棺，用花纹美丽的梓木做椁，用楠木樟木做墓室，派军队挖坟墓，让老人儿童背土，让齐赵人在前陪伴，韩魏人在后护卫，在祖庙用太牢之礼祭祀，封给马万户大邑。诸侯听了，都知道大王轻视人，重视马！”庄王说：“我的过错，真有这么严重吗？该怎么办呢？”优孟说："请大王用六畜之礼埋葬：用铜锅做内棺材，用炉灶做外棺材，用生姜大枣作调料，铺上木兰树皮，用稻粮作祭品，用大火煮烂，埋葬在人的肚肠！"于是楚庄王按优孟所说，把马交给膳食官处理。以免天下人长久传闻笑谈。

（四）绝缨之宴楚庄王

《说苑·复恩》说：

> 楚庄王赐群臣酒，日暮酒酣，灯烛灭，乃有人引美人之衣者，美人援绝其冠缨，告王曰："今者烛灭，有引妾衣者，妾援得其冠缨持之矣，趣火来上，视绝缨者。"王曰："赐人酒，使醉失礼，奈何欲显妇人之节而辱士乎？"乃命左右曰："今日与寡人饮，不绝冠缨者不欢！"群臣百有余人，皆绝去其冠缨而上火，卒尽欢而罢。居二年，晋与楚战。有一臣常在前，五合五获甲首，却敌，卒得胜之。庄王怪而问曰："寡人德薄，又未尝异子，子何故出死不疑如是？"对曰："臣当死，往者醉失礼，王隐忍不暴而诛也。臣终不敢以荫蔽之德，而不显报王也。常愿肝脑涂地，用颈血湔敌久矣！臣乃夜绝缨者也。"遂斥晋军，楚得以强，此有阴德者，必有阳报也。

意即，楚庄王大宴群臣，喝酒尽欢。天色黑下来了，大家喝得酒酣耳热，灯火突然熄灭。有人趁机拉美人衣裳。美人拉断那人的帽带，向楚庄王报告："刚才灯火熄灭，有人拉扯我的衣裳。我已经扯断他的帽带，拿在手里。叫人赶快把火点上吧！看看是谁的帽带断了。"楚庄王说："宴赐群臣喝酒，让人喝醉而失礼，怎么可以为了彰显女人节操，而羞辱士人呢！"于是传令左右说："今晚同我一起喝酒，不喝到帽带断了，就不算尽兴！"大臣有一百多人，大家都把帽带拉断，然后才叫人把火点上，大家都喝得十分尽兴，而离席散去。过了两年，晋楚交战，有位大臣总是在前面冲锋陷阵，五度交锋，五度奋勇作战，带头击退敌人，终于获得胜利。楚庄王惊讶地问他："我德行浅薄，不曾特别优待你。你为什么毫不犹豫地为我出生入死到这样地步？"大臣回答："我本就该死，从前喝醉失礼，君王您隐忍，没有杀我。我始终不敢因为君王您蔽荫的德行，而不显扬地加以报答。常常希望自己能够肝脑涂地，用颈上热血溅到敌人身上！我就是那天晚上帽带断了的人哪！"于是打败晋军，楚国因此而得以强盛。绝缨之宴，传为佳话。施恩于人，终得福报。

（五）大胜晋军楚庄王

公元前 597 年，楚庄王亲率大军，攻伐郑国，晋景公派正卿荀林父统帅晋军来救，晋楚会战于邲（今河南郑州附近）。这就是著名的晋楚邲之战，也是晋楚争霸中原的第二次决战。结果是楚庄王大胜，晋军大败。楚庄王降服郑国，饮马黄河，雄视北方。晋楚势均力敌，平分中原地区霸权。

《春秋·宣公十二年》说："楚子围郑。夏六月乙卯，晋荀林父帅师及楚子战于邲，晋师败绩。"即楚庄王率军围攻郑国，迫使郑君降服。夏六月乙卯日，晋景公派荀林父率军救郑，跟楚庄王率领的楚军，在郑国邲作战，结果晋军大败。

（六）庄王文化向中原

《左传·宣公十二年》说：

> 丙辰，楚重至于邲，遂次于衡雍（河南原阳）。潘党曰："君盍筑武军，而收晋尸以为京观？臣闻克敌必示子孙，以无忘武功。"
>
> 楚子曰："非尔所知也。夫文，止戈为武。武王克商，作《颂》曰：'载戢干戈，载櫜弓矢。我求懿德，肆于时夏。允王保之！'又作《武》，其卒章曰：'耆定尔功。'其三曰：'铺时绎思，我徂维求定。'其六曰：'绥万邦，屡丰年。'
>
> 夫武，禁暴，戢兵，保大，定功，安民，和众，

丰财者也，故使子孙无忘其章。今我使二国暴骨，暴矣。观兵以威诸侯，兵不戢矣。暴而不戢，安能保大？犹有晋在，焉得定功？所违民欲犹多，民何安焉？无德而强争诸侯，何以和众？利人之几，而安人之乱，以为己荣，何以丰财？

武有七德，我无一焉，何以示子孙？其为先君宫，告成事而已。武，非吾功也。古者明王伐不敬，取其鲸鲵而封之，以为大戮。于是乎有京观，以惩淫慝。今罪无所，而民皆尽忠，以死君命，又何以为京观乎？”祀于河，作先君宫，告成事而还。

意即，鲁宣公十二年夏六月丙辰日，楚军辎重到达邲地，遂次于衡雍。潘党说：“国君何不收集晋军尸体埋葬，修筑纪念性的武军京观？我听说克敌制胜，一定展示给子孙，以便不忘先辈的战功。”

楚庄王说：“这你就不懂了。从文字解释，‘止戈’二字合起来就是‘武’字。意思是动武的目的就是停止动用干戈。战争的目的是消灭战争。周武王攻灭商朝，作《时迈》说：‘收起刀枪入兵库，敛藏弓箭放囊中。我求天下贤德人，海内共把善政兴。王保天下永无穷！’

后作《武》，最后一章说：‘建此大功震四方！’第三

章说：‘广布圣德来光大，为求安定事南征。’第六章说：‘安定天下协万邦，连续丰年谷满仓。’

所谓武功，第一是禁止强暴，第二是制止战争，第三是保有天下，第四是巩固功业，第五是安定民众，第六是和谐众国，第七是丰富财经，所以使子孙不忘先辈的丰功伟绩。

今日我使晋楚两国民众尸骨暴露荒野，是残暴不仁。炫耀武力，威胁诸侯，不是制止战争。残暴不仁，没有制止战争，就不能保有天下。晋国犹在，怎么巩固功业？违背民众愿望的事情很多，怎样安定民众？无德而跟诸侯强力争霸，怎样和谐众国？乘人之危以利己，引人之乱以为荣，怎样发展经济？

武功有七个德目，我无一具备，拿什么展示给子孙？我们为先君造一座庙宫，报告成事就可以了。动武开战，不算我的功劳。古代明王攻伐不敬王命者，取其首恶，惩办杀戮，建造京观，以儆效尤。今日晋国罪恶无所定，而民众都是尽忠，而死于君命，有何理由，来造京观呢？”于是祭祀黄河，为先君造一座庙宫，报告成事，而班师回国。

晋楚邲之战，楚胜晋败的结局，使楚庄王在中原成功重建霸权。但楚庄王以德服人，四次引用《诗经·周颂·时迈》、《武》、《赉》和《桓》的诗句，教育部下，正确认识战争的本质、性质，正确看待楚胜晋败的结局。论说“止戈为武”，武功七德“禁暴，戢兵，保大，定功，安民，和众，丰财”等，都极有理论价值和学术意义。

《国语·楚语上》载楚庄王时，重视中国传统文化教育，为太子选师傅，以《春秋》、《诗》和《礼》等华夏传统经典为教材，培育教授太子。其中说：“教之《春秋》，而为之耸善而抑恶焉，以戒劝其心。”“教之《诗》，而为之导广显德，以耀明其志。教之《礼》，使知上下之则。”“明等级以导之礼，明恭俭以导之孝，明敬戒以导之事，明慈爱以导之仁。”“制节义以动行之，恭敬以临监之，勤勉以劝之，孝顺以纳之，忠信以发之。”这跟中原地区文化思想和意识形态相同，说明楚文化与中原文化交流频繁，处于相近水平。楚庄王熟练引用《诗经》等华夏传统文化典籍教育部下，就是有力的证据和说明。

七、越王句践南称雄

春秋末期，越王句践（公元前497—前465在位，共33年）于公元前494年，被吴王夫差打败，屈服求和，忍辱负重，卧薪尝胆，十年生聚，十年教训，发愤图强，终成强国。于公元前473年攻灭吴国，独霸东南。

《左传·定公》、《左传·哀公》，记述越王句践和吴王夫差。西汉司马迁《史记·越王句践世家》说："吴既赦越，越王句践反国，乃苦身焦思，置胆于座，坐卧即仰胆，饮食亦尝胆也。曰：'女忘会稽之耻邪？'身自耕作，夫人自织，食不加肉，衣不重彩，折节下贤人，厚遇宾客，振贫吊死，与百姓同其劳。"

句践回国后，深思熟虑，苦心经营，把苦胆挂到座位上，坐卧即能仰头尝尝苦胆，饮食也尝尝苦胆。还说："你忘记会稽的耻辱了吗？"他亲身耕作，夫人亲手织布，吃饭从未有荤菜。从不穿有两层华丽布帛的衣服，对贤人彬彬有礼，能委曲求全，招待宾客热情诚恳，能救济穷人，悼慰死者，与百姓共同劳作。

东汉赵晔《吴越春秋》说："越王念复吴仇，非一旦也。苦身劳心，夜以继日。目卧，则攻之以蓼。足寒，则渍之以水。冬常抱冰，夏还握火。愁心苦志，悬胆于户。出入尝之，不绝于口。""蓼"，清马瑞辰《毛诗传笺通释》卷六解释为"辛苦之菜"。"蓼"菜积聚多，成"蓼薪"。越王句践，日夜操劳，疲倦想睡，用苦菜刺激眼睛。尝胆，是让味觉受苦。卧薪，是让视觉受苦。这是用苦刺激奋发图强的意识。

唐宋出现越王句践"枕戈尝胆"。杜甫《壮游》说："枕戈忆句践。"北宋苏轼《苏东坡集续集·拟作》说："仆受谴以来，卧薪尝胆。"北宋王洙注：越王句践"出则尝胆，卧则枕戈”。南宋初李纲《议国是》，说句践“枕戈尝胆，以励其志”。《论使事札子》说：“句践枕戈尝胆，卒以报吴。”

真德秀《戊辰四月上殿奏札》、黄震《黄氏日抄》和明末梁辰鱼《浣沙记》说，句践“卧薪尝胆”。明冯梦龙改编《东周列国志》渲染句践卧薪尝胆说：“累薪而卧，不用床褥。又悬胆于坐卧之所，饮食起居，必取而尝之。”清初吴乘权编《纲鉴易知录》说：“句践反国，乃苦身焦思，卧薪尝胆。”

越王句践于公元前494年，败于夫差。句践派文种向吴国求和。句践夫妻和文种入吴为奴仆。据《吴越春秋》说，句践夫人离开越国，去吴国为奴时悲歌：“仰飞鸟兮乌鸢，凌玄虚兮翩翩。妾无罪兮负地，有何辜兮谴天！帆帆独兮西往，孰知返兮何年？”意即，仰望飞鸟看老鹰，它在苍穹游翩翩。我无负心于地的罪过，没有罪过怨苍天！孤独骑马离国去，谁知返回在何年！

句践夫妻抵达吴都，破衣粗食，受尽屈辱，夫人打扫宫室。夫差要句践住阖闾坟前的小石屋，守坟驾车兼养马。夫差骑马，故意要句践牵马，在国人面前走过。句践忍辱负重，百依百顺。夫差生病，句践问候。掀开马桶盖，亲尝粪便，观察病情。尽心服侍，取得信任。吴太宰嚭，接受越大夫文种送礼，为句践说好话。夫差误认句践真心臣服，三年后，放句践夫妇回国。

句践回越国，卧薪尝胆。任用范蠡、文种，十年生聚，十年教训，转弱为强。由于吴王夫差连年兴师，国力空虚。公元前482年，越王句践趁夫差率精锐部队赴黄池会盟，只有太子跟老弱留守之机，乘虚而入，攻入吴都姑苏，杀死吴太子友。夫差疾速返国，被迫向越王句践求和，句践不久再次攻吴。公元前473年，越军围困吴都三年破城，夫差困于姑苏山自杀，吴国灭亡。句践率得胜之师，北渡淮河，与齐、晋等国会盟于徐州（今山东滕州南）。《史记·越王句践世家》说："当是时，越兵横行于江、淮东，诸侯毕贺，号称霸王。""句践已平吴，乃以兵北渡淮，与齐、晋诸侯会于徐州，致贡于周。周元王使人赐句践胙，命为伯。"周元王派使臣送祭肉，封句践为侯伯，句践成霸。

后　　记

“五经”是中华民族优秀传统文化的核心经典，中华民族的精神家园，影响中国社会的过去、现在和未来。本书去粗取精，含英咀华，撷取有重要现实意义的范畴命题和原理，如“中华一统”、“以民为本”、“以人为本”等，做定性、定量分析，做超越与总体性的概括提升，对今人有重要的启示和借鉴意义。

本书将“五经”元典内容，提炼升华，精心打磨，由商务印书馆首次出版。本书是作者与商务印书馆同仁精诚合作的精品力作，是作者与出版社学术共同体集体智慧的结晶。商务印书馆丁波、杜海泓、孙昉诸同仁，锤炼提升，加工文字，谨致由衷谢意。不当之处，敬请广大读者，不吝赐教。

孙中原 2018.12.21 于北京寓所